新 脱亜論

渡辺利夫

文春新書

634

新 脱亜論 ◉ 目次

第1章　先祖返りする極東アジア地政学 9
日本の近現代史を、教訓を手にすることができるような形で「再編集」しなければならない。これが日本の将来を指し示すロードマップとなる

第2章　陸奥宗光の日清戦争——機略と豪気 25
陸奥宗光の思想と行動は外交の「原型」を示して余すところがない。外交とは友好や善隣ではない。国益の確保そのものである

第3章　朝鮮近代化最後の挑戦——金玉均と福澤諭吉 47
福澤は自分の過去を朝鮮人留学生の中に見出し、頼ってくる彼らに救いの手を差し伸べるのは己の責だと感じた

第4章　東アジア勢力確執の現実——果てしなきロシアの野望 79
三国干渉は所詮、国力と軍事力の相違である。明治の日本人は国際政治の厳粛な事実としてこれを受け止めた。「明治のリアリズム」である

第5章　日露戦争と日英同盟——海洋国家同盟成立の意味　109
イギリスと同盟を結んで背後を固め、全力を対露戦に注ぎ込む。軍事力において劣勢の日本がロシアに勝利しえたのは、国際環境についての判断力と気概であった

第6章　韓国併合への道程——併合は避けられたか　149
併合という手荒い方法で隣国を支配したことには胸痛を感じざるをえない。しかし代替策は現時点に立って判断しても容易に導き出せない

第7章　台湾割譲と近代化——日本の統治がもたらしたもの　175
世界の植民地の中で社会経済の近代化の観点からみて台湾ほどの成功をみせた地域は他にない。明治の日本人の志の高さは台湾開発の中に「発見」できる

第８章　第一次世界大戦とワシントン体制――追い込まれる日本　197
覇権国家は他国による覇権を猜疑し嫌悪する。ワシントン体制とは、外交戦における アメリカの勝利であり、日本の敗北であった

第９章　中国とはいかなる存在であったか――分裂と挑発　225
日本が大陸内での局地戦のことごとくに勝利を収めながら、これが全局での勝利につながることがなかったのは、中国の分裂的現実のゆえであった

第10章　海洋国家同盟か大陸国家提携か――日本の選択　255
東アジア共同体に日本が加わって「大陸勢力」中国と連携し、日米の距離を遠くすることは、日本の近現代史の失敗を繰り返すことにならないか

第11章　「東アジア共同体」という錯誤——中国の地域覇権主義を見据えよ　275

さしたる戦略もなく、言葉は麗しいが、内実の不鮮明な「東アジア共同体」という「鵺《ぬえ》」のような怪物に日本が飲み込まれることは避けねばなるまい

第12章　日米海洋国家同盟を守る——自衛権とは何か　287

中国や韓国の友人たちにも一言したい。中韓からの「冷遇」と「侮辱」に日本人がいつまでも甘んじつづけているという前提は危ういのではないか

おわりに　299

近代日本の先人たちは極東アジアの国際環境をいかに観察し行動して、日本の独立自尊を守ったのか。このことを日本の若者にどうしても伝えておきたい

第1章　先祖返りする極東アジア地政学

日本の近現代史を、教訓を手にすることができるような形で「再編集」しなければならない。これが日本の将来を指し示すロードマップとなる

ポストモダニズムの落とし穴

日本は巨大なユーラシア大陸の東端に位置する。しかし波高い対馬海流に守られ、古来、中華帝国、ロシア帝国の侵略を受けることの少ない「海洋の共同体」であった。国境を多数の国々と接する大陸国家が周辺諸国からの政治的・軍事的圧力を恒常的に加えられてきたのとは対照的である。日本において国家概念がなお希薄であるのは、孤立した島国の中で長らく平和を維持してきたという、はるか遠い昔から刷り込まれてきた民族的遺伝子のなせるわざなのかも知れない。

坂本多加雄によれば、日本が国家たりえたのは古代律令国家と明治国家の二つだけだったという（『坂本多加雄選集Ⅱ』藤原書店、二〇〇五年）。律令国家は唐・新羅《しらぎ》連合軍との本土決戦を想定して建設され、明治国家は日清・日露戦争にいたる緊迫の極東アジア地政学の中から生まれた。開国維新の時代に淵源をもつ国家の観念は第二次世界大戦の敗戦にいたるまで持続した。

第二次大戦の後、日米同盟が結ばれた。自衛隊という大兵力を擁しながら海外への軍事出動はなく、日本の兵士を一人たりとも失わず、外国の兵士を一人たりとも殺害することのなかったほどの完全な平和を六〇年余にわたり享受しえた国が日本以外のどこかにあっただろうか。この完全な平和を維持できた理由の一部は偶然であろうが、理由の大半は日本が日米同盟の一方的な受益者であったことによる。六〇年余の平和の中で日本は再び国家概念を希薄化させてしまった。

皮肉なことに、冷戦終焉は日本を「敵対国」とする周辺諸国の攻勢をにわかに活発化させた。

中国の「歴史認識問題」による対日糾弾、潜水艦の領海侵犯、日中中間線近傍のガス田開発での挑戦的行動は誰の目にも明らかである。中国は空前の軍事力増強の真っ直中にあり、日本国内の米軍基地や大都市を標的とする弾道ミサイルはすでに数十基に及び、空母の南シナ海配備も間もない。

韓国における「親日・反民族行為真相糾明特別法」の成立と施行、竹島問題をめぐる対日非難、その一方での北朝鮮融和姿勢はいかにも異様である。この状況の中で韓国では半島有事の際の軍事指揮権がほどなく米軍から韓国軍に移管される。米韓同盟の脆弱化は避けられない。北朝鮮のミサイル連続発射実験、核実験の敢行。現在の極東アジア地政学は開国維新から日清・日露戦争開戦前夜の明治のあの頃に「先祖返り」したかと思わせるほどまでに酷似してきた。

冷戦終焉後のかかる周辺諸国の日本に対する敵対的な行動を眺めて、日本は国家概念覚醒の時代に入るかと思いきや、事態は逆の方向に進んでいる。「ポストモダニズム」という蒙昧《もうまい》なる思想が日本の知識人の頭に棲み着いてしまったのであろう。現代はヒト、モノ、カネ、情報、技術が国境なきがごとくに行き交うグローバリゼーションの時代である。旧来の国民国家という空間（領土）も国民国家が紡いできた時間（歴史）もその意味を失いつつあり、つまりは空間的、時間的な「境界」概念が希薄化してきた。問題は、ポストモダニストがこの事実を「善きもの」と捉え、覇権国家体制や国民国家体系の「無効化」が新しいアイデンティティの確立にとって不可欠だと考えていることにある。ＥＵ（欧州連合）のように価値や理念を共有し、共通の安全保障体制をもち、経済統合も進んだ地域においては一面の事実であろうが、極東アジアに位置する日本にとっては実に危険な思想である。

覇権国家概念はもとより国民国家概念をさえ希薄化させて六〇年余を経てきた日本が、一九世紀的なナショナリズムをたぎらせる国家群の中にひとり孤独にぽつんと位置している、そういう奇妙な構図の地域が極東アジアである。ナショナリズムを抑えきれない国々に取り巻かれ、しかも彼らがかつて日本の統治や侵略を受けた国であればなおのこと、日本が周辺諸国による追撃の標的となるのは不可避である。日本は時に覇権争奪的な確執の様相を呈することあるべしとの覚悟をもってアジア外交にのぞまねばならない。

極東アジアの地政学が往時のそれに酷似してきたのであれば、開国維新から日清・日露戦争開戦という日本国の存亡を賭けた危機的状況において、当時の政治指導者やオピニオンリーダーが日本の国際環境をどう認識し、どう行動したのかを明晰な問題意識をもって追究し直す必要がある。

「先祖返り」する極東地政学

私は先に現在の極東アジアの地政学は、日清・日露の両戦争が戦われた明治のあの頃に「先祖返り」したかのように酷似していると述べた。そういう気分を胸中に充満させているからであろう、福澤諭吉が「脱亜論」を執筆した時の気分が私にもよく理解できるように思える。福澤の脱亜論はみずからが創刊した『時事新報』の明治一八（一八八五）年三月一六日付（『福澤諭吉全集』第一〇巻、慶応義塾編纂、岩波書店、一九六〇年）の社説として掲載された。

「今日の謀《はかりごと》を為すに、我国は隣国の開明を待て共に亜細亜を興すの猶予《ゆうよ》ある可《べか》らず、寧《むし》ろ其の伍を脱して西洋の文明国と進退を共にし、其の支那朝鮮に接するの法も隣国なるが故にとて特別の会釈《えしやく》に及ばず、正に西洋人が之に接するの風に従て処分す可きのみ。悪友を親しむ者は共に悪名を免かる可らず。我れは心に於て亜細亜東方の悪友を謝絶するものなり」

福澤がここで「謝絶」せんと断じた「亜細亜東方の悪友」とは清国と朝鮮である。福澤を激越にもそう主張せしめたのは、当時の両国の、自国を取り巻く国際環境に対する手の施しようのないほどのリアリズム欠如であった。福澤はさらにこういう。

「我輩を以て此の二国を視《み》れば、今の文明東漸《とうぜん》の風潮に際し、迚《とて》も其の独立を維持するの道ある可らず。……先づ政治を改めて共に人心を一新するが如き活動あらば格別なれども、若《も》しも然らざるに於ては、今より数年を出でずして亡国と為り、其の国土は世界文明諸国の分割に帰す可きこと一点の疑あることなし。如何となれば麻疹《はしか》に等しき文明開化の流行に遭《あ》ひながら、支韓両国は其の伝染の天然に背き、無理に之を避けんとして一室内に閉居し、空気の流通を絶て窒塞《ちつそく》するものなればなり」

現実の歴史は福澤の予告通りであった。

日本を悩ませたのは清国と朝鮮ばかりではない。その背後には、日本海に不凍港を求めて南下を覗《うかが》うロシアが位置していた。要するに、近現代の日本にとっての最大のテーマは、巨大なユーラシア大陸の中国、ロシアに発し、朝鮮半島を伝わって迫《せ》り出す「等圧線」からいかにして身を守り生存を図るかにあった。

福澤は日本の生存のための唯一の方途は隣国と「謝絶」し、みずからのアイデンティティを東洋にではなく西洋に求め、そうして初めて日本の自立が可能になると主張したのである。福澤をしてそう主張せしめたほどに大陸の状況は日本の生存にとっての「厄事」であった。事態はアジアとの謝絶にとどまらず、日清・日露の両戦争にまで発展し、これに勝利することによって日本はようやく自立の危機を脱することができた。再々主張したいのだが、現在の極東アジアはあの時代の日本を深く悩ませた地政学的構図が再現したかのごとくである。近時の極東アジアにおける日本に対する敵対的状況を記すことから始めよう。

生存リアリズムの欠如――北朝鮮

金正日政権は国民を飢餓に追いやりながら核開発に躍起である。経済発展のための資源は枯渇している。ミサイルに搭載可能な核弾頭を擁してアメリカを牽制し、核恫喝《どうかつ》をもって日本、次いで韓国から引き出せるものはすべて引き出そうというのがその意図であろう。核兵器は北朝鮮存続のために残された唯一の武器なのである。

これによって金正日政権が生き残れる可能性はない。核弾頭を発射して日本に撃ち込めば二発目の核弾頭は米軍によってみずからの頭上に落とされよう。政権の壊滅は不可避である。しかし、一発ではあれ日本に向けての核弾頭の発射が無数の日本人の生命を危機に晒《さら》す危険性はまぎれもなく存在する。日本の危機はこの一事をもってしても、日清戦争開戦直前に比べて深刻の度は高いといわねばならない。

北朝鮮をめぐる六カ国協議の共同文書によると、北朝鮮がすべての核兵器ならびに既存の核計画の放棄という約束を果たす第一段階として寧辺《ヨンビョン》の核関連施設を停止・封印するならば、その見返りとして重油五万トン相当の援助を授け、その後の追加的措置履行に応じて最大一〇〇万トン相当の援助を与えることになっている。

寧辺が北朝鮮の核関連施設のすべてではない。寧辺以外での核施設の操業、さらに建設もしくは計画中の核関連施設が必ずやある。金正日政権の生き残りの如何《いかん》が核にかかっている以上、核兵器と核関連施設を放棄することはありえない。核を放棄した北朝鮮など誰も振り向いてくれない貧乏国に過ぎない。何より核保有により「先軍政治」を維持しなければ、国内政治を固めることができず、ましてや国際的な影響力が生まれることはない。北朝鮮が核を放棄することなどありえないことを五カ国の代表が知らないはずもないのだが、「ならず者国家」の核の不透明性と暴発の危険性を考えれば、このあたりで手を打たざるをえないというのが真相なのであろう。

北朝鮮がミサイル搭載可能な核弾頭をすでに掌中にしている可能性は否定できない。北朝鮮がこの核弾頭をアメリカ、中国、ロシアに向けて発射することはまずない。韓国に向けてこの国に手ひどい悲劇をもたらせば、北朝鮮の国是である半島統一は画餅《がべい》に終わる。標的はどう考えたって日本である。

北朝鮮の核に対応する潜在力を日本がもっていることはまぎれもない。もっていないのは戦略である。繰り返すが北朝鮮の核弾頭が一発でも日本に落とされれば、それが北朝鮮の「自殺行為」であるにしても、目を覆いたくなるような惨劇が日本のどこかで発生することは避けられない。朝鮮半島をめぐる日清の覇権争奪が日清戦争であったことは後に述べるが、あの時代の強烈な危機意識と比べて、現在の日本外交の安穏は一体どうしたことか。日清戦争開戦前史にもう一度戻って私どもは戦略を練り直さねばならない。

反米、反日、親北の制度化――韓国

南の韓国はといえば、この異様な北朝鮮に異様なほどに親和的である。三八度線の向こうに、ソウルはもとより韓国の全土を射程に入れた砲門を無数に向けられながら、なお親北的である。韓国における親北は翻って反米、反日である。実際、盧武鉉《ノムヒヨン》前政権は米軍装甲車による女子中学生轢死《れきし》事件に端を発した反米運動の中から生まれた「革新」政権であった。

ソウルを流れる大河・漢江《ハンガン》の以北、軍事境界線までが韓国の広い意味での前線である。ここに駐留する米第二師団の存在が韓国の守りの要である。南侵する北朝鮮軍に最初に応戦するのが米軍であるがゆえに南侵が抑止され、また南侵が米軍を危機に晒すがゆえに米軍による北朝鮮先制攻撃の抑止力が働くという論理である。この米師団を漢江の南方に移転、しかもその兵力の削減が進行中である。戦時作戦統制権も遠くない将来に米軍から韓国軍に移譲される。韓国は米韓同盟よりも「自主国防」の道を選択するにいたった。

盧武鉉は、半島分断という不条理を固定化させて生まれた大韓民国の成立自体が「誤った歴史」だという認識をもっている。それゆえ彼の胸中には半島統一への志向性がつねに蠢《うごめ》いていた。同様の歴史認識の持ち主が盧政権の中枢部に居座った。与党だけではない。統一志向という点では野党にも多くの同調者がいた。

韓国の反日は「骨がらみ」なのであろう。大韓民国の成立以来、この国が親日的であったことはない。盧武鉉政権にいたり反日はついに「制度化」の段階に入った。日韓基本条約が成って四〇年目は「日韓友情年二〇〇五」であったが、その前年の三月には日帝下の「親日・反民族行為真相糾明特別法」が超党派議員の共同提案によって成立した。日本統治時代の対日協力者を糾弾するための特別法である。盧武鉉政権が展開してきた過去の「歴史清算」の一環であった。特別法の目的は〝日本帝国主義の殖民政策に協力し、我が民族を弾圧した反民族行為者が、当時蓄財した財産を国家の所有とすることにより、正義を具現する〟ことにあるという。

はるか以前の歴史の事実を現在の時点から遡及《そきゅう》して犯罪とする事後法であり、罪科を問われる人間が当事者ではなくその子孫であり、彼らの財産の没収であり、私有権の完全な否定である。近代法の精神はここでは完全に無視されている。

開国以前の厳重な鎖国体制下にあった李朝時代の朝鮮に潜入し、居住した唯一のヨーロッパ人集団が、パリ外邦伝教会所属のフランス人宣教師たちであった。彼等からの頻繁な通信を素材に書かれた名著『朝鮮事情』（金容権訳、東洋文庫三六七、平凡社、一九七九年）の中で著者シャルル・ダレは次のように語っている。韓国が李朝末期に先祖返りしてしまったことを示す重要な指摘であろう。

「朝鮮では、父親の仇《かたき》を討たなかったならば、父子関係が否認され、その子は私生児となり、姓を名乗る権利さえもなくなってしまう。子のこのような不孝は、祖先崇拝だけで成り立っているこの国の宗教の根本を侵すことになる。たとえ父が合法的に殺されたとしても、父の仇あるいはその子を、父と同じ境遇に陥れなければならず、また父が流罪《るざい》になればその敵を流罪にしてやらねばならない。父が暗殺された場合も、同じ行為が求められる。この場合、犯人はたいてい無罪とされる。なぜなら、この国の宗教的国民的感情が彼に与《くみ》するからである」

中国、ロシア、日本という三つの大国に周辺を囲まれ、海洋勢力と大陸勢力がせめぎ合う地政学的空間が朝鮮半島である。大国との親和的な外交により「通商国家」として生きるより他に韓国の選択肢があるとは思えない。にもかかわらず、反米、反日、親北を構造化させる韓国の将来はまことに不透明である。

平成二〇（二〇〇八）年二月に盧武鉉政権は新たに野党ハンナラ党の李明博《イミョンバク》政権に変わった。しかし大統領選において北朝鮮政策はほとんど争点にはなっていなかった。北朝鮮に対する新政権の対応もなお不透明だといわねばならない。みずからを取り巻く国際環境に対するリアリズムを欠如させているのは北朝鮮ばかりではない。韓国を含む朝鮮半島の全体なのである。

「侮日政策」の在処《ありか》――中国

中国の反日がやむことも期し難い。中国の反日は韓国の反日のように「骨がらみ」のものではなかろう。もう少し自覚的な外交政策の一環であり、一言でいって「五・四運動」に淵源をもつ「侮日政策」の再現である。五・四運動とは、いずれ述べるように第一次世界大戦後、この戦争に参戦した日本がパリ講和会議において山東省のドイツ権益の委譲を受けたことに端を発した排日運動である。親日官僚の罷免、日貨排斥などを要求し日本と日本人への徹底的な侮蔑をもってその特徴とした。

現在の中国の反日が侮日政策であることに多くの日本人はもう気がついている。侮日政策の象徴が平成六（一九九四）年八月に中央宣伝部から出された「愛国主義教育実施綱要」である。愛国主義の社会的雰囲気を醸成し、そのために幼稚園児から大学生にいたるまで愛国主義教育を徹底し、さらには南京大虐殺記念館や抗日戦争記念館のような「愛国主義教育基地」を積極的に建設しようという戦略である。この「基地」は全土に二百数十カ所存在するという。

愛国教育の重点は青少年にある。彼等に反日的気運を昂揚させるには学校教育はもとより、映画、書籍、音楽、演劇、美術などを動員すべきであり、中央宣伝部の指導の下で国家教育委員会、国家放送・映画・テレビ委員会などが連携して愛国主義運動を盛り上げようと謀《はか》った。青少年に反日を刷り込むことによって「反日」の永続化を狙ったのであろう。

愛国主義教育実施綱要が提起された、今から一〇年以上前の中国に対しては、日本は強い経済的影響力をもっていた。反日政策を採用すれば日本人の反中意識を誘い出し、そうなれば中国の経済発展が順調には展開できなくなるというリスクを当時の中国は抱えていた。江沢民政権がそのリスクを冒してまで侮日的な愛国主義運動を展開したのには、もちろんそうせざるをえない差し迫った理由があった。

天安門事件が起こったのは平成元（一九八九）年六月である。この事件によって中国は西側すべての国からの経済制裁を余儀なくされ、共産党の権威と統治力は明らかに薄いものとなった。ほどなくして東西冷戦が終焉し、ソ連邦が解体し、ソ連共産党が消滅のやむなきにいたった。音を立てて崩れる共産党の権威と統治力を復元する術をもつことなく、江沢民は鄧小平を襲って中南海に登場したのである。

みずからの正統性を新たに訴えるには反日教育という侮日政策しかなかったのであろう。要するに江沢民政権の政権基盤は脆弱であり、リスクを冒してまでも共産党への求心力を高めねばならないという政治的要請があったのである。共産党のアイデンティティの淵源《えんげん》は抗日戦争の勝利にある。反日は求心力を求める政権中枢部にとって、今なお中国人の観念操作の重要な武器なのである。それゆえ現在の侮日運動の内実は日本人の「歴史認識」への糾弾をもってその特徴としている。

昭和四七（一九七二）年の日中共同声明にいたる外交交渉においても「歴史認識」など問題にはなっていなかった。石井明、朱建栄、添谷芳秀、林暁光編『記録と考証——日中国交正常化・日中平和友好条約締結交渉』（岩波書店、二〇〇三年）を読んでみるがいい。同書はこの二つの交渉過程を、関係者の証言や編者の考証を含めて徹底的に解明した著作だが、この浩瀚《こうかん》の書のどこをどう読んでも歴史認識問題に関する記述はまったく存在していない。

外交交渉の主題は台湾帰属問題と戦時賠償問題に限られていた。日中関係緊密化を中ソ対立下の対ソカードとしたいという中国の思惑をも考えねばならないという主張もあるが、今日いわれるところの歴史認識問題が当時の中国指導部の胸中に本当に存在していたかどうかさえ私は疑っている。

靖国参拝などは元来が日本の内政問題であり、これを外交問題に仕立てたのは中国政府の「狡《こう》知《ち》」以外の何ものでもない。この問題での日本側の後退は、日本人の深層部に眠るナショナリズムの情念を掻《か》き立て、日中関係を修復不能な事態に立ちいたらせてしまいかねない。中国の狡知に負けぬ強靱な外交力を日本は錬磨しなければならない。その意味でも私どもは、清国の存在に強烈な危機感を抱いて日清戦争に挑んだ明治期の政治指導者の言説に、いま一度耳を傾けてみる必要がある。

「ペトロステート」——ロシア

米ソ冷戦に無惨にも敗れたロシアが再興するには相当の時間を要するであろう。しかしプーチン政権の行動様式の中には、資源・エネルギーを武器とした専制主義的大国への志向性が見え隠れしていた。プーチンは平成二〇（二〇〇八）年三月の大統領選挙において第一副首相メドベージェフを支持し、彼を後継の大統領とし「院政」を敷いてみずからの権力保持を確実なものとした。

石油、天然ガスにおいて世界最大級の可採埋蔵量を誇るロシアにとって、日本はもとより中国やインドなど資源不足国の経済大国化は政治的影響力を増大させる絶好の機会である。サハリン2プロジェクトで日欧企業はロシアの国有企業に株式の五一％の売却を余儀なくされた。またサハリン3プロジェクトの一部権益をインドに取得させ、インド企業を誘致しようとしている。ドイツをヨーロッパにおけるロシアのエネルギー資源配分基地にしようと画策し、さらにもう一つの天然ガス大国アルジェリアと手を結んで天然ガス版ＯＰＥＣ（石油輸出国機構）の形成に乗り出すという諸報道などは、資源・エネルギーを武器にしたロシア再大国化の動向を示すものであろう。カーネギー・モスクワセンターの一研究員は近年のロシアを「ペトロステート」と呼び、次のように述べている。

「権力と企業の癒着、天然資源の販売による利益で生活する不労所得者層の登場、汚職、巨大独占企業の支配、富者と貧者の格差の拡大など、ペトロステートの主な特徴がますます目立つようになっている。『核ペトロステート』、すなわち核超大国の野望を持つ一次産品依存国という新しい現象が、いつの日かその強引さで世界をあっと驚かせるかもしれない」（リリア・シェフツォーバ「プーチン後のロシア」『外交フォーラム』二〇〇七年二月号）

石油や天然ガスの今後の開発地域はロシア東部、シベリア・極東である。北方四島返還に対するますます頑《かたく》なロシアの対応を合わせ眺めれば、この巨大なペトロステートが資源不足国日本への「圧迫」を加えてくる可能性を否定することはできない。南下政策に悩まされつづけたあの時代の構図が再現しないとはいえない。

日本を取り巻く極東アジアの地政学は、日清・日露の両戦争の時代に「先祖返り」したかのごとくだと冒頭に記したのは、以上のような事情による。それでは日本はどう対応すべきか。近現代史における成功と失敗の経緯の中からわれわれが何を教訓として手にするかがポイントである。答えは近現代史の中にしかない。「あらまほしき」アジア的秩序を説く国際経済学者や国際政治学者の言説に信をおいて日本の将来を構想するわけにはいかない。

日本の近現代史を、教訓を手にすることができるような形で「再編集」しなければならない。その再編集の在り方それ自体が、実は将来の日本の生き方を指し示すロードマップとなるのではないか。以下を日本の近現代史の再編集のために費やしたい。個々の事実はそれぞれ周知のものであろうが、それを少しでも新戦略設定のための方途を得ようという問題意識に照らして浮かび上がらせたいのである。

第2章

陸奥宗光の日清戦争——機略と豪気

陸奥宗光の思想と行動は外交の「原型」を示して余すところがない。
外交とは友好や善隣ではない。国益の確保そのものである

陸奥宗光

激怒する福澤諭吉

福澤諭吉がみずから創刊した日刊紙『時事新報』に社説として「脱亜論」を掲載したのは明治一八（一八八五）年三月一六日である。福澤は朝鮮の近代化を願い、ともに「西力東漸《とうぜん》」に立ち向かわざれば亡国の危機に陥ることを懸念していた。日本の明治維新に衝撃を受けて福澤に接近し、その教えを乞うて国内改革を図ろうとした朝鮮開化党の金玉均《キムオクキュン》や朴泳孝《パクヨンヒョ》らに福澤は厚誼をもって接した。金玉均らが派遣した多くの留学生を受け入れ別邸に住まわせ、近代国家建設のための諸制度についての知識を彼らに懸命に授けた。近代化された日本と朝鮮の二つを福澤は運命共同体とさえみなしていた。

その福澤が「脱亜論」をもって朝鮮への対応を豹変させたのである。福澤は「脱亜論」に次いで「朝鮮人民のために其の国の滅亡を賀す」と題する明治一八（一八八五）年八月一三日付の社説を『時事新報』に書き、これが「治安を妨害する」として同紙は一週間の発行停止処分を受けた。屈せず福澤は「朝鮮の滅亡は其の国の大勢に於て免《まぬか》る可《べか》らず」と題する原稿（明治一八年八月一五日付掲載予定。自筆草稿）を執筆し、「文明の変遷、日に急にして、其の東洋に向ふの気勢、復《ま》た前年の比に非ざること明に見る可し。此の急変劇動の衝《しょう》に当りて、内の腐敗は既に極度に達したる朝鮮国が、尚《なお》其の独立を維持せんとするか、我輩の如きは到底其の説を得ざる者なり」（日付なし）と断じた。

福澤を豹変させたのは、国の将来を顧慮することなくいたずらに繰り返される朝鮮内の政争と内乱であり、しかもみずからに少しでもことを有利に運ばんとして国内問題に時に清国を、時にロシアを巻き込んで恬然《てんぜん》たる自立心の欠如であり、これに対する福澤の深い絶望であった。実際、内乱や政争の度ごとに清国に援軍を依頼するような朝鮮は日本にとって危険きわまりない存在だとみなして、日本が清国に挑んだ戦争が日清戦争であった。

日清戦争とは日本にとっていかなる意味をもった戦争であったのかを、この戦争の実質的な政治指導者、時の外務大臣陸奥宗光の思想と行動の中に探ってみたい。陸奥には、「東学党の乱」に始まり三国干渉によって終焉するまでの日清戦争の全局面にみずからどうかかわったかを克明に記した『蹇蹇録《けんけんろく》』（中塚明校注、岩波文庫）という、政治家の語りとしては稀代の名著がある。「蹇々匪躬《ひきゅう》」という表現がある。これは臣下が自分の心身を苦しめて君のためにつくす、という意味である。つまり「蹇々」とは〝足が滞って体の自由がきかない状態〟をさす。実際、日清戦争後の陸奥の衰弱は著しく、魂を絞り出すようにして同書を書き進めたのである。

この著作に依拠しながら、開国維新を経ていまだ幼弱な日本がいかに強固な意思をもって自国の安全保障――そんな表現が当時は存在していなかったのはもちろんだが――を確保しようとしたのかを考えてみたい。

華夷秩序への挑戦、日本の自衛

日清戦争とは、一言でいえば朝鮮半島をめぐる日清間の帝国主義的な覇権争奪の戦いであった。なぜ朝鮮半島が日清覇権争奪の場になったかといえば、その地政学的な位置が考慮されねばならない。改めて東アジアの地図を眺めれば、朝鮮半島がユーラシア大陸から日本の脇腹に向けて突きつけられた一本のナタのような形状をもって位置していることがわかる。中華帝国、ロシア帝国、モンゴル帝国などのユーラシア大陸の強大国が日本への勢力伸長を図ろうという場合、朝鮮半島を通過せずしてそれは不可能であった。それゆえ朝鮮半島が日本の敵対国となったり、敵対的勢力の影響下におかれることは、日本としては絶対にこれを避けねばならなかった。地政学上の宿命である。

しかも李朝時代の朝鮮は清国と君臣関係にあって、清国に服属していた。服属の証として朝貢の礼式に服し、その見返りに王号や爵位を与えられて民の統治を委ねられるという国際秩序の下におかれていた。中華帝国を中心としたこのような階層的な国際秩序が「冊封《さくほう》体制」である。冊封とは、君主が臣下に冊書と呼ばれる任命書を授け、任命を受けた臣下が君主から土地（封土）を与えられる行為のことである。冊封体制をもたらした中華帝国と周辺諸国との価値の関係がすなわち「華夷《かい》秩序」である。夷とは東方の異民族であり、野蛮人のことである。蛮夷ともいう。華夷秩序においては礼にもとづく道義性の序列において最も高位にあるのが中華であり、この中華から外縁に向かって同心円的に広がり、中華から遠くに位置する民族ほど価値において低いという上下関係が想定された。

黄河中下流域の「中原《ちゅうげん》」を中心域とし、これに近接する直接的支配地域が直轄地、間接的支配地域が藩部、次いで朝貢国、最後に夷狄《いてき》、そのように同心円的に拡大する図柄が華夷秩序であった。狄とは北方の異民族のことである。朝鮮はこの華夷秩序に組み込まれて中華に強く服属をせざるをえない位置におかれていた。一方、日本は華夷秩序の埒外《らちがい》にあった。そうなったのは、中華帝国との地理的な近接の度合い、すなわち中華帝国の圧力を直接的に受けざるをえない朝鮮と、対馬海峡の荒い潮流によって半島から隔てられ中華帝国の影響を排除できる位置にあった日本というう地政学的なポジションの違いであった。朝鮮が華夷秩序の中に「構造化」され、日本がその埒外にあったというこの事実が、開国維新後の日本と朝鮮との関係の順調な進展を妨げ、ついには日清戦争にいたらしめた背景要因である。

明治新政府樹立の旨を伝達し、新たな修好を求める国書をもって釜山港に入った日本使節が対馬藩家老であったが、李朝は国書の受け取りを拒否した。拒否の理由は、国書に「皇上《こうじよう》」「奉勅《ほうちよく》」の二字が記されていたからだったという（呉善花『韓国併合への道』文春新書、二〇〇〇年）。「皇」は中華帝国の皇帝、「勅」は中華帝国の詔勅を意味し、この文字を記した国書を、日本の臣下ならざる朝鮮が受け取ることは原理的に不可能だというのである。再三、再四の日本側の要求はこの理由によってすべて朝鮮政府によって拒絶された。

当時の日本の朝鮮外交は対馬藩を通じてなされていたが、後にこれが外務省に移され、釜山に所在していた「草梁倭館《そうりようわかん》」が日本公館となった。この公館に対して李朝は食糧や燃料の供給を絶つという挙に出た。この非礼に対して日本は軍艦「春日」と歩兵二個大隊を釜山に送り国書の受け取りを要求したものの、朝鮮はなお頑《かたく》なにこれを拒んだ。

日本側で湧き起こったのが「征韓論」である。筆頭参議、陸軍大将西郷隆盛が、征韓派の副島《そえじま》種臣《たねおみ》、板垣退助等の支持を受け、至誠をもって朝鮮への説得に当たれば道は開かれるとして行動に出ようとした。しかし遣欧使節団の旅行を通じて欧米列強の国力を心底知らしめられた大久保利通、岩倉具視等による、列強介入の口実を与えるような征韓はならじとの強硬な反対を受けて、西郷の遺韓は頓挫《とんざ》。西郷はその後下野を余儀なくされ、これが西南戦争の遠因となった。広く知られる征韓論の顚末《てんまつ》である。

征韓論とは朝鮮を華夷秩序から引き剝《は》がさんとする日本の最初の外交攻勢であった。しかし、李朝はこの日本の攻勢を排除してますます固く華夷秩序の中にみずからを封じ込めてしまった。欧米帝国主義の「西力東漸」が日に日に勢いを増す中にあって、日本はこれに抗するには「富国強兵」をもってするしかないと臍《ほぞ》を固める一方、李朝は「夷族」日本の富国強兵を西洋の猿真似を演じる「仮洋夷」と見立てて蔑視し、近代化に背を向けつづけた。

開国と近代化を拒んで独立への気概なき朝鮮がこのままの状態であっては列強による支配はまぬかれず、開国維新を経てまだ幼い日本の安全をも危殆《きたい》におとしめると往時の日本の指導者は考えたのである。征韓論が西郷等によって日本の「自衛策」として認識されたことは不合理ではない。征韓論は日本が中華主義的な華夷秩序に挑戦した初めての試図《しと》として近現代史にその意味を刻されて然るべき事件であった。陸奥宗光は次のようにいう。

「朝鮮半島は常に朋党争鬩《ほうとうそうげき》、内訌《ないこう》暴動の淵叢《えんそう》にして事態のしばしば起るは、全くその独立国たるの責守を全うするの要素において欠くるあるに由《よ》ると確信せり、而《しか》して我が国と彼《か》の国とは一葦《いちい》の海水を隔てて疆土《きょうど》殆ど接近し彼我《ひが》交易上の重要なるは論なく、総《すべ》て日本帝国が朝鮮国に対する種々の利害は甚だ緊切重大なるを以て、今日彼の国における如き惨状を袖手傍観《しゅうしゅぼうかん》しこれを匡救《きょうきゅう》するの謀《はかりごと》を施さざるは隣邦の友誼《ゆうぎ》に戻《もと》るのみならず、実に我が国自衛の道においても相戻るあるの誹《そし》りを免《まぬか》れざるに依《よ》り、日本政府は朝鮮国の安寧静謐《せいひつ》を求むるの計画を担任するにおいて毫《ごう》も遅疑する所なかるべし」

　日本が朝鮮の「安寧静謐」を求めて行動するのは「自衛の道」だと陸奥は明言したのである。その考えは陸奥に固有のものではない。日清戦争に先立つこと四年、明治二三（一八九〇）年、山県有朋はその意見書「外交政略論」において「主権線」と「利益線」という対比を用いて、「我邦利益線ノ焦点ハ実ニ朝鮮ニ在リ」といい、さらに「朝鮮多事ナルノ時ハ即チ東洋ニ一大変動ヲ生ズルノ機ナルコトヲ忘ル可ラズ。而《しか》シテ朝鮮ノ独立ハ、之ヲ維持スルニ何等ノ保障アルカ、此レ豈《あに》我ガ利益線ニ向テ最モ急劇ナル刺衝ヲ感ズル者ニ非ズヤ」と主張した。

　陸奥と山県の間に認識の距離はない。

尊皇攘夷と衛正斥邪

もっとも、帝国主義列強の「西力東漸」に抗するに日本が「尊皇攘夷《そんのうじょうい》」を、朝鮮が「衛正斥邪《えいせいせき じゃ》」と称する排外主義をもって応えたという意味では両者は共通している。衛正斥邪とは、「正」を朝鮮の儒学とし「邪」を夷狄として、「正を衛《まも》り邪を斥《しりぞ》ける」の意である。「尊皇攘夷」は王政復古により「夷」を「攘＝はらいのける」の意であり、両者に差はない。

しかし日本の尊皇攘夷は、朝鮮のそれと比べて外国勢力の侵入に敏感で柔軟（日和見主義的）であった。アヘン戦争における清国敗北の報に接するや、幕府は「異国船打払令」をただちに撤回したほどであった（佐藤誠三郎「近代化への分岐――李朝朝鮮と徳川日本」『「死の跳躍」を越えて――西洋の衝撃と日本』都市出版、一九九二年）。そして嘉永六（一八五三）年六月、アメリカ東インド艦隊司令官ペリーが遣日国使として軍艦四隻を率いて浦賀に来航、大統領フィルモアの国書を幕府に手交。ペリーは嘉永七（一八五四）年一月にも軍艦七隻を引き連れて神奈川沖に来泊。この二度にわたるペリー来航を経て日本は日米和親条約を結んで開国した。安政五（一八五八）年六月にはアメリカ駐日大使ハリスとの間で日米修好通商条約を締結、日本は五港を開港するという変わり身の早さをみせた。

開国に対する批判が尊皇攘夷運動であった。しかし、この運動は一時の花火のごときものであった。長州藩が英米仏蘭四カ国連合軍の火力に圧倒され、薩摩藩が薩英戦争で脆くも敗北して以来、尊皇攘夷は消え失せ、転じて瞬く間に攘夷論は開国論へと傾き、同時に富国強兵の緊急性を薩長に悟らせ、これが明治維新へとつながっていった。

加えて日本の王政復古は、後述する朝鮮のそれのように固陋《ころう》なアンシャンレジーム（旧体制）への復帰ではなく、逆に開かれた体系をもってその特徴としていた。慶応四（一八六八）年三月、西郷隆盛と勝海舟の合議によって江戸開城。それと同時に新国家建設の大方針が五箇条の御誓文として発布され、これが後の近代的立憲国家創造の礎《いしずえ》となった。周知の御誓文であるが、改めて記す。

一　広ク会議ヲ興シ　万機公論ニ決スベシ
一　上下心ヲ一ニシテ　盛ニ経綸《けいりん》ヲ行フベシ
一　官武一途庶民ニ至ル迄　各其志ヲ遂ゲ　人心ヲシテ倦《う》マザラシメン事ヲ要ス
一　旧来ノ陋習《ろうしゅう》ヲ破リ　天地ノ公道ニ基クベシ
一　智識ヲ世界ニ求メ　大ニ皇基ヲ振起スベシ

対照的に、朝鮮における衛正斥邪の思想は対外的危機にあってますます「純化」の度を深め、専制君主制の一段の強化へとつながった。第二五代の国王哲宗が死去し、一一歳の高宗が国王となり、国王の父である大院君が実権を握ったのが文久三（一八六三）年であった。日本へのペリー来航の一〇年後のことである。

万延元（一八六〇）年にはロシア艦隊が豆満江下流域に来航して国交を求めたものの、朝鮮はこれを拒否。また慶応二（一八六六）年には、潜入していた九人のフランス人宣教師を逮捕、処刑し、これに抗議するとともになお残る宣教師の救出のために七隻から成るフランス艦隊が漢江を上って漢城（ソウル）を攻撃したが、朝鮮はこれを撃退した。加えて、同年にはアメリカの商船シャーマン号が来航し、通商を求めて平壌に赴き、これを拒否する朝鮮軍との間で砲撃の応酬があった。シャーマン号が浅瀬に乗り上げて座礁、乗組員全員が殺害されるという事件が発生した。さらに、明治四（一八七一）年に駐韓アメリカ大使フレデリック・ローが五隻の軍艦を率いて開国要求にやってきた時にも、朝鮮の拒否は頑固であった。

「西力東漸」に対して大院君の採用した政策は鎖国政策と専制君主制の徹底であった。支配層両《ヤン》班《バン》の派閥割拠の拠点であった書院を廃止し、これを中央政府の管理下におき中央集権の強化を図った。また安東金氏などの特権的門閥を追放し、大院君に忠誠を誓う官僚を周辺に配して専制主義的官僚政治を極度に進めた。大院君は対外的には帝国主義列強の開国要求をことごとく退け、内政においては専制主義の強化に成功したのであり、これをもって衛正斥邪の旧思想が朝鮮の追求すべき道だとの思いを深め、中華帝国の属邦たるの誤りなきを確信し、政治と軍事における近代化への道をみずから閉ざしてしまった。

王政復古が、片や日本においては富国強兵を促し、片や朝鮮においてはアンシャンレジームの強化を促すという対照性を生み出した。ここに日韓の近代化の分岐点があり、いずれ述べるように最終的には後者が前者に併合される（韓国併合）という事態にいたる。

清韓宗属関係の破壊を狙う陸奥

先の陸奥宗光の記述に戻ろう。「今日彼の国における如き惨状を袖手傍観しこれを匡救するの謀を施さざるは隣邦の友誼に戻るのみならず、実に我が国自衛の道においても相戻るあるの誚りを免れざる」。したがって朝鮮の開国ならびに近代化は日本の「自衛の道」であるとし、自衛の方策としては李朝の立国の礎たる清韓宗属関係の破壊以外にはなく、もって日清戦争は不可避だという思考に陸奥は傾いていった。

清韓宗属関係強化に対する日本の対応は、朝鮮に対する砲艦外交となってあらわれた。起点は「江華島事件」であった。この事件ならびにその後の「壬午《じんご》事変」「甲申《こうしん》事変」「東学党の乱」とつづく日清韓の三者関係ならびに日清戦争にいたる経緯について簡単に記しておこう。

当時の朝鮮は清国の属領であった。明治八（一八七五）年、飲料水を得んと江華島に近づいた日本の軍艦が同島の砲台から砲撃を受け、これに迎撃した日本軍艦が同砲台を破壊するという「江華島事件」が発生した。この事件を契機に結ばれたのが明治九（一八七六）年の日朝修好条規であった。

しかし修好条規の締結以降の日朝清の三者関係は複雑をきわめた。まずは、日本の明治維新に衝撃を受け朝鮮の近代化を図らんとする閔《ミン》氏一族が力を得て、大院君を擁する守旧派の勢力が翳《かげ》った。失地回復を求める大院君派の反乱に清国が乗じ五〇〇〇人の大兵力を朝鮮に派遣し、大院君を清国に連れ去った。この事件は壬午事変と呼ばれ、これにより朝鮮は清国の属領たるを超えて植民地支配下におかれた。閔氏一族も清国の軍勢の圧倒的な力に驚嘆し、清国に事《つか》える事大《じだい》主義勢力に転じ、事大党を名乗った。清韓宗属関係の復活である。

これに反旗を翻《ひるがえ》したのが、福澤と親交を結んだ金玉均や朴泳孝らによる開化党であった。開化党にとっての千載一遇の時が明治一七（一八八四）年六月に勃発した清仏戦争によりやってきた。清仏戦争は、フランスによるベトナムの植民地化に抗して、ベトナムに対する伝統的宗主権を主張する清国との間で勃発した戦である。これに兵力を割いて清国の朝鮮に対する圧力が減じるや、開化党は混乱を煽動し政権を奪取した。しかし敗北した事大党が直ちに清国に援軍を要請し、袁《えん》世凱《せいがい》率いる清国軍が再度朝鮮に兵力を派遣して、開化党は壊滅。「三日天下」であった。金玉均や朴泳孝らは日本に逃れ三田の福澤邸にかくまわれた。「甲申事変」である。福澤の悲嘆はいかばかりであったか。福澤に「脱亜論」を執筆せしめたものが甲申事変における開化党の壊滅であった。

陸奥の最大の努力は朝鮮を清国の属邦としてではなく、まぎれもない自主独立の国とし、もって清韓宗属関係を断ち切ることにあった。清韓が別個の独立した国家関係として構築されなければ、極東アジアの「外交」そのものが成り立たない。陸奥はそうみなして、朝鮮の清国からの独立に満身の力をもって臨んだのである。

転機となったのが、既述の日朝修好条規であった。全権弁理大臣黒田清隆を江華島に派して強引に朝鮮の同意を引き出したものがこの修好条規である。華夷秩序の中でおよそ「外交」というものを経験したことのない朝鮮が外国と取り結んだ最初の条約であったという点で、同修好条規は大きな意味をもつ。全一二款にわたるこの条規においてとりわけ重要なのは第一款であり、朝鮮は条約により初めて「朝鮮国ハ自主ノ邦ニシテ日本国ト平等ノ権ヲ保有セリ」と明文化された。

しかしこの条規の存在にもかかわらず清国の態度はなお不透明であった。清国と交渉すれば、朝鮮は内政、外交ともその自主に任せており、清国は朝鮮内で起こる個々のできごとに責を負う立場にはないといい、しかしそうはいっても朝鮮は属邦であるから、一個の独立した王国として認めるわけにはいかないという実に曖昧な態度に終始していた。朝鮮を属邦と称しながら、内政、外交に責任をもたないというのであれば宗主国の責任を果たしているとはいえない。そのような非論理的態度を清国が捨てないのであれば、日本としては朝鮮を一独立国家と認識し、一切の責任は朝鮮にありという方針を貫かねばならない。陸奥はそう主張した。

天津条約──「李鴻章対日政策の一大錯誤」

そこで新たに日本は清国に「天津条約」の締結を要求するにいたった。先にも記したように朝鮮と並んでもう一つ清国と宗属関係にあったのがベトナムである。このベトナムがフランスによる侵略を受け、これに抗して清軍がベトナムに出兵し清仏戦争が勃発した。これを奇貨として日本は天津条約の締結を清国に迫り、譲歩を勝ち取った。参議伊藤博文が天津に出向き李鴻章《りこうしょう》と会談してようやく両軍撤兵のための条約が相成った。これが明治一八（一八八五）年に調印された天津条約である。三条から成るこの条約のポイントは第三条にある。

第三条は「将来、朝鮮国若《も》シ変乱重大事件アリテ、日中両国或ハ一国派兵ヲ要スルトキハ、応《まさ》ニ先ヅ互ヒニ行文知照《こうぶんちしょう》スベシ、其ノ事定マルニ及デハ仍即チ撤回シ再ビ留防《りゅうぼう》セズ」である。文中の「行文知照」とは外交文書を公文で照合確認するという意味の外交用語である。この第三条こそ、その後の日清関係を左右する最も重要な項目となった。東学党の乱が起こって両国軍が朝鮮へ出兵する際の論拠となった条項がこれであった。陸奥はこういう。

「清国政府が常に己の属邦なりと称する朝鮮に駐在せる軍隊を、条約上より撤回せざるを得ざるに至りたるのみならず、将来如何なる場合においても同国へ軍隊を派出せんとするときは、先ず日本政府に行文知照せざるべからずとの条款を具する条約を訂結したるは、彼にありては殆ど一大打撃を加えられたるものにして、従来清国が唱え居たる属邦論の論理はこれがために大いにその力を減殺せしことは一点の疑いを存せず」

往時の極東アジアの国際関係について克明な記録を残した天津の『大公報』の記者に王芸生がいる。同氏は『日支外交六十年史』全四巻（末広重雄監修、長野勲、波多野乾一編訳、建設社、一九三三～三六年）を上梓している。自説の開陳において抑制的である一方、極東アジア情勢にかかわる諸資料を丹念に渉猟して書かれた必須の文献である。王芸生の判断も実に陸奥のそれと変わらない。氏はこういう。

「李鴻章と伊藤とは三月四日条約三ヶ条を締結調印したが、其の内容は全く『相互原則』に拠《よ》り、清国は朝鮮に対する宗主権を放棄し、而も第三条には明白に日清両国は朝鮮に対し同等の派兵権を有し、且つ派兵の前に互ひに行文知照すべき事を規定した。甲午の東学党の乱起るに迨《およ》び、清国は兵を朝鮮に派して之を日本に通牒《つうちょう》したところ、日本も又出兵し、巨禍《きょか》之に随《したが》つて爆発した原因は実に此の条に基くもので、李鴻章の対日外交の一大錯誤であった」

個々の交渉や公的文書においては、清国はなお「保護属邦」の語を執拗に用いるものの、日本はいまだかつて朝鮮を清国の属邦と認めたことはないとし、陸奥はこれを無視した。しかし、それがゆえにこそ日清はいずれ開戦を余儀なくされることを陸奥は鋭く認識し、戦争の準備に怠りなかった。

陸奥、開戦への決意

陸奥の心したのは、仮に日清が開戦せざるをえなくなったとしても、この戦争を二国のみに限定し、第三国に干渉の余地を与えてはならないということにあった。日清戦争に勝利したとしても、いや勝利すればなお欧米列強の干渉は日本をより深く悩ませるはずだと陸奥は考えていた。日清講和条約によって日本が清国から割譲を受けることになった遼東半島、台湾、澎湖諸島のうち最大の「戦利品」である遼東半島が、ロシアに仏独を巻き込んだ三国干渉によって返還を余儀なくされたことは広く知られている。清国に負ければ地獄、勝利してますます強い外圧を想定して、独力で戦わねばならなかったところに日清戦争の苦しさがあった。しかも戦力においては、李鴻章率いる北洋艦隊は「定遠」「鎮遠」を擁して、日本の海軍力より優勢であった。陸奥はこれにどう対抗しようとしたのか。

「我はなるたけ被動者たるの位置を執《と》り、毎《つね》に清国をして主動者たらしむべし、またかかる一大事件を発生するや外交の常習として必ず第三者たる欧米各国のうち互いに向背を生ずることあるべきも、事情万《ばん》やむをえざる場合の外は厳に事局を日清両国の間のみに限り、努めて第三国の関係を生ずるを避くべし」

日本に対する第三国の干渉を排除するためには、清国をこの戦争の「主動者」とし、日本はやむをえず交戦せざるをえなかった「被動者」であるかのように装うという戦略である。

日清戦争は東学党の乱を契機として勃発した。明治二七（一八九四）年二月、全羅道郡主の苛斂誅求《かれんちゅうきゅう》に耐えかねて起こった、秘密結社東学教団に率いられた農民反乱である。道都全州が彼らによって制圧された。李氏朝鮮の本貫《ほんがん》である全州の制圧は、事大党政府をして再々の清軍出動を要請せしめた。本貫とは一族の発祥の地のことである。清国出兵の動機はいうまでもなく属領保護である。清韓宗属関係を認めてはならじと日本が出兵し、日清戦争が勃発した。

勃発の前段階として、明治二七（一八九四）年六月に日本が朝鮮の「日清共同内政改革提案」を清国に提出したことは忘れてはならない。

東学党の乱がひとまず終息して、日清両軍が朝鮮半島に相当数残留するものの、その理由を列強に合理的に説明することは難しい。さりとて日本が兵を引けば半島の清国属邦を認めたことになり、李鴻章の思うつぼである。ここで陸奥が想起したのが先の日清共同内政改革提案に他ならない。財政に始まり、官僚選抜、治安等々、朝鮮政治の全分野にわたる、朝鮮の「文明開化」に不可欠の改革テーマの提起であった。

日清共同内政改革提案の前文はこうである。朝鮮が政争や内乱を根絶しない限り、日清関係が改善されることはない。「今回ノ如ク清国ニ於テ出兵スレバ、我国モ亦《ま》タ之ニ応ジテ出兵シ、以テ均勢ヲ保タザルヲ得ザルノ場合ヲ現出スベキハ必至」であり、それゆえ「宜《よろし》ク日清韓ノ間ニ於テ将来執《と》ルベキ政策ヲ籌画《ちゅうかく》シ、以テ永ク東洋大局ノ平和ヲ維持スルノ道ヲ講ズルハ実ニ急務中ノ急務ト確信ス」。この提案が清国に拒否されて戦争に突入した。日本を被動者たらんとした陸奥の戦略が成功したのである。

改革提案を清国が飲むとも考えにくいが、被動者として立ち振る舞うには、日本の合理的提案が清国に拒否されて致し方なく戦争に打って出ざるをえなかったとみせる陸奥一流の外交術である。しかし陸奥の内心の真実は「清国政府にて我が提案に同意せざる場合においては、我が国自ら単独に韓国内政の改革を担当すべしとの決心をなし置かざれば、他日あるいは彼我の意見衝突したる時に及び我が外交上の進路を阻格するの恐れありと思料したり」であり、「今や我が外交は百尺竿頭《ひゃくせきかんとう》一歩を進めたり。向後一縷《いちる》の望みは、僅《わず》かに清国政府が果して我が提案に賛同するや否やに係《かか》れり。もし清国政府にして如何なる処置に出るも、いやしくも我が提案を拒絶するに及べば我が政府は固《もと》より黙視する能《あた》わず。よって以て将来あるいは日清両国の衝突を免れざるべく、我は竟《つい》にやむをえず最後の決心を実行せざるを得ざるに至るべきなり」であった。陸奥はこの案を総理伊藤に伝え閣議にもち込んで了承を取り、上奏、裁可を得て、日清戦争に向かったのである。

軍備拡張も明治一九(一八八六)年より加速度を増していった。同年には建艦公債が発行され、明治二六(一八九三)年には建艦を促すべく明治天皇が宮廷費削減を公にし、これに応じて官僚は給料の一定率の政府返還を決め、さらに議会も政府の建艦計画案を与野党一致で支持した。

日清戦争の経緯についてはは省略する。華夷秩序から朝鮮を引き剝《は》がして朝鮮の自立を図らなければ、極東における日本の安寧はありえず、それゆえ第三国の干渉を排して朝鮮自立の方策を立案し、さらには日清共同内政改革提案を練り上げ、これが清国に拒否されるや、全力を清国との戦いに注ぎ込もうという外交官としての陸奥の深い熟慮と迅速な判断、加えてその豪気には目を見張らされるものがある。

帝国主義にめざめる清国の「東征論」

陸奥は清韓宗属関係を破壊し、もって朝鮮を自主独立の国となし、独立した朝鮮の内政安寧を図らざれば日本は危ういと考え、そうして日清戦争を我が国「自衛の道」にとって不可避のものとして捉えた。同じく山県有朋もすでに引用したように「朝鮮多事ナルノ時ハ即チ東洋ニ一大変動ヲ生ズルノ機ナルコト」とし、朝鮮は日本にとっての「利益線」だとの認識を明らかにしていた。朝鮮が日本の自衛の道であり利益線だというのは、いかにも「帝国主義的」な発想である。

さもありなんである。陸奥の外交指導はまさしく帝国主義そのものである。列強がアフリカはもとより、中近東のすべてを植民地支配下におき、南アジア、東南アジアを経て、アヘン戦争以降は中国の沿海地域を次々と租界地とするにいたった。最後に残されたのが日本であり、日本の後方に隠れるように存在していた「隠者の王国」(F・A・マッケンジー『朝鮮の悲劇』、渡部学訳注、東洋文庫二二二、平凡社、一九七二年)が朝鮮であった。

「西力東漸」の圧力に抗し富国強兵をもって自立した日本が、自国の防衛を図るには朝鮮の自立を促し、そのためには朝鮮を臣下とする清国との対決は不可避であった。実は、こうした国際環境に囲まれて、清国もまたみずからを帝国主義化させなければ自国の存立が不可能であることを悟るようになっていた。列強に沿海部の中枢都市の開放を強要され、租界地とされ、半植民地的支配を受ける一方で、清国は朝鮮への権力政治的な介入に乗り出し、朝鮮をうかがう日本と干戈《かんか》を交えんとする志向性を次第に強めていった。

アヘン戦争によって屈辱の近代史の開始を余儀なくされた清国であったが、一九世紀末までには旧態依然たる閉鎖的な王朝国家体制では列強の脅威に対抗することはかなわぬという認識を、少なくない官僚や知識人が共有するにいたり、西洋の知識や技術を学ぶ「変法自強《へんぽうじきょう》」と称される、康有為《こうゆうい》、梁啓超《りょうけいちょう》などを指導者とする改革運動も湧き起こった。

清国の海軍は北洋艦隊を中心に最新鋭の「定遠」「鎮遠」などを擁して日本を上回る実力をもっていた。両艦はいずれも七三〇〇トンの甲鉄艦であり、三〇センチの主要砲門、砲塔三五センチ、舷側に三〇センチの砲門を装甲した、当時の世界で第一級の艦船であった。対照的に日本の軍艦は最大の「扶桑」でも三八〇〇トン、二四センチ砲しか装甲していなかった（岡崎久彦『陸奥宗光とその時代』PHP文庫、二〇〇三年）。

明治一九（一八八六）年には、両巨艦が長崎を訪問して軍事力を顕示するという挙に出た。清国兵士が市街地に入り市民に暴行し、これを制しようとした長崎県警との間にトラブルが発生して多くの死傷者を出したものの、市街地に砲門を向ける両巨艦に睨《にら》みをきかされて、日本は報復できなかった。日清間の海軍力は開戦前夜においてなお清国優勢の状態にあった。清国において「日本討つべし」の議論が起こったのも当然であった。

王芸生は先に記した著作の中で壬午事変の後に翰林院の張佩綸《ちょうはいりん》によってなされた「東征論」の全文を紹介している。壬午事変とは既述したごとく大院君による閔氏一族追放のための反乱であった。大院君の攘夷思想は日本人に向けられ、日本公使館が焼き討ちに遭い、日本兵の相当数が殺害された。これに対して日本政府は済物浦《さいもっぽ》条約の締結を朝鮮に迫り、朝鮮政府はこの条約の締結を余儀なくされた。済物浦とは現在の仁川である。

この条約により「兇徒ノ暴挙ニ因《よ》リ日本国ガ受クル所ノ損害、公使ヲ護衛スル海陸兵費ノ内五拾万円ハ、朝鮮国ヨリ塡補《てんぽ》スル事」「朝鮮国ハ特ニ大官ヲ派シ国書ヲ修シ、以テ日本国ニ謝スル事」といった屈辱的な条項を朝鮮は飲まされた。清韓宗属関係を信じる清国官僚にとってもこの条約は同様の屈辱として受け取られた。張佩綸の東征論はこの事実を背後にしての上奏文である。その一部を引用すればこうである。要するに「日本なにするものぞ」である。

日本の「兵制ハ西洋ニ倣《なら》フテ略々外形ヲ得タリト雖《いえど》モ、外ニ良将無ク内ニ謀臣無シ。其ノ戦艦ニ至ッテハ則チ扶桑ノ一艦ヲ長トナスモ、固《もと》ヨリ鉄木共ニ朽《く》チ風濤《ふうとう》ニ堪《た》ヘズ。余ハ皆小砲、小艦ノミ。朝鮮ノ役ニハ会社ノ商船ヲ借リテ之ヲ補助セリ。蓋《けだ》シ清国ノ定遠鋼鉄艦、超勇、揚威両快速艦ノ比ニ非ザルナリ。其ノ兵数ハ則チ陸軍四、五万人、海軍三、四千人ニシテ猶《なお》且ツ欠員多シ。最近游惰《ゆうだ》ノ徒ヲ募集シテ軍隊ニ充当セルモ、未ダ戦陣ヲ経ザレバ大半ハ怯懦《きょうだ》トナリ、清国ノ淮湘各軍ニ比シ遥カニ劣レリ。夫《そ》レ貧少傾危ノ国勢斯《かく》ノ如ク、到底久シク保チ難シ」

このような次第であるから、いま日本を討つべきであり、さもなくば日本も軍備の拡張を試み、臣下の朝鮮も危うくなるのみならず、「蕞爾《さいじ》タル日本モ遂ニ清国ノ巨患ト為《な》ラン」という。「蕞爾タル日本」とはいかにも小さな日本の意である。

日清戦争が朝鮮半島を舞台にした日清の覇権争奪の戦いであったことは先に記した。朝鮮の独立は日本の自衛の道であり、その意味で朝鮮半島が日本の利益線であるという帝国主義的思想は、この日本に抗せざれば日本がほどなくして「清国ノ巨患ト為」り、朝鮮半島の将来が危ういと発想する点において清国もまた帝国主義的思想の影響を強く受けていたのである。自国が朝鮮半島を先に獲らなければ、他国がこれを獲ってしまう、されば半島において両軍相まみえるべきだと考えて始まった戦争が日清戦争に他ならない。

善悪や道義の問題ではない。もしこの帝国主義戦争において日本が敗北したとすれば、おそらく清露いずれかによる日本の植民地化を帰結したであろうことは高い蓋然性《がいぜん》をもってこれを想像できる。日本の海軍力は講和条約の締結にいたるまで清国のそれを上回ることはついになかったが、それにもかかわらず日本が勝利したのはその優れた機略と豪気にあった。陸奥宗光を象徴するものがこの機略と豪気である。

わが愛する朝鮮半島の民の歴史をそう表現するのはいかにも切ないが、そうしなければ「西力東漸」の帝国主義的な国際社会の中で日本が生き延びていく術がなかったのである。生存のためのわずかな可能性に賭けた陸奥の判断は、日本の「生存空間」を確保するための不可避のものであったといわざるをえない。外交とは友好や善隣ではない。国益の確保そのものである。陸奥の思想と行動はこのこと、つまりは外交の「原型」を示して余すところがない。

第3章

朝鮮近代化最後の挑戦——金玉均と福澤諭吉

福澤は自分の過去を朝鮮人留学生の中に見出し、
頼ってくる彼らに救いの手を差し伸べるのは己の責だと感じた

福澤諭吉

「独立自尊」

福澤諭吉の文章はしばしば激越である。諸事象を観察してこれを痛罵《つうば》し蔑視し、逆に驚嘆し礼賛する際に用いる表現は少々極端である。特に清国、朝鮮に対するほとんど侮蔑的な物言いは、今日いうところの「差別語」に近く、引用するのもはばかられるほどである。

福澤の頭に棲《す》みついて片時も離れなかったのは、日本の「独立自尊」である。安政七（一八六〇）年一月に咸臨丸で太平洋を横断、文久元（一八六一）年一二月に遣欧使節団、慶応三（一八六七）年一月に遣米使節団の一員に加わるという、三度の欧米視察を通じて福澤は確固たる世界観を培った。「西力東漸」の帝国主義時代にあって日本が亡国を免《まぬか》れるには「文明開化」以外に道なしとする信念――「共に文明の海に浮沈《ふちん》し、共に文明の波を揚げて共に文明の苦楽を与《とも》にするの外《ほか》ある可《べか》らざるなり」（「脱亜論」）――であり、この信念に違《たが》う政策や振る舞いにはまったく容赦がない。

朝鮮がアンシャンレジームに固執するならば、遠からず清国、次いでロシアの植民地となることと必定《ひつじょう》であり、日本の自立をも危機におとしめるというのが福澤の外交思想であった。朝鮮の文明開化は朝鮮にとって不可避であるのはもとより、日本の自立にとっても絶対的な必要条件であるという信念が、福澤をして時に朝鮮の優柔不断を糾弾せしめ、時に清国の横暴専横を罵倒せしめた。朝鮮は本来であれば「共に亜細亜を興す」友邦であるべきだが、そうするのに必要な文明開化にどうしてめざめぬか、その焦燥が福澤の朝鮮に対しての痛罵の口吻なのである。

外国人がみた李氏朝鮮

それにしてもである。李氏朝鮮の頑迷固陋はいったいどうしたことか。このことを知るためには、往時の朝鮮半島を旅行したり居住した外国人の観察記録を検索してみるに如《し》くはない。

明治二七（一八九四）年一月から明治三〇（一八九七）年三月までの間に、モンゴロイドの特性調査の一環として四度にわたり朝鮮旅行を敢行したイザベラ・バードは、その著『朝鮮紀行――英国婦人の見た李朝末期』（時岡敬子訳、講談社学術文庫、一九九八年）という、東学党の乱に始まり日清戦争が終焉するまでの朝鮮を克明に観察した著作の中で次のように述べている。「朝鮮国内は全土が官僚主義に色濃く染まっている。官僚主義の悪弊がおびただしくはびこっているばかりでなく、政府の機構全体が悪習そのもの、底もなければ汀《みぎわ》もない腐敗の海、略奪の機関で、あらゆる勤勉の芽という芽をつぶしてしまう。職位や賞罰は商品同様に売買され、政府が急速に衰退しても、被支配者を食いものにする権利だけは存続するのである」

そして同書は日本が朝鮮内で行おうとしている改革について、「日本は朝鮮式機構の複雑多岐にわたる悪弊と取り組み、是正しようとした。現在行われている改革の基本路線は日本が朝鮮にあたえたのである。日本人が朝鮮の政治形態を日本のそれに同化させることを念頭に置いていたのは当然であり、それはとがめられるべきことではない」という。

官僚主義の悪弊、腐敗、略奪、政府の衰退から朝鮮を救出するための改革を試みているのが日本だという評価であり、福澤の認識とバードの見解は似ている。バードのいう朝鮮の当時の官僚主義とはどんなものだったかといえば、こうである。朝鮮の高級官僚は両班といわれ、科挙というきわめつきの難関である国家試験に合格した一握りの秀才たちである。両班は文官（文班）と武官（武班）よりなるが、文治《ぶんち》主義の根強い朝鮮においては圧倒的に文官優位であり、儒学の知識に秀でた文官が官僚機構の中枢に位置した。

絶対的専制君主を文官が取り巻き、国王の意思を支え体して彼らの合議によって国家統治がなされていた。道の長官に始まり、府、郡、県の長にいたるすべてにおいて中央から派遣された官僚が支配者となり、彼らが統治の任に当たった。そうすることによって地方に根を張る権力集団の発生を厳しく抑圧したのである。多数の武人が多様な地方権力を形成し、各地方に割拠した江戸時代日本の幕藩体制とはきわめて対照的な中央・地方関係が朝鮮の権力構造の特徴であった。

あらゆる「権力資源」が中央官僚によって独占された政治体制である。この体制が李朝五〇〇年余を通じて厳格に守られてきたのであれば、王朝体制はいかにも堅固なものだと思われようが、内実はその逆である。中央集権が極度に追求されたために、多様な利益集団や社会集団の形成が阻まれ、唯一残された集団凝集《ぎょうしゅう》原理である血族に社会が「分化」していった。

朝鮮は父子関係を軸に血縁を縦に継承していく原理において一段と強い社会であった。血族と門閥が支配層両班の基本的単位であり、血族を横断的につなぐ社会原理は希薄であった。国王を取り巻く中央官僚が社会の頂点に位置し、相互に関係のない有力な血族集団が頂点をめざして競い合い、その競合の過程で生じた血族間の抗争はまことに凄まじく、李朝史は血族抗争史として描くことさえ不可能ではないほどである。

この社会においては、富も名誉もその源泉は政治権力にある。それゆえ中央権力を求めて各血族がしのぎを削る権力闘争が李朝時代を通じて恒常的に展開されてきた。しかも朝鮮は文治社会である。それゆえ権力闘争の手段は武力ではなく理論であった。儒学の解釈をめぐり、みずからを正統とし他を異端として抹殺しようとするイデオロギー闘争であった。アメリカ国務省のスタッフとして計七年をソウルと釜山で勤務し、後にアカデミズムの世界に入り、ハーバード大学国際問題センターなどで朝鮮政治分析に携わり、いまなおこの分野において第一級の著作として知られる『朝鮮の政治社会』（鈴木沙雄・大塚喬重訳、サイマル出版会、一九七三年）を著したのが、グレゴリー・ヘンダーソンである。彼は同書において次のように記す。

「李朝の政府とは、人びとを急速にそのなかにまき込んでしまう巨大な渦巻であって、瞬時にして彼らを野心の絶頂近くに押し上げるかと思えば、次の瞬間には彼らを一掃し、しばしば呵責《かしやく》なく処刑したり追放したりするのであった。それは、田園ののんびりした四季のリズムとなんら関係のないものであった。……王朝は平静を装いながらも、興奮と論争に明け暮れたのであった」

もっとも、抗争に明け暮れていたのは支配層のみであり、圧倒的多数の常民と賤民が国政に顔を出すことなど想像さえできなかった。中間層が完全に欠落していたのである。再びヘンダーソンはいう。

「西欧的な意味では、朝鮮（少なくとも朝鮮南部）には、中産階級というものは存在しなかった。共通の利害を持った広範かつ人口稠密な機能的集団、あるいは、地位集団が、両班と平民の間に確立されたことはなかった。朝鮮社会は、基本的に、あらゆる権利を持つ支配者と、あらゆる義務を背負わされた被支配者との二極社会であった。独自の文化と商売という価値基準を持つ有力な中産階級という西欧、および日本における概念は、朝鮮には無関係であった」

清韓宗属関係とは何か

李朝末期の朝鮮政治について観察したもう一人の外国人の記録を紹介しておこう。先に述べた血族間の抗争についてである。『朝鮮事情』において、著者シャルル・ダレは次のように述べている。

「貴族たちは、いくつかの派閥に分かれ、互いに執拗《しつよう》な憎悪をぶつけ合っている。しかし、彼らの党派は、なんら政治的、行政的原理を異にするものではなく、ただ尊厳だとか、職務上の影響力のみを言い争っている大義名分だけのものである。朝鮮における最近三世紀の期間は、ただ貴族層の血なまぐさい不毛の争いの単調な歴史にしかすぎなかった」「すべての貴族は、それら党派の一つに必ず属し、ただ、高位高官を独占し敵対派の接近を排除することだけに腐心する。このことから、永続的な不和と争いが生じるようになった。これらの争いは、多くの場合、敗北した党派の指導者の抹殺を期として終焉する」

清韓宗属関係とは何か。この関係を象徴するものが礼式である。シャルル・ダレは、その礼式を次のように鮮やかに記している。

「朝鮮国王は、新しく交替するたびに、特使を遣《つか》わして皇帝にその即位の承認を求めねばならない。特使はまた、王家に関すること、朝鮮で発生した主要事件について、すべて報告しなければならない。反対に、ほとんどの中国人使節が宮廷での品階では朝鮮国王より上位にいるために、朝鮮国王は、使節を迎えるときはソウル城外に出てつつしんで敬礼をしなければならないし、そのうえ、使節が入城した門以外の別の門を通ってソウル城内に入らねばならない。……また朝鮮の使節は、国境をこえて最初の中国側都市である辺《ピョン》門《ムン》城門を通過する資格がないので、仕方なく迂回しなければならない。朝鮮国王は、皇帝の使用する色彩は使えず、皇帝の冠に類似したものをかぶることさえ禁じられている。あるゆる民間の文書は皇帝年号の日付で表わさねばならず、また北京で重大事件が起こったときは、事態によって国王は祝賀か弔慰《ちょうい》特使〔慶弔使《けいちょうし》〕を遣わさねばならない」

金玉均の登場

このように述べてくると李朝末期の朝鮮は、近代化という観点からいえばいかにも絶望的な存在である。しかし、かかる現実をきわめて否定的に捉え、現状を改革しなければ朝鮮は壊滅するという危機感をつのらせ改革に命を賭けた、開化派と呼ばれる一群の官僚がいたことも銘記しておかなければなるまい。しかし李朝末期の朝鮮と宗主国清国の関係がいかに手ひどいものであったかは、実はこの開化派が彼等によっていかに酷い形で引き裂かれたかという事実を記すことによって最もよく描き出せると私は考える。

開化派官僚が守旧派官僚に挑戦し、この改革運動を日本が後押ししたのは当然であった。守旧派に対する開化派の挑戦が無惨にも潰《つい》え、その悲劇的結末が日清戦争開戦への日本の意思を固めさせた。李朝末期の改革派のリーダーが金玉均であり、これに熱い支援を送りつづけたのが福澤諭吉であった。

朝鮮開化派の思想と行動について金玉均と福澤諭吉との関係を軸に記述してみよう。金玉均に関して著者のところにある資料は、古筠記念会・林毅陸編『金玉均傳』上巻（龍渓書舎、一九八六年）、琴秉洞著『金玉均と日本——その滞日の軌跡』（緑蔭書房、一九九一年）、松本正純『金玉均詳傳』（厚生堂、一八九四年）である。林毅陸のものが正伝であり、以下の記述もこの著作に依拠するところが多い。引用文に特に書名を記していないものはこの書である。

金玉均は若くして稀代の秀才をうたわれた。明治五（一八七二）年に行われた科挙の文科を受験し、全国の秀才二〇〇〇人を集めたこの試験を首席で突破、二二歳で公文書の管理に当たる弘文館校理（校長）、国王からの諮問に答える司諫院正言などを経て、三二歳で大蔵次官に相当する戸曹参判という大監職に就いた。

開化派の先学に劉大致がおり、劉大致《ユデチ》の盟友に呉慶錫《オギョンソク》がいた。呉慶錫は進賀使、冬至使として北京や天津に足繁く出向き、清国での見聞を通じて列強の動向を知り、それを劉大致と語り合った。また呉慶錫が清国で購入した世界の地政学の書物や新刊雑誌などを読んで互いに朝鮮の現状を改革せねばと考えるようになり、高位の官僚を同志に誘った。白羽の矢が立ったのが金玉均であった。金玉均は呉慶錫から借りた清国の著作や雑誌を熟読し、また劉大致や呉慶錫の語る、列強のあやなす帝国主義的な国際環境の力学に耳を傾け、李朝が現状維持に腐心するばかりであれば亡国の危機に陥ることは疑いないとの危機感を抱くようになった。

金玉均に開化思想の影響を与えたもう一人に朴珪壽《パクキュス》がいる。朴珪壽は文久元（一八六一）年と明治五（一八七二）年に清国に使し、万延元（一八六〇）年夏の英仏連合軍による清国の屈辱的敗北について見聞した。この時の連合軍は、大沽の砲台を攻略し、北京に進軍、一〇月には円明園に侵入して略奪の限りを尽くした後ここに火を放つという暴挙に出た。慶応二（一八六六）年にアメリカの商船シャーマン号が大同江を遡《さかのぼ》って平壌で通商を求め、拒否された同商船が市街地を砲撃するという事件にも遭遇した。

朴珪壽はこれら列強の砲艦外交をつぶさに研究し、大院君に対してやがて侵攻してくる列強に抗するには朝鮮も建艦に乗り出すべしと上奏した。第2章で指摘したように明治維新後の日本が修好を求め国書を持参して釜山にやってきた。その折に大院君はその受け取りを拒否したのだが、拒否によって日本に侵略の口実を与えるより、修好を通じて日本の国情を探り研究すべきだと諭したのも朴珪壽であったといわれる。朴珪壽は右議政（右大臣）を務めた高位官僚であった。劉大致、呉慶錫、朴珪壽などにより開化思想にめざめた官僚が金玉均、朴泳孝、徐光範《ソクアンボム》などであり、これら政権中枢の要職に就く青年官僚が中心となり、さらに魚允中《オユンジュン》、金弘集《キムホンジプ》、金允植《キムユンシク》などが加わって開化派が凝集力をもつ改革集団となっていった。

時は江華島事件が起こって日朝間に強い緊張が走り、閔氏政権も日本にならって近代化に乗り出さんとしていた頃であった。しかし閔氏政権は江華島事件を機に日本に開国したものの、清国に対する事大主義的な立場を変えず、守旧体制を維持していた。開化派にとって朝鮮近代化のモデルとしての日本の存在はいよいよ大きなものとなっていったのである。

朝鮮の独立自尊、福澤の政治的課題

朝鮮国王は日本への修信使節団を派遣、開化派官僚の金弘集を修信使として指名した。金弘集は明治一三（一八八〇）年七月に東京に着き、外務省を訪れ重臣と面談、天皇陛下に謁見《えっけん》を許された。天皇陛下への謁見を実現させるほどに日本は修信使との修好に意を用い、これに金弘集は感銘を受け、日本は朝鮮を侮蔑するどころか、みずからと対等の存在であると考えていることを理解した。

さらに国王高宗は日本への「紳士遊覧団」を結成するよう指示、日本の政治、軍事、財務、教育、官制、製造業、新聞などの国務全般にわたる知識の習得に励むべきことを命じた。遊覧団が

日本にやってきたのは明治一四（一八八一）年五月であった。団長は国王の国婿《こくせい》にして金玉均の盟友、朴泳孝、当時二二歳の青年官僚であった。遊覧団は六二名、一二班で編成され、第一〇班に属した魚允中は穏健な開化派の指導的人物であり、大蔵省などの財務機関の調査を担当した。渋澤栄一との交誼《こうぎ》により多くの知識とノウハウを得た。魚允中は他班が帰国した後も日本に残り、福澤諭吉に会って近代化についての広範な知識と思想を授けられた。魚允中は福澤に乞い、同行した従者、兪吉濬《ユギルジユン》と柳定秀《ユジヨンス》の二人を三田の福澤邸での寄宿、慶応義塾への入学、もう一人の従者尹致昊《ユンチホ》は同人社で英語を習得させることにした。さらに魚允中は福澤の薦めと紹介により伊藤博文、三条実美、井上馨、岩倉具視などの要人との会見をこなした。

慶応義塾に二人の留学生を受け入れることになった事情について福澤自身が書いたものに、ロンドンに留学中の小泉信吉、日原昌造に宛てた書簡が存在する。

「本月初旬朝鮮人数名日本の事情視察の為渡来、其の中壮年二名本塾へ入社いたし、二名共先づ拙宅にさし置、やさしく誘導致し遣居候《やりいそうろう》。誠に二十余年前の自分の事を思へば同情相憐《あいあわ》れむの念なきを不得《えず》、朝鮮人が外国留学の当初、本塾も亦《また》外人を入るゝの発端、実に奇遇と可申《もうすべし》、右を御縁として朝鮮人は貴賤《きせん》となく毎度拙宅へ来訪、其の咄《はなし》を聞けば、他なし、三十年前の日本なり。何卒今後は良く付合開らける様に致度事《いたしたきこと》に御座候《ござそうろう》」

杵淵信雄『福沢諭吉と朝鮮』（彩流社、一九九七年）は名著である。この短い書簡の中に福澤がなぜ強い関心を朝鮮に寄せつづけたのかを杵淵は読み取っている。文中「二十余年前の自分の事」とは、兄の急死によって大阪の適々斎塾で蘭学を学ぶことが不可能となって困惑する福澤に緒方洪庵が洋書翻訳の仕事を与え窮地を救ってくれたことを指し、「同情相憐れむ」はこの時の心情を思い起こして「拙宅にさし置、やさしく誘導致し遣居候」となったと杵淵は想像する。

二人の留学生を受け入れたことが機縁となってその後朝鮮人が福澤邸を訪れることが多くなったが、彼らから聞く朝鮮の現状は、門地門閥によって身分が固められ社会的上昇など思いも及ばなかった「三十年前の日本」である。家督を継いだ福澤が困窮に耐えられず家財を売却し、母と姉を故郷に残し慚愧《ざんき》の思いで中津藩を後にし大阪に出てきたのは、「門閥制度は親の敵で御座る」と記して旧制度にたぎる怒りを抑え切れなかったからである。福澤は自分の過去を朝鮮人留学生の中に見出し、少なくとも自分を頼ってくる朝鮮人に救いの手を差し伸べるのは自分の責だと感じるようになった。政権獲得に参加しなかった者は政権に入る資格なしとして幕臣福澤は明治維新を傍観者としてやり過ごしたものの、みずからの思想の実現の場をどこかに求めていた。その場を福澤は朝鮮に求め、朝鮮の開化派もまた福澤に支援を求めたのである。

金玉均、福澤との邂逅《かいこう》

魚允中、金弘集らが語る日本の文明開化の姿は金玉均の心を強く打ち、改めてみずからも訪日の決意を固め、国王の内命を受けた。金玉均の初の訪日は明治一四（一八八一）年一二月であった。釜山を発し、長崎に到着、ここで小学校、中学校、師範学校、裁判所、県庁、県議会、各国領事館などへの精力的な訪問を重ねた。遅れて到着した徐光範とともに長崎を発ち神戸を経て大阪に入る。大阪鎮台、活版所等を見学、京都では内国博覧会、盲唖院等を訪問し神戸から艦に乗って明治一五（一八八二）年三月六日に東京入りした。八月一〇日に仁川に帰るまでの五カ月余にわたって見聞した日本の近代化の姿は、金玉均にとって衝撃的であった。

訪日するのであれば何よりも福澤諭吉に会うべしと金玉均に薦めたのは魚允中であった。朝鮮の僧侶に李東仁なる人物がいた。彼は京都東本願寺にて日本仏教を学びこれに深く帰依していた。李東仁は福澤と交際があり、金玉均の人物、門地などについてはすでに福澤に伝えてあった。東本願寺から金玉均到着の通報があり、福澤は門人にして三田に在留していた同じく東本願寺派の僧侶寺田福寿を京都に送り、金玉均は寺田に伴われて明治一五（一八八二）年三月六日、三田の福澤邸に到着した。福澤は当時慶応義塾に留学していた兪吉濬と柳定秀、同人社の尹致昊とともに金玉均を迎えた。

金玉均は訪日の五カ月間、福澤の別邸に寄宿、三田を拠点にして日本の実情の観察に余念がなかった。日本の実情とは、国王から調査を命じられた日本朝野の対韓政策の探索、日本の開明、興隆の事情、征韓論以来の強硬主戦派の情勢、日本政府の朝鮮に対する方略のありようなどであった。

福澤の紹介により、井上馨、渋澤栄一、後藤象二郎、大隈重信、伊藤博文などに面会し、時に激しい議論の展開となったらしい。これらの議論を通じて金玉均の得た結論は「日本の朝鮮に対する根本概念は開戦に非ず、侵略に非ず、征韓に非ず、唯だ提携し、協力し、以て支那の圧抑を排斥するに在るを洞察し、又日本国民の親愛なる、信誼《しんぎ》を尊重し、正義を好愛し、其の国家と国民は朝鮮の現状打開を援護する唯一の友邦」だというものであった。

壬午事変

帰国のための乗船を待つ金玉均は、下関において壬午事変の報に接して驚愕《きょうがく》する。壬午事変とは、政権から遠ざけられていた大院君が清軍の支援を受けて、権力を握っていた閔氏一族を放逐した明治一五（一八八二）年七月の事変であった。元来が攘夷思想の大院君のクーデターである。排外主義運動の色濃く、日本の公使館は焼き討ちに遭った。花房義質《よしもと》公使は漢城（ソウル）を逃れ、仁川を経て小舟で洋上を漂っていたところをイギリス艦に救われて長崎に到着した。公使館が焼かれ公使が暴力的に追放されるというこの事件に日本政府は反発し、臨戦態勢をもって仁川に迫ったが、仁川にはすでに清国北洋艦隊の「威遠」「超勇」「揚威」が姿を現しており、日本軍にはなす術がなかった。袁世凱《えんせいがい》率いる清軍は日本軍の機先を制して大院君を拉致し馬山に連れ出し、天津に拘送《こうそう》していた。

壬午事変によって日本が得たものは、明治一五（一八八二）年八月三〇日に締結された済物浦条約であった。その内容は、第四条「兇徒《きょうと》ノ暴挙ニ因《よ》リ日本国ガ受クル所ノ損害、公使ヲ護衛スル海陸兵費ノ内五拾万円ハ、朝鮮国ヨリ塡補《てんぽ》スル事。毎年拾万円ヲ支払ヒ五箇年ニシテ完済ス」。

第六条「朝鮮国ハ特ニ大官ヲ派シ国書ヲ修シ、以テ日本国ニ謝スル事」であった。

壬午事変によって得たものは清国においてははるかに大きい。壬午事変はその終息から日清戦争開戦にいたるまで清韓宗属関係の強化に貢献し、朝鮮をして清国の支配下におかしめた政乱であった。「壬午軍乱より甲午に至る十三年間、清が朝鮮に独自の存在と勢力を有したる其の基礎は、この軍乱対策の成功より胚胎《はいたい》したるものと謂《い》ふべし」

済物浦条約第六条にもとづき乱徒暴民の行動を謝罪し国交親善を期し、朴泳孝を代表とする修信使使節団が訪日した。明治一五（一八八二）年一〇月であった。金玉均も同行した。

朝鮮国王は日本に修信使を送ったばかりではない。清国に対して壬午軍乱鎮定の礼を表するための陳奏使使節団を派遣した。日本への修信使使節団と清国への陳奏使使節団をそれぞれ日本と清国がいかに迎えたか、その相違には歴然たるものがあったらしい。

「朝鮮使節の清国に到り北京に入るや、幾十日の間、政府要路の大官に面会するまで、或は礼物の多寡《たか》を考慮し、或は衣冠の品階を検討し、その皇帝に拝謁《はいえつ》するが如きは殆んど其の例」がなく、他方、「日本に於ては太政大臣《だじょう》を始めとし、要路大臣悉《ことごと》く来りて迎接《げいせつ》の宴を張り、西洋諸国の使臣も清の公使も皆一列同等の地に在りて之を迎接せり。天皇陛下拝謁の光栄も享《う》くるを得て、何等他国と差別を置くことなし。而かも到る処の官庁と工場とを問はず、一行を迎ふるに親切を尽し、毫《ごう》も弱小国家の使節を以てせず、一行をして自ら面目を高からしめたり」

清国は臣下朝鮮の陳奏使使節団に対するにいかにも傲慢で形式主義的かつ侮蔑的な態度をとる

一方、日本は朝鮮に対しても他国と同様に接遇したことが記されているのだが、真実にちがいない。

金玉均は再度の訪日時にも福澤諭吉によるさまざまな形での指導と支援の下で行動した。福澤は金玉均などに国権の伸張の必要性を熱意を込めて説き、実際、この頃から数を増した朝鮮留学生の大半を陸軍戸山学校に在学させ、軍隊教練に就かせた。また福澤は井上馨に依頼し、井上の紹介斡旋により横浜正金銀行から一七万円の借款を得させ、その内の五万円を済物浦条約第四条によって決められた賠償金の一部とし、残りを修信使一行の旅費や雑費に充てさせた。また福澤はこれも井上の斡旋により五〇万円の賠償金の一部を民間銀行からの融資によって賄わせ、さらに日本政府をして五〇万円の返済期間を五年から一〇年に延長させるという行動力を発揮した。福澤の影響力と朝鮮開化派に対する熱い思い入れをみせつける一件であった。福澤は『時事新報』明治一五（一八八二）年九月八日の社説においてこういう。

「今朝鮮国をして我国と方向を一にし共に日新の文明に進ましめんとするには、大に全国の人心を一変するの法に由らざる可《べか》らず。即ち文明の新事物を輸入せしむること是《これ》なり。海港修築す可し、灯台建設す可し、電信線を通じ、郵便法を設け、鉄道を敷き、汽船を運転し、新学術の学校を興《おこ》し、新聞紙を発行する等、一々枚挙《まいきよ》す可からず。今我輩の考にては、今回の償金五十万円は実際軍費損害の五分の一に足らず、之を得たりとて我国庫の潤《うるお》ふ可きにもあらず、之《これ》を失ふも固《もと》より惜むに足らざる零数金額たるを以て、一旦之を受取りたる後、更に之を朝鮮政府に贈与し、彼の政府が新事物輸入費の幾分を補助せんと欲するなり」

　当時、福澤は朝鮮に対してどのような思いを抱いていたか。時事新報が創刊されたのが明治一五（一八八二）年三月一日、同年の三月一一日の社説が「朝鮮の交際を論ず」であり、これが時事新報初の朝鮮論となった。そこで福澤はこう論じていた。

「方今西洋諸国の文明は日に進歩して、其の文明の進歩と共に兵備も亦《また》日に増進し、其の兵備の増進と共に呑併の欲心も亦日に増進するは自然の勢にして、其の欲を逞《たくま》しふするの地は亜細亜の東方に在るや明なり。此時に当て亜細亜洲中、協力同力、以て西洋人の侵凌《しんりよう》を防がんとして、何《いず》れの国かよく其の魁《さきがけ》を為して其の盟主たる可《べ》きや。……亜細亜東方に於て此の首魁《しゆかい》盟主に任ずる者は我日本なりと云はざるを得ず。……万に一も此の国土を挙げて之を西洋人の手に授るが如き大変に際したらば如何《いかん》。恰《あたか》も隣家を焼て自家の類焼を招くに異ならず。西人東に迫るの勢は火の蔓延するが如し。隣家の焼亡豈《あに》恐れざる可けんや。故に我日本国が支那の形勢を憂《うれ》ひ又朝鮮の国事に干渉するは、敢《あえ》て事を好むに非ず、日本自国の類焼を予防するものと知る可し」

　列強のアジア侵略に抗するには日本が朝鮮と連携協力すべきであるが、盟主たるべきは文明開化を遂げた日本であり、日本が盟主となって朝鮮の近代化を主導せねばならない。朝鮮に起こった火事は日本にも及ばざるをえないというのである。

　福澤が金玉均に繰り返し諭したのはこのことであろう。この時期、清軍による大院君の拉致があり、これを喜んだのが清国に「事大」する閔氏一族であり、この一族の権勢により開化派の影響力が翳り、福澤も焦燥を感じていたのであろう。福澤は『時事新報』一二月七日付の社説「東洋の攻略果して如何せん」で次のようにいう。「我東洋の政略は支那人の為に害しられたりと云はざるを得ず。然ば則ち之に処するの法如何して可《か》ならん。我輩の所見に於ては唯《ただ》二法あるのみ。即ち退て守て我旧物を全《まつと》ふする歟《か》、進で取て素志を達する歟。今日の進退速《すみやか》に爰《ここ》に決心することと最も緊要なりと信ず」

福澤が金玉均に繰り返し諭したのは「退て守て我旧物を全ふする歟、進で取て素志を達する歟」であった。

借款交渉進展せず

福澤は動く。慶応義塾門下生の牛場卓蔵を井上角五郎、高橋正信とともに朝鮮改革の一翼を担う人物として、修信使使節団の朴泳孝一行の帰国に同行、朝鮮に渡らせた。しかしこの時期、権勢を張る閔氏一族の圧力を受け、開化派の力は地に落ち、牛場はなすことなきを悟り、悄然《しょうぜん》帰国を余儀なくされた。牛場に同行した井上は福澤の指示により、文明開化の必要性を説く『漢城旬報』の刊行を開始、当初漢文で印刷されていたこの新聞を諺文《オンモン》（ハングル）版の大衆紙とし、これが朝鮮開化派のよりどころとなった。金玉均は井上を仲介者として福澤との間に暗号電信を作成し、福澤の指示を仰いだ。福澤も甲申事変にいたるまで暗号電信で繁く往信し、時々調達した武器等を送ったりもした。

当時、朝鮮の財政は底をついており、これでは改革は不可能だと考えた金玉均は帰国直前に井上馨により伝えられた、国王の勅命があれば日本政府が三〇〇万円の借款を銀行に斡旋することはそう難しいことではないという話を心強く感じていた。実際、金玉均は福澤の裏書きのある独立手形を持参して帰国していたのである。

財政逼迫《ひっぱく》に直面した朝鮮政府は、新貨鋳造《ちゅうぞう》、私造貨銭を黙認していた。これを推進したのが、外国人顧問として清国より招聘《しょうへい》されたメレンドルフであり、金玉均は彼の貨幣政策に激しく異議を申し立てた。金玉均は三〇〇万円借款をどうしても手にせねばならないと、国王の委任状を持参して三度目の訪日を試みた。この借款が可能であれば、新貨鋳造をやめさせ、開化派の構想する近代的軍隊養成計画や郵政事業、機器局事業等を賄《まかな》うことができると胸をふくらませての訪日であった。

しかし、日本の政治家の対応は前回の訪日時とはまったく異なっていた。井上馨は日本の財政は軍備拡張等の歳出により歳費から三〇〇万円を借款に用いることははなはだ困難であると語り、金玉均を困惑させた。福澤はさらに金玉均のために働いた。後藤象二郎に計り、後藤は陸奥宗光に計り、さらに陸奥は渋澤栄一と協議し、二〇万円の借款にまで漕《こ》ぎ着けた。しかし大蔵省の固い意思を破ることはできず、結局は二〇万円の借款も沙汰止みになった。失意の金玉均はアメリカ公使に陳情し、アメリカの貿易商モールス商会に嘆願し、第一銀行に接触し、フランス公使にも窮状を訴えたが効はなかった。

金玉均に対する姿勢を井上馨が急転させたのは、日本の財政逼迫というよりも、壬午事変以降、清国が朝鮮への圧力を一段と強め、日本が清国に抗して開化派を支持しても力及ばずと判断していたからではないかと思われる。

国王高宗と金玉均

しかし、清仏戦争の勃発により事態は急変する。漢城駐在清軍の司令官は総兵力四五〇〇名の内二〇〇〇名を漢城から清国内に移し、清軍の朝鮮におけるプレゼンスは一挙に薄くなった。このことが事大党を深く失望させる一方、開化派を勇気づけた。この形勢変化に対応し、金玉均に冷淡だった日本公使竹添進一郎は態度を豹変させ、日本の開化派支持の方針変更はまったくなしと伝えた。金玉均は疑心暗鬼であったが、竹添が国王に謁見して済物浦条約の賠償金の残額四〇万円の棒引きを申し込んだことを聞くに及んで、竹添への疑心は晴れた。竹添の国王に対する奏言は秘密とされていたものの、以下のようなものであったという（『日支外交六十年史』）。

一　済物浦条約に約定せる壬午軍乱賠償金の残額四十万円は、我皇上より特に貴国養兵の費に充《あ》てられたき旨、茲《ここ》に奏上するものなり。之を独立建設の費に充て、他の費に用ひられざる様に期待す

一　方今清仏の戦已《すで》に清の大敗を来し、清は将《まさ》に敗亡せんとす、貴国は宜《よろ》しく敗亡の清に対し

て処断《しょだん》せざる可らず

一　大院君の拘《こう》せられる一事は実に不当不理なり、速《すみや》かに還国を要求すること

一　朝鮮の内政改整は自ら朝鮮の国法によりて行ひ、欧米の公法に則り、速かに独立自主の大計を立てざるべからず、是《こ》れ我日本の尤《もっと》も熱望するところなり

この機を逃すべからずと決意した金玉均は開化派を糾合《きゅうごう》してクーデター計画を練る。国王高宗の金玉均に対する愛情は深く、金玉均もまた国王の期待を一身に浴びていることを誇りにして行動した。むろん金玉均の求めるものは明治維新にならって王政復古を通じての文明開化である。

金玉均、最後の参内が明治一七（一八八四）年一一月二九日であった。遺族に宛てられ、後に明らかにされた金玉均の当日の奏事が記録として残されている。清仏戦争におけるフランス軍の強力、ロシア東方進出の日夜切迫、日清戦争開戦の可能性大なることを訴え、つづいて金玉均は、「今は絶対に清に依頼すべき秋《とき》にあらず。……内に制度を革新して民力を養成し、外に独立を宣言して門戸を開放し、以て開化文明を摂取せらるれば幾年ならずして国力は増強せられん」と奏事した。

クーデター計画については『漢城旬報』を発行していた井上角五郎が福澤に暗号電信を通じて刻々伝え、これがさらに刻々井上馨に伝えられていた。

甲申事変

甲申は明治一七（一八八四）年に当たる。この年の一二月四日、郵政局開局を祝する宴《うたげ》が同局で開かれた。これに集まる守旧派の政府要人を殺害し、直後に開化派官僚による新政府を樹立しようというクーデターが甲申事変であった。アメリカ公使フート、イギリス領事アストン、清国領事陳樹棠、島村久書記官、メレンドルフなどの外国人に加えて、開化派官僚としては金玉均、朴泳孝、徐光範など、事大党官僚としては閔泳翊《ミンヨンギク》、李祖淵《イジョヨン》、韓圭稷《ハンギュジク》などが集まった。

宴《えん》たけなわとなったところで郵政局に近い別宮に放火し、これをクーデターの烽火《のろし》として、開化派同志四〇数名、日本兵三〇名で守旧派官僚を一網打尽にしようという計画である。別宮に放火はされたものの、駆けつけた警官の手によって鎮火。放火失敗の知らせを宴会中に密かに受けた金玉均は直ちに別宮の隣の建物への放火を命じた。今度は首尾よく火の手が上がり、城外より火事発生を叫喚する声が響いた。閔泳翊が戸外に飛び出したものの、会場の外にいた日本人壮士によって斬りつけられ、鮮血をほとばしらせて宴会場にもどってきた。

宴会場は騒然となり、周章狼狽、ほとんどの出席者が場外に逃げ去った。金玉均、朴泳孝、徐光範の三人はこの失敗により、竹添公使が変心して事前に打ち合わせておいた計画が崩れてしまうことを恐れ、改めて日本兵の出動を促すべく日本公使館に急行した。金玉均は竹添の変心なしとの心証を得て同志と日本兵を王宮金虎門に走らせた。王宮に入り国王に郵政局内の乱事について報告、暴徒が王宮正殿に迫り国王の安寧が危ういため、直ちに正殿を去り景祐宮に移って欲しいと誘った。

その直後に王宮の外で爆音が鳴り響き、国王も事態尋常ならざることを悟り、別宮に移動することにした。しかし別宮に危機が及ぶことも大いにありうると思い直し、金玉均は国王を日本公使館にかくまうよう竹添公使を説き、同意を得た。かくする内に守旧派官僚のほとんどが、郵政局宴席に出席していた有力官僚ともども王宮に参集してきた。これを好機と見立てた開化派は、日本兵、日本人壮士ともども守旧派六大官僚をその場で殺害。クーデターは成功した。

李朝近代化のラストチャンス

新政府は、翌一二月五日の未明、国王の裁可を経て樹立された。開化派官僚が内閣の中枢を占めた。同日、朝八時、開化派は兵士を各国領事館に送りこれを守護、そのうえで各国領事の参内を得て新政府樹立の旨を伝達した。

新政府政令を発布、新方針を市街地の各所に掲示した。民衆に対する政府の政令公示は開闢以来のことであった。新政令の要旨は一五項目にわたる。最初の三つは次のごとくであった。

一　大院君は不日《ふじつ》還国せらるること
一　清国への朝貢の虚礼を廃止すること
一　門閥を廃止し、人民平等の権を制定し、才を以て官を選び、官を以て人用ゆることなきこ

と

その他、地租改正、腐敗排除、巡査制度創設、流配禁固者救済、財政一元化等々であった。清国に拉致されている大院君を不日（ほどなく）帰国させるべしと主張して開化派が清国から自立した存在であることを証し、清国への朝貢を廃して清韓宗属関係を廃棄し、門地門閥制度の旧弊を廃止して近代的人材登用の制度を実現することがポイントであった。三つ目の項目など、表現にまで福澤の強い意思が反映されているかにみえる。

甲申事変は朝鮮近代化のラストチャンスであり、その失敗が日朝近代史を分かつことになったといっていい。事態は開化派にとってなお困難をきわめた。案に相違せず清軍の介入が開始された。袁世凱率いる清軍六〇〇名が二隊に分かれて王宮に進軍。清軍は最終的には一五〇〇名に達した。抗する李朝兵士は四〇〇名、しかも戦闘の経験はなく、身を隠して散発的に銃を撃つのみ、捕らえられて清軍に与《くみ》するものさえ少なくなかった。

ここで日本軍の一隊が投入され、以後、一進一退の攻防となった。しかし清軍のますます増大する兵力を前に日本軍は後退を余儀なくされ、国王を守護する日本兵も数十名となり、李朝兵士が銃を捨てて逃散する姿をみて、金玉均はもはや形勢の立て直しは不可能と判断した。他日を期して開化派再興のためには国王を温存するの他なしとし、国王を仁川に逃すことを決意した。しかし北廟にとどまりたいとの国王の意思は固く、仁川行きの誘いに応じない。王宮において国王を守り切れなかった金玉均の落胆は大きかった。

国王を送り届ける兵士が次々と銃弾に倒れたものの、国王はどうにか北廟に到着した。ようやくにして金玉均、朴泳孝、徐光範らは竹添公使とともに仁川の日本公使館にたどり着いたが、ここで王宮に赴《おもむ》いた日本兵全滅の報に接した。この時、一二月六日、午後八時。仁川の公使館において竹添公使は開化派はもはや完全な敗北者だとみなし、冷淡な態度を露骨に示して嫌忌、速やかに公館を去るべしと通告した。

日本滞在、一〇年

開化派を駆逐した袁世凱は直ちに、甲申事変の難を逃れた守旧派官僚に命じて、国王高宗の自由を拘束したうえで臨時政府の樹立を図り、外務協弁にメレンドルフを当てた。一二月八日、メレンドルフは清軍に守られて仁川の日本公使館に直行し竹添公使に面会、金玉均らの身柄引き渡しを迫った。竹添は日朝間には罪人引渡条約なきことを理由にこれを拒否。メレンドルフは兵力をもって金玉均らを直接逮捕する方針に転じた。仁川に逃れて疲労困憊。朴泳孝は脚部に負傷。進退窮まったものの、かすかな機をみて仁川港に停泊中の郵船会社汽船「千歳丸」に逃れた。このことを聞き及んだメレンドルフが千歳丸に乗り込んできた。金玉均らはことここにいたっては自裁の他なしと決した。しかし、船長の辻勝三郎がメレンドルフの無礼な振る舞いに「陸上の事は我之を知らず、此の船舶の事皆我権内に在り」と断固抗議して彼を船外に退かせた。

千歳丸は明治一七（一八八四）年一二月一一日に仁川を出港し一三日に長崎に入港。金玉均らは一二月末に上京してまずは福澤邸を訪れてここに落ち着いた。天涯落魄の身と変わり果てて福澤邸に現れた金玉均に福澤は「よく生きていた」といい、金玉均、朴泳孝は涙して福澤を仰ぎみるのみであったという。

その後、朝鮮政府はメレンドルフを日本に派遣して金玉均の引き渡し交渉に臨ませたが奏功せず、以降、金玉均は明治二七（一八九四）年三月二八日、朝鮮が送った刺客により上海で殺害されるまでの一〇年を日本で過ごした。この間、清朝両国は金玉均を逆賊として日本に幾度となく引き渡しを要求するも日本はこれに応じず、さりとて度々の要求を拒否していれば、業を煮やす朝鮮が刺客を日本に送るやも知れずとの危機感を抱き、金玉均を小笠原島や北海道に住まわすといった配慮をみせた。

金玉均は、清国による牢固とした朝鮮支配がつづく限り開化派再興の夢は実現の可能性の薄いことを察知し、失意の日本滞在一〇年を余儀なくされた。望みを絶たれた朴泳孝、徐光範、徐載弼《ソジェピル》はアメリカへと去っていった。

三人が渡米した明治一八（一八八五）年の一一月、清国の支援を受けて跋扈《ばっこ》する事大党官僚を排除しようと、金玉均を担いで朝鮮政府の転覆を狙う計画が日本で企図された。自由党急進派の大井憲太郎を首謀者とし一三〇余名の急進派が集い、武器、弾薬を用意して渡航の準備を進めたものの、内部分裂のために事件が事前に発覚して全員が官憲により逮捕された。大阪事件である。

金玉均が日本の艦船に乗り、一〇〇人を超える壮士を従えて対馬海峡を渡るという報が伝えられて漢城は一時騒然となったという。

金玉均暗殺

金玉均が上海で暗殺されたのは明治二七（一八九四）年三月二八日であった。金玉均は東京にあって清国公使の李経方としばしば面会していた。李経方は李鴻章の養嗣子であり、彼は李鴻章の意を金玉均に伝えて次のような趣旨を語った。近年ロシアの東方攻略が急速に活発化しており、これに抗するには日清連携が不可避である。そのために清国政府は対日政策を変更し、今後は親日政策に転じる可能性が高い。前掲の琴秉洞の著作によれば、当時の『二六新聞』は「韓廷《かんてい》革新の機密を相談せんが為め、即ち時機によりては再び韓廷に乗り込んで、開化党の大飛躍を試みるの下地を作らん」と金玉均の上海行の目的について報じたという。

李鴻章の何たるかを知る金玉均は、これが「罠」だと直感した。しかし、万が一でもいい、開化派再興の可能性が開かれるのであれば、それに賭けて上海に赴《おもむ》こうと決意した。金玉均は箱根の塔の沢温泉で休養中の福澤諭吉を訪ねてその決意を伝え、福澤は翻意《ほんい》を促したが金の覚悟は動かなかった。在日中の盟友の一人頭山満《とうやまみつる》と話した時には「虎穴に入らずんば虎児を得ず」と語ったといい、金玉均の決意を止めることは誰にもできなかった。

金玉均は明治二七（一八九四）年三月二五日、夜一〇時、長崎港から「西京丸」に乗船。二七日午後五時、上海の日本郵船埠頭《ふとう》に接岸、上陸して日本ホテル東和洋行に入った。翌二八日午後三時三〇分頃、朝鮮から送られた刺客洪鍾宇《ホンジョンウ》が拳銃で三弾を発して金玉均を殺害した。日本の租界地での事件であり、租界地の警察署長、日本総領事代理立ち会いの下で検死。遺体は「西京丸」で日本に連れ帰ることになり桟橋《さんばし》に遺体が運ばれたものの、李鴻章により乗船を阻まれ、彼の指示により遺体は軍艦「威靖号」に乗せられて朝鮮に運ばれた。李鴻章の行動は敏捷《びんしょう》であった。李鴻章は金玉均の暗殺成功について国王に祝電を送った。

遺体は「凌遅《りょうち》の刑」に処された。棺より取り出した遺体を地上に伏せて首を挽《ひ》き切り、右手は手首、左手は中腕のところで切断し、両足を足首から切り落とし、胴は三カ所を深く割《さ》いた。切り取られた各部位は木や竹に結びつけ、朝鮮の五道の各所の路傍に立てられ、鳥や犬の食うがままに晒された。古来より伝わる中国式の残虐きわまる刑である。

金玉均の実父金炳台《キムビョンテ》は囚われて獄舎に監禁一〇年の末、明治二七（一八九四）年に金玉均の遺体が到着すると同時に絞首刑に処せられた。母と妹は甲申事変の直後に毒をあおって自裁。弟は金玉均が在日中に捕らわれ獄死した。

高まる反清感情

金玉均暗殺の報を伝えられた福澤の心はどこにぶつけたらいいのかわからぬほどの怒りに満たされた。金暗殺の第一報が入った直後の三月三〇日の『時事新報』の社説「金玉均氏」には「韓客金玉均氏は清国上海客舎に於て同伴したる洪鍾宇の為めに殺害せられたる由、既に其の筋にも電報ありしと云へば定めて疑ひもなき事実なる可《べ》し。曩《さき》に氏が一朝計破れて其の本国を脱せし以来、憂《う》き年月を異邦に閲《けみ》して流寓漂泊十年余、未だ身の安処を得ずして却《かえつ》て刺客の毒手に斃《たお》れたりとは人生の惨事、実に気の毒の至りに堪《たえ》ず」と書いた。射殺の後、金玉均が清国の軍艦に乗せられて朝鮮に送られたとの情報を伝え知った四月一三日の社説「金玉均暗殺に付き清韓政府の処置」においては、「日本人の感情は到底釈然たるを得ざる可し。今回の報道は甚だ簡単にして委細を悉《つく》さゞれども、次第に其の事情を詳《つまびらか》にするに随《したが》ひ、我国人の感情はます〳〵鋭敏を加へてます〳〵疑《ぎ》団《だん》を大にすることはなきやと、我輩の今より想像する所なり」と結んだ。福澤の予想したごとく、甲申事件後、強大な清国とこれに服する朝鮮閔氏一族の圧制によって鬱屈《うつくつ》を強いられてきた日本人の反清感情は大きな高まりをみせた。

五月二〇日、浅草東本願寺別院で千数百人を集めた盛大な金玉均の法要が営まれ、遺髪と衣服は青山墓地に埋葬された。当時の日本の有力新聞であった時事新報、自由新聞、毎日新聞、読売新聞、中央新聞、国民新聞等々の一五社はそれぞれ事件の顚末と金玉均の死を悼《いた》む社説を掲載し、さらに一五社連名で国民に追悼義金の募集に当たった。

松本正純『金玉均詳傳』に掲載されている募金のための一文をみれば、清国と朝鮮に対する往時の日本人の心情を推量することができよう。

「韓客金玉均氏夙《つと》に非常の器を抱て非常の時に立ち、縦横策成らず。逐《お》はれて他邦の孤客となり、流離困頓殆《ほと》んど十年。或は涙を南海の熱潮に灑《そそ》ぎ、或は恨を北海の寒月に訴へ、志業遂に成らずして空しく兇奴の毒手に斃《たお》る。想ふに人生の不幸は志業未だ遂げずして、他邦に客死するより大なるはなし。特に万里頼る所なき亡命の身を以て、政敵の毒手に斃るゝに至りては、男児の鉄腸《てっちょう》をして九廻せしむるに余りあり……請《こ》ふ応分の義金を投じて、哀悼の情を奏し、氏をして百年不瞑の鬼たらしむる勿《なか》れ」

日清戦争に向かう国民的気運は福澤のいうごとく「ます〳〵鋭敏を加へてます〳〵疑団を大」としていったのである。日清戦争の全局を指揮した陸奥宗光は反清の国論を味方につけて、一挙に日本を開戦に向かわせんとした。『蹇蹇録』にいわく、我が国論の「一致協同を見たるのすこぶる内外に対して都合好《よ》きを認めたり。余はこの好題目を仮り、已に一回破裂したる日清両国の関係を再び調和し得べきか、もしまた終《つい》にこれを調和する能《あた》わずとせば、むしろよって以てその破裂の機を促迫《そくはく》すべきか、ともかくも陰々たる曇天《どんてん》を一変して一大強雨を降らすか一大快晴を得るかの風雨針としてこれを利用せんと欲したり」

清国討つべしの民心の高まりを背に清国に挑まんとする陸奥のリアリズムの真髄《しんずい》がここにもみられる。

友好や善隣が保たれるならばそれに越したことはない。しかし現実の世界にはどうしても譲るわけにはいかず、軍事力をもって奪い取ったり、相手を譲歩に追い込んでいかなければならないことがある。国際関係の現実が不条理の充満する場であることは、陸奥の時代も今日もそう変わっているとも思えない。不条理に甘んじて生きるという屈辱的選択も、それが国民的な総意と覚悟のうえだというのであれば何もいうことはない。しかし、少なくとも明治の政治家たちは日本の自立を守護しようと満身に力を込めて戦いつづけたのであり、このことだけはわれわれ現代を生きる者とて忘れていいはずがない。

第4章

東アジア勢力確執の現実——果てしなきロシアの野望

三国干渉は所詮、国力と軍事力の相違である。明治の日本人は国際政治の厳粛な事実としてこれを受け止めた。「明治のリアリズム」である

小村寿太郎

ロシアに傾斜する朝鮮

甲申事変が収まって束の間の平和が朝鮮半島にやってきた。乱の収束と同時に日清両軍は朝鮮半島から撤兵した。しかし両軍の撤兵を好機と見立てたのがロシアであった。甲申事変の後に権勢を張った閔氏一族もまた勢力の均衡する日清ではなく、世界最強の陸軍大国ロシアの保護下に入れば、朝鮮の政情は安定するのではないかと考え、ロシアの影響力拡大をみずから望んだ。再度日清間で戦闘が開始されれば、朝鮮は清国に頼っても日本に頼っても戦禍を蒙り、王宮にも災禍が降りかかることは避けられない。あらかじめロシアの保護下に入っておけば、日清はいずれも手を出せないであろうと閔氏は読んだ。王芸生はこれを閔氏一族の「以露制日」（ロシアをもって日本を制する）策と呼んでいるが、要するに事大主義的な「以夷制夷」（夷をもって夷を制する）であり、みずから主体的に国防を図るという志なき朝鮮の宿痾《しゅくあ》というべき行動様式であった。

ここでも朝鮮の外務協弁メレンドルフの動きが目立った。彼は日清両軍撤兵後の王宮の安泰と政府の安寧のためにはロシア軍隊の駐屯が第一の安全策であるとし、閔妃の甥で軍隊統率の任に当たっていた閔泳翊と謀り、密使をウラジオストックに送った。密使を遣わすと同時に、メレンドルフ自身が訪日して駐日ロシア公使スペールから日本の政情について情報を得、日本の反清世論が強く、日清再度の開戦の危険性があることを察知した。メレンドルフはロシアの保護下での朝鮮中立化の必要性を心に期し、ロシアの軍政官を朝鮮に派遣、ロシア式の軍隊教練を行うことにした。スペールは、この件については密使がすでにシベリア総督を通じてロシア皇帝の内諾《ないだく》を得ていることをメレンドルフに伝えた。

しかしこの合意の実行を辛くも食い止めたのが、閔氏政権の中にありながらも穏健な開化派として残っていた憂国の官僚金允植であった。金允植はすでに公文によりアメリカから軍政官を招聘《しょうへい》することが正式に決まっている、ロシアとは公文の往復はなく、それゆえ政府内での協議がなされていないので、ロシア軍政官の受け入れはできないと断った。

「貴国は貧弱なるを以て我国と締約せば欧州諸国は敢《あえ》て侮《あなど》ることなかるべし。貴国は我邦の侵略併合を疑ふも、我国土は広大なれば貴国を侵かすが如きこと万《ばん》なかるべし」と大言壮語するメレンドルフと、「我言を聴かざれば後日大事あらん。宜しく其の日を知るべきのみ」と脅かすスペールを前にしながら金允植は妥協を拒否した。強大国ロシアの意図が余りに露骨であり、その保護下に入ることの危険性を金允植は悟ったのであろう。

東学党の乱

朝鮮がロシアに傾くのを清国も傍観していたわけではない。閔氏政権において決定的な力を握った閔妃を牽制するために、李鴻章は「壬午事変」により天津に拘送し留めおいた大院君を朝鮮に還国させることにした。また閔氏政権において権勢を張っていた閔泳翊を天津に招きその親露路線に戒告を与えようとしたが、李鴻章の意図を事前に察知した閔泳翊が香港に逃亡するという一幕があった。

甲申事変後の朝鮮における政治変動の主人公は閔氏一族、ならびに閔氏一族を牽制する李鴻章であり、その蔭にあって日本の動きは穏やかであった。穏やかであったのは陸奥宗光の秘策のゆえであった。陸奥は朝鮮の事大主義、清国の朝鮮に対する支配欲の強さを知悉《ちしつ》しており、いずれ日本が清国と干戈を交えることは避けられないと決心していた。陸奥は甲申事変を通じて清国の軍事力の侮るべからずを怜悧にみつめて建艦計画を着実に進展させ、機をみて清国に「朝鮮に対する日清共同内政改革提案」――これを清国が拒否する蓋然性がきわめて高いと思い定めたうえで――を提起し、日本の正統性を列強に訴えながら日清戦争に挑み、これに勝利するという機略を胸中に描いていた。第2章で記した陸奥の「被動者」論である。陸奥の決意を陸奥の言葉で改めて語らせればこうである。

「今俄《にわか》に日清両国がその軍隊を結合して朝鮮の内乱を鎮定《ちんてい》すべしとか、または日清両国が共同委員を派出して同国のため善後の策を講ずべしとか、これを約言すれば日清両国が平等の権力を朝鮮国内に有する結果を生ずべき提案を視《み》たることとなれば、案の可否はともかくも、此《かく》の如きものに聴従《ちようじゆう》せんことは彼らにありてすこぶる難事たるべきなり。これ余が最初より清国政府は十中の八、九までは我が提案に同意する能《あた》わざるべしと思料《しりよう》したる所以《ゆえん》なり。それ然《しか》り。しかれども我が政府はこの回答に対し固《もと》より沈黙するの謂《いわ》れなし」

陸奥のこの烈々たる意思を発揮する機会がついにやってきた。「東学党の乱」の勃発である。

金玉均が上海で暗殺され、日本で反清感情が横溢し、大阪事件までが惹起された時期であった。『日清戦争外交秘録』というサブタイトルをもつ『蹇蹇録』を東学党の乱を第一章として書き始めているのもむべなるかなである。日清戦争の序盤である。

東学党の乱が発生したのは明治二七（一八九四）年二月であり、当時、在漢城公使館書記官の杉村濬《ふかし》からの電信によって乱の発生、ならびに朝鮮政府が清国に援軍を乞うた旨が報じられた。この報に接するや陸奥は時をおかずに行動に出た。陸奥はこの日に開かれた閣議の冒頭に発言を求め、杉村の電信の内容を伝え、この期に及んで清国のなすがままにしておくならば、天津条約は無効化し朝鮮は清国に蹂躙されてしまう恐れがあると述べた。「清国にして何らの名義を問わず朝鮮に軍隊を派出するの事実あるときは、我が国においてもまた相当の軍隊を同国に派遣し、以て不虞《ふぐ》の変に備え、日清両国が朝鮮に対する権力の平均を維持せざるべからず」と語気強く語った。閣僚もこの主張に同意した。

東学党とは一種の新興宗教を奉じる農民軍団である。農民に対するに重税と刑律という苛斂誅求《かれんちゅうきゅう》以外の手段をもたない李朝末期の支配層への無告の民による反乱であった。反乱は明治二七（一八九四）年二月に全羅道の古阜《コブ》で始まり、全羅道の全域に及び、五月末までに道都全州が東学党の乱徒によって占拠された。反乱の首謀者は全琫準《チョンボンジュン》であった。反乱農民は頭に白布を巻き手に黄旗をもって政府の倉庫に乱入、米を掠《かす》め武器を押収して気勢を上げ、農民の広範な支持を受けて力を増していった。全羅道のみならず慶尚道、江原道、京畿道、平安道、黄海道にも農民反乱は波及した。

閔氏は四月三〇日に清軍の派兵を袁世凱を通じて要求した。壬午事変、甲申事変の時とまったく同様のパターンである。袁世凱はこの派兵要求を直ちに李鴻章に電信し、李鴻章は水師丁汝昌に命じ、丁汝昌は軍艦「済遠」「揚威」と兵士一五〇〇名を仁川に送った。天津条約にもとづき清国はこの事実を駐日公使汪鳳藻に電信し、公使は日本外務省に通牒《つうちょう》した。

陸奥は東学党の乱発生と同時に、閔氏が李鴻章に派兵を求め、李鴻章が派兵の大義名分を属邦保護におくであろうことを予期しており、国内の反清世論を味方につけて出兵の意思をいちはやく固めた。案に相違せず、清国駐日公使による日本政府に対しての通牒には「属邦保護」のための派兵とあった。これに反対する日本政府に対して清国総理衙門《がもん》は「我国ハ朝鮮ノ要請ニ応ジ援兵ヲ派シテ内乱ヲ鎮定スルモノニテ、乃《すなわ》チ従来属邦保護ノ旧例ニ依《よ》ルノミ。内乱平定ノ後ハ即時撤兵ス可シ」とあった。

当時の駐清臨時代理公使であった小村寿太郎は「本国政府ハ未ダ嘗《かつ》テ朝鮮ガ貴国ノ属邦タルコトヲ認メズ。此次《こんじ》ノ朝鮮派兵ハ日韓済物浦条約ノ権利ニ拠《よ》ルモノニテ、又出兵事件ニ関シテハ、天津条約ニ依ツテ通牒スル以外ハ、我政府ハ唯《ただ》其ノ好ム所ヲ行フノミ。故ニ其ノ軍隊ノ多少及ビ進退動止に関シテハ、毫《ごう》モ清国政府ノ掣肘《せいちゅう》ヲ受クルノ理無シ」と応じた。

日本側の行動は迅速であった。五月三日の清国による通牒の前日、駐韓公使大鳥圭介を軍艦「八重山」にて朝鮮に送り、さらに軍艦数隻を仁川に派した。大鳥圭介の派遣に当たり、陸奥は機密訓令の一つとして「若《も》し時局急迫して本国に訓令を請ふ暇《いとま》無き時は、該公使に於て適当と認むる臨機の処置を施すを得」と述べた。機先制すべしである。

大鳥圭介は五月六日に仁川に到着、四〇〇名の兵士を率いて漢城に到着した。九日には日本の商船が一五〇〇名の兵士を乗せ、さらに一三日には軍艦二隻により三〇〇〇名の兵が送られた。この時点で朝鮮に到着していた軍艦は「松島」「吉野」「大和」「武蔵」「高尾」「千代田」「筑紫」「八重山」の八隻、「赤城」「鳥海」の二砲艦であった。

機先を制する日本

大兵力を前にして東学党の暴徒は雲散霧消し、指導者全琫準は逮捕、処刑された。日清両国もこれ以上朝鮮に兵を留めおく名分は失われた。公使大鳥は乱平定後も兵力増強をつづけることは列強の反発を招くので、以後の出兵は中止すべきことを日本政府に乞うた。しかし陸奥の訓令は「即ち外交上多少の紛議《ふんぎ》有るとも、亦《また》大島少将所率の本隊をして悉《ことごと》く京城に陣列せしむべし」というものであった。陸奥はここで決着をつける以外に解決の機なしと決断していたのである。その秘策が朝鮮の「日清共同内政改革提案」であったことは第2章で述べた。

陸奥は清国駐日公使汪鳳藻を外務省に呼び、清韓宗属関係を断ち切り、自主の邦《ほう》としての朝鮮の近代化を図らなければ朝鮮の間近に控える日本の安寧《あんねい》は得られない。安寧が保障されない以上、兵を引くことは不可能である。ここは日清共同して朝鮮の近代化に打って出ようではないか。

「若し清国政府が我が真意の在る所を察し果して能《よ》く此の提案に賛同せば、即ち帝国政府安堵の一大支柱たるべしと雖《いえど》も、然も該提案と日清両国が其の軍隊を朝鮮より撤退する事とは、別個の一問題として改めて商議すべし」と語った。要するに大兵力で圧力を加えて、清国を共同提案に引きずり込もうという策であった。その後も日清間で頻繁な照会があったが、答えはもう決まっていた。戦争は目前であった。

日清の抗争に、ロシアの干渉、イギリスの調停、アメリカの勧告などが相次いだものの、日清戦争の開戦に向かう陸奥の決意が揺らぐことはなかった。これらの干渉、調停、勧告はいずれも李鴻章の意を露英米が受けてのものであったが、李鴻章が列強との交渉に時間を費やしたことが、日清間の戦争準備において清国が日本の後塵を拝する結果となった。王芸生は「李鴻章及び総理衙門は何《いず》れも各国の調停に倚重《いちょう》し、専《もっぱ》ら其の有効なるを期待して居たので、軍事上には着々落後し日本人をして機先を制せしむるに至った。これ日清戦役に於ける最大の失機《しっき》である」と述べている。

つづけて王芸生は日本政府の対応を「挑発」と見立てて次のようにいう。「各国が調停に奔走《ほんそう》し居れる時、日本政府は事件挑発を決心し、其の注意は一に懦弱《だじゃく》なる朝鮮政府に向って集中せられた。駐鮮公使大鳥圭介は日本政府より臨機処置の全権を賦与《ふよ》せられ、日支関係の破裂を促成することが彼の唯一の任務となるに至った」。挑発は朝鮮に向けられたというのが王芸生の見方である。

陸奥は大鳥圭介をして朝鮮政府に「駐日汪支那公使の照会文中に『属邦を保護す』と言ふ字句があり、日鮮江華条約の精神に違反するものがあるが、之《これ》に関し朝鮮は独立自主の国なるや否やを質問するを以て一定期限内に回答ありたし」と照会させた。独立自主の国にあらずといえば江華島条約の明文に背き、独立自主の国だといえば清国の反発を食らうことは確実であり、閔氏政権の困惑の姿が彷彿される。陸奥は清国と朝鮮に容易に答えられない問いを発して、開戦の時機をうかがっていたのである。

七月二〇日、大鳥圭介は改めて清韓宗属関係の破棄、ならびに清軍撤退要求書を提出し、二二日までに要求が受け入れられなければ開戦やむなしと最後通牒した。二二日には連合艦隊がすでに佐世保を発ち、二三日には漢城郊外に駐留する混成旅団が王宮を包囲。大院君を擁して王宮に入り、閔氏一族を追放するとともに朝鮮王李熙を逮捕、大院君に国事を執《と》らせることにした。ここに旧来の清韓宗属関係は廃棄され、新しい日朝関係が成立した。

日清戦争勝利

開戦の詔勅が発せられたのは明治二七（一八九四）年八月一日であった。それに先だって七月二三日に日本軍は牙山に駐留する清軍を攻撃、成歓ならびに牙山を制圧、二五日には連合艦隊の「吉野」「秋津洲」「浪速」が朝鮮西海岸の豊島沖の海戦で清国軍艦「済遠」「広乙」ならびに清国軍を乗せたイギリス船「高陞号」を撃沈して、日清戦争の緒戦を制した。戦争での日本の勝利を早くも決定づけたのが豊島沖海戦であった。八月一日の詔勅はこういう。

「朝鮮ハ帝国ガ其ノ始ニ啓誘《けいゆう》シテ列国ノ伍伴《ごはん》ニ就《つ》カシメタル独立ノ一国タリ。而《しか》モ清国ハ毎《つね》ニ自ラ朝鮮ヲ以テ属邦ト称シ、陰ニ陽ニ其ノ内政ニ干渉シ、其ノ内乱アルニ於テ、口ヲ属邦ノ拯難《じようなん》ニ籍《お》キ、兵ヲ朝鮮ニ出シタリ。朕《ちん》ハ明治十五年ノ条約ニ依《よ》リ兵ヲ出シテ変ニ備ヘシメ、更ニ朝鮮ヲシテ禍乱ヲ永遠ニ免レ治安ヲ将来ニ保タシメ、以テ東洋全局ノ平和ヲ維持セント欲シ、先ヅ清国ニ告グルニ協同事ニ従ハムコトヲ以テシタルニ、清国ハ翻《ひるがえつ》テ種々ノ辞柄《じへい》ヲ設ケ之ヲ拒《こば》ミタリ。……朕平和ト相終始シテ以テ帝国ノ光栄ヲ中外ニ宣揚《せんよう》スルニ専《もつぱら》ナリト雖《いえど》モ、亦《また》公ニ戦ヲ宣セザルヲ得ザルナリ」

詔勅は開戦の大義名分を、清韓宗属関係の破棄、ならびに日清共同内政改革の拒否に求めたのである。開国維新からここにいたるまでの日本の苦難の由来を清国の朝鮮に対する支配に求め、朝鮮を中華システムから離脱せしめずして日本の安寧はないとする陸奥の外交思想と気概が日清戦争開戦の詔勅には籠《こ》められていた。

日清戦争は日本の勝利に終わった。豊島沖の海戦に勝ち、朝鮮を押さえた後、広島に大本営を設置して明治天皇はここで軍務を親裁した。つづいて平壌会戦、黄海海戦に大勝。鴨緑江渡河作戦にも成功し、威海衛作戦では北洋艦隊を撃滅させ、提督丁汝昌は自裁。次いで澎湖島作戦に転じ、同島が占領された後の明治二八（一八九五）年四月一七日に日清講和条約が調印された。その後、台湾に進軍し、六月七日に台北を占領し台湾と澎湖諸島の割譲が成って日清戦争は終焉した。

日清講和会議が下関の春帆楼にて開かれた。日本側全権代表伊藤博文、陸奥宗光、清国全権代表李鴻章、李経方であった。講和会議が開かれていた最中に、講和に反対する日本の一青年が李鴻章をピストルで狙撃《そげき》し深い傷を負わせるという事件が突発し、その後は李経方が全権を代表して清国側の主役となった。講和会議は一進一退であったが、最終的には全体が一一条から成る文書として成約された。

第一条は「清国ハ朝鮮国ノ完全無欠ナル独立自主ノ国タルコトヲ確認ス。因《よっ》テ右独立自主ヲ損害スベキ朝鮮国ヨリ清国ニ対スル貢献典礼等ハ将来全ク之ヲ廃止スベシ」であり、最重要項目を清韓宗属関係の廃棄とした。第二条は「清国ハ左記ノ土地ノ主権、並ビニ該地方ニ在ル城塁、兵器製造所、及ビ官有物ヲ永遠日本国ニ割与《かつよ》ス」である。「左記」とは、一つには、遼東半島、つまり営口、鳳凰城を経て鴨緑江に沿って安平河口にいたり、そこから鴨緑江が黄海に注ぐ河口部までの地域であり、二つには、台湾全島と澎湖諸島であった。

第四条が「清国ハ軍費賠償金トシテ庫平銀二億両ヲ日本国ニ支払フベキコトヲ約ス」である。第六条は「現ニ清国ト欧州各国トノ間ニ存在スル諸条約章程ヲ以テ、該日清両国間諸条約ノ基礎ト為《な》スベシ」である。第六条の意味は、清国が列強とすでに取り結んでいる不平等条約を日本にも適用せよとの要求である。

さてこのあたりから朝鮮は韓国と表現を変えることにしよう。日清戦争に日本が勝利し清国と朝鮮との宗属関係が破棄され、以降、明治三〇（一八九七）年一〇月に国号が大韓帝国となり、韓国と通称されるようになったからである。

三国干渉

帝国主義時代の国際環境とはかくまでかと思わされるものが、日清講和条約が成った直後の三国干渉である。講和条約が成立したのが四月一七日、明治天皇が広島の大本営で条約を批准したのが同二〇日、その三日後の二三日に独仏露の三国干渉が始まった。日本が韓国を清国から独立させせて独自の支配権を握り、加えて遼東半島を掌中にしたことをロシアはみずからの南下政策を阻害するものとみなし、いずれ厳重な警告の挙に出ることを伊藤や陸奥は予想していた。とはいえ、唐突な干渉であった。戦争で国力を使い果たし、いまだ澎湖諸島、台湾へ侵攻中の時点で加えられた三国干渉は日本の首脳部を徹底的に困惑させた。

三国干渉とはいうものの主役はロシアである。フランスは露仏同盟の締約国であるがゆえにロシアに引き込まれ、ドイツはロシアが日本と対峙して極東でことを構えればヨーロッパにおけるドイツ権益へのロシアの脅威が減じると考えて三国干渉に加わったという次第である。主役はあくまでロシアであり、ロシアをかかる方向に導くのに決定的な役割を果たしたのが大蔵大臣ウィッテであった。

『ウイッテ伯回想記――日露戦争と露西亜革命』（大竹博吉監修、原書房、一九七二年）によれば、ウィッテが日本の遼東半島還付に対して周到な努力を払い、さまざまな観点から還付の利害得失を検討した結果、清国という「脆弱な国家」を隣国として保つことがロシアにとって最善であるという怜悧な判断に立ち、次のような考えにいたったという。

「ロシアのためには、強大ではあるが活動的素質のない支那を隣接国としてゐることが最も利益である。これこそ東方におけるロシアの安全を保持する良策であり、ロシア帝国の将来の繁栄を保証する所以《ゆえん》である。故に日本をして大陸に根幹を張り、遼東半島の様な或る場合には北京の死命を制するに足る地域を領有させることは、到底我々の容認しえない所である。——私はこの結論に基いて、日支両国間に新たに成立した条約の実行を妨害する必要があると提議した」

皇帝ニコライ二世はこの問題を内閣において熟議するよう重臣に命じた。閣議でもウィッテは同様の考えを開陳した。しかし容易に合意が得られず、業を煮やしたウィッテはニコライ二世に次のように上奏した。「我々は主義として支那の領土保全とその独立を破壊する様なことを容認し得ないのであるから、今度日支両国間に成立した条約に同意することは出来ない。但し日本が戦勝国として軍費を補塡するために相当額の償金を取ることには異議はない、といふ意味の最後通牒を日本に送るべきである。もし日本がこの通牒に同意しないときは、我々は積極的行動をとる他はない。その行動が如何なるものであるべきかは、今日まだこれを論議するの時機ではないが、この提議を貫徹するためには日本の或る地点を砲撃する位のことは実際やむを得ないことである」

結局、ニコライ二世がこれに同意して外務大臣ロバノフにその遂行を命じ、ロバノフは独仏の同意を得て日本に最後通牒を送った。

「他策なかりしを信ぜんと欲す」

三国干渉に関する交渉は明治二八（一八九五）年四月二三日、独仏露三国の駐日公使が東京の外務省を訪れ、覚書を提出したところから始まる。日清講和条約締結後、明治天皇が京都に行幸することになり、広島に駐在していた閣僚は先発して京都に移動しようとしていた。陸奥の病いは重篤で兵庫県舞子で休養中であった。東京の外務省には交渉に当たる人物がおらず、三国公使は外務次官林董《ただす》に本国の訓令としてそれぞれの覚書を手交して帰った。ロシアの覚書はこうである。独仏の覚書も大同小異であった。

「露国皇帝陛下ノ政府ハ日本ヨリ清国ニ向テ求メタル講和条件ヲ査閲スルニ、其ノ要求ニ係ル遼東半島ヲ日本ニテ所有スルコトハ常ニ清国ノ都ヲ危フクスルノミナラズ、之ト同時ニ朝鮮国ノ独立ヲ有名無実トナスモノニテ、右ハ将来極東永久ノ平和ニ対シ障害ヲ与フルモノト認ム。随《したがっ》テ露国政府ハ日本国皇帝陛下ノ政府ニ向テ重《かさね》テ其ノ誠実ナル友誼ヲ表センガ為メ、茲《ここ》ニ日本国政府ニ勧告スルニ遼東半島ヲ確然《かくぜん》領有スルコトヲ放棄スベキコトヲ以テス」

林次官からの三国干渉の報を電信で伝えられた伊藤は、四月二四日に広島で御前会議を開くことにした。広島に残っていたのは伊藤の他には陸軍大臣山県有朋、海軍大臣西郷従道《つぐみち》のみであった。伊藤は日本が三国干渉に当たるには次の三策があり、どれが最善であるかを議論しようと提議した。第一策は、三国干渉を拒否する。第二策は、列国会議を招集して遼東問題を議論する。第三策は、三国干渉を受け入れる、であった。

第一策は、日清戦争の継続により将卒の疲労がはなはだしく軍備も底をついており、しかも遼東半島に集中していた精鋭部隊はそのほとんどが澎湖諸島に出向いている。かかる現状でロシア海軍と戦っても、ましてや独仏の連合艦隊がこれに加われば到底勝ち目はないこと、第三策は、まことに軟弱で日本帝国の面目が立たないこと、結局は第二策で臨もうというのが広島会議の結論であった。

伊藤はこの策をもって舞子に休養中の陸奥を訪ねた。大蔵大臣松方正義を同道し、病床の陸奥とさらに議論を重ねた。陸奥はいかにも陸奥らしく、三国干渉を拒否して彼らが将来いかなる策に出るかを観察し、そのうえで再び外交上の転換の必要ありや否やを考慮すべきだと主張した。伊藤はこの主張に対し、拒否はあまりに無謀である。ロシアの昨年来の挙動をみれば真意は明白であり、もしそれを見誤ってこちらからロシアを挑発すれば危険は著しく大きいと述べて陸奥を制した。

陸奥も致し方なく伊藤の説にしたがったものの、第二策の列国会議の開催には反対した。会議開催には時間を要する上に、仮に開催にいたっても議論は枝葉末節に入り込んで結論を得ることは容易ではなく、加えて列国に幾分なりとも「獅子の分け前」を与えないわけにはいかない。

そんなことをやっていれば講和条約の全体が破壊されてしまうという危惧が陸奥には強かった。何より列国会議などを開こうとまごまごしていれば、清国自身がその機に乗じて講和条約を「廃紙」にしてしまいかねないとも陸奥は述べた。

「即ち三国に対しては縦《たと》へ最後には完全に譲歩せざる能《あた》はざるとするも、支那に対しては一歩も譲歩せざることとして此の方針に基き一直線に進行するを目下の急務と為《な》す」と主張し伊藤と合意してこの意見を奏上、裁可を得た。これが三国干渉の屈辱に敢えて甘んじることになった指導部内の議論であった。五月一〇日、明治天皇は遼東半島還付を宣詔した。

『蹇蹇録』全編二一章の最後は「政府は三国および清国に対するの問題を一時に処理せんため百方計画を尽したる後、遂に乱麻を両断し彼此各〻《おのおの》錯乱せしめざるの方策を取り、その清国に対しては戦勝の結果を全収すると同時に、露、独、仏三国の干渉をして再び東洋大局の治平を攪擾《かくじょう》するに至らしめざりしものにして、畢竟《ひっきょう》我にありてはその進むを得べき地に進みその止まらざるを得ざる所に止まりたるものなり。余は当時何人を以てこの局に当らしむるもまた決して他策なかりしを信ぜんと欲す」をもって終わる。

進むべき時には進み、退く時には退く、苦汁を飲み込んで最後は潔き決断をそのように記して疑うべくもない名文である。

内閣弾劾上奏案

収まらないのは国論と議会であった。連戦連勝に熱狂した国民にとって、三国干渉による遼東半島還付は耐え難い屈辱であった。戦争中は政府と議会の抗争は嘘のように消え、挙国一致で外敵に当たった。しかし三国干渉の受け入れは激しい論戦を誘発した。明治二九（一八九六）年一月九日、在野各党は次のような弾劾上奏案を提出した（大津淳一郎『大日本憲政史』宝文館、一九二七～一九二八年）。

今や内外多端、国歩艱難《かんなん》を極《きわ》む。是《こ》れ当《ま》さに志士身を以て国に報ずるの時なり。故に左記の要領に於て志を同ふする者相結合し、以て忠愛の大義を尽さんとす。

一　帝国の光栄を興復する為め速《すみや》かに軍備を拡張し外政を刷新する事
二　遼東半島の還付に対しては其の責任を明かにせしむる事
三　朝鮮の独立を扶植《ふしょく》し該国に於ける我帝国の地位勢力を維持する事

在野各党とは改進党以下五党、議員数一三二名、これに対して与党は自由党以下三党、議員数一六八名であり、この勢力均衡の中で政府と与党に対する攻撃には激しいものがあった。政府、与党は遼東半島還付の詔勅の後の国際政治情勢、彼我の国力、軍事力の格差について述べて国民の公憤の緩和に努め、「臥薪嘗胆《がしんしょうたん》」を呼びかけたものの、国民の情念を抑えることは難しかった。結社を禁じ、演説会を解散させ、新聞を休刊させるなどの挙に出たが、激論は容易に収まらなかった。

在野各党の内閣に対する弾劾上奏案は第九議会の冒頭に提出された。提案に際しての尾崎行雄や田口卯吉の演説は激烈をきわめた。

しかし記名投票の結果は、上奏案を可とする者一〇三、否とする者一七〇であった。政府、与党を攻撃してみたもののやはり政治家の胸中に深く刻まれていたのは、三国干渉は所詮は国力と軍事力の相違であり、国力と軍事力を優位に保たなければ帝国の将来はないという国際政治の厳粛な事実であったのであろう。「明治日本人のリアリズム」をみる思いである。

岡崎久彦は三国干渉後の「臥薪嘗胆」時の日本の軍拡にはすさまじいものがあったといい、明治二八（一八九五）年の海軍費が戦時予算でありながら一三〇〇万円であったが、明治二九（一八九六）年の海軍費が平時予算であるにもかかわらず三八〇〇万円と三倍に上り、翌三〇（一八九七）年には七六〇〇万円とそのまた二倍になったと記述している。さらには日清戦争で清国から得た賠償金三億六〇〇〇万円の九割方が軍事費に充てられたともいう（岡崎久彦『小村寿太郎とその時代』ＰＨＰ文庫、二〇〇三年）。国民の税負担が過重であったのはいうまでもないが、帝国主義的な国際政治の世界においては軍事力がなければ誰も相手にしてはくれないという厳粛な事実に、三国干渉を通じて国民は改めてめざめたのであろう。

閔妃殺害

三国干渉後の日本を取り巻く国際環境には騒然たるものがあった。日清戦争に勝利して清韓宗属関係の切断に成功したとはいえ、韓国の自立が可能となったかといえばそうではない。清国の支配力は衰えたが、同時にロシアの影響力が着実に増大した。日本が還付を余儀なくされた遼東半島はその後ロシアの租借地となり、日本が苦難の日清戦争で獲得した権益が次々とロシアの手に落ちていった。

三国干渉の前、日本は韓国において親日派金弘集を首班とする内閣を組成させ、「甲午改革」と称する日本主導の改革を開始しようとした。しかし三国干渉により遼東半島還付を日本が飲まされたことにより、韓国政府は日本恃《たの》むに足らずとみて、政府内の親露派がにわかに勢いを増し、ロシアに急接近した。ロシアもこれを好機と見立てて閔氏一族に取り入り、宮廷のロシアへの傾斜が顕著となった。陰謀家として知られる在韓ロシア公使ウェーバーの動きは迅速であった。

ウェーバーは閔妃をして内閣から親日派を駆逐させ、甲午改革を退けた。閔妃は清国の西太后に匹敵する権謀術数に長《た》けた妖婦のごとき人物であった。追放された親日派は日本と組み、閔妃の排除を企図した。親日派追放の報を受けた日本政府は、井上馨に代えて駐韓公使に三浦梧楼《ごろう》を任命した。三浦は、かつて閔妃によって追放され妃を深く怨んでいた大院君の擁立を画策、大院君は親日派官僚、韓国訓練隊、日本人壮士を引き連れて王宮に侵入した。大院君の侵入と踵《きびす》を接し三浦も公使館の衛兵を率いて王宮に向かい、光化門を破って大化宮に入り閔妃を殺害した。

そうまでしなければロシアに屈従する韓国の事大主義の打破は難しいと考えた三浦梧楼の、いささか短兵急の行動であった。短兵急だというのは、これによりウェーバーと親露派が一層強く結びつき、国王高宗はロシア公使館に移され、国王はロシア公使館から詔勅を発することになってしまったからである。ロシア公使館が王宮となってしまったのである。反閔派官僚を降格させ、親閔派官僚を登用したのは当然であった。ウェーバーの強い圧力を受けて総理衙門金弘集は閔氏により追放、光化門外で民衆に撲殺された。金の屍は市街地に晒された。ロシアの権勢はいよいよ強く、日本の韓国における勢力は目にみえて減衰していった。

ロシアは顧問を送って財政監督に当たらせ、将校二〇名を派して軍隊を訓練、ロシア語学校を設立した。咸鏡北道の資源採掘権の獲得にも成功した。日本人駐屯軍は縮小を余儀なくされ、日本の商人や漁民はほとんどが帰国せざるをえなかった。

当時の在韓公使は小村寿太郎に代わっていたが、小村の辣腕《らつわん》をもってしてもいかんともし難く強いロシアの専横であった。国王のロシア公使館在留は一年に及んだ。韓国はこの時点でもはや国家としての体を失っていた。日本は三国干渉によって遼東半島還付の屈辱を受ける一方、辛くも自主独立の朝鮮を手にしたものの、それも束の間、ロシアによって韓国は蹂躙されてしまったのである。

この間、小村・ウェーバー覚書、山県・ロバノフ覚書などの外交文書が手交されたが、一言でいえばこれらは日清講和条約により日本の支配権が確立したはずの朝鮮半島において、ロシアの権益を拡大させるための日本側の屈辱を忍んでの譲歩であったといっていい。小村や山県の「切《せっ》歯扼腕《しやくわん》」が聞こえる。ロシアは同時に三国干渉によって還付された遼東半島の租借を清国に迫ってこれにも成功、日本をさらに追い込んでいく。

明治三〇（一八九七）年一一月の初旬には三国干渉に加わったドイツが戦果の一部を得ようと膠州湾に進軍、ここを海軍根拠地として占領した。ロシアはドイツの軍事行動をみずからの旅順、大連取得の絶好の機会と捉えて、外務大臣ムラヴィヨフが旅順、大連の取得提案を内閣の建議に付した。皇帝ニコライ二世は外務大臣、陸軍大臣、海軍大臣、そして大蔵大臣ウィッテを集めてムラヴィヨフ案を検討させた。

ムラヴィヨフは極東海上交通の要衝《ようしょう》旅順、大連の租借はロシアの東方支配にとって不可欠であり、ドイツの膠州湾占領はロシアにとってこの要衝を手にするまたとない機会を与えるものだと力説した。しかしウィッテは三国干渉時に清国の領土保全を約したうえで遼東半島還付を実現し、しかも日本の侵略から清国を守ることを約束したばかりである。それから間もない現時点で旅順、大連に手を伸ばしては清国との信義を決定的に損ない、露清間の将来に禍根を遺《のこ》すと述べ、ムラヴィヨフ案に反対した。加えてロシアは清国内に東支鉄道を建設中であり、もし旅順、大連の租借ということになれば清国内の反露感情を一挙に高めるであろうとも主張した。

ウィッテの主張を支持する大臣はいなかったが、ニコライ二世はウィッテの論理的な反対に心を動かされ、ムラヴィヨフ案は決定にはいたらなかった。しかし、その後、ウィッテが謁見した折にニコライ二世から、イギリス艦がすでに旅順、大連間を遊弋《ゆうよく》しており、もしロシアがこれを阻止しなければ、旅順、大連はイギリスに占領されてしまうとの報を外務大臣から受けており、それゆえ皇帝も旅順、大連の占領を決意した旨を聞かされた。ウィッテといえども皇帝の決定に逆らうことはできなかった。

ウィッテと李鴻章

それにしても、この案を諾々《だくだく》として受け入れた当時の清国の志はまことに低いものであったといわねばならない。在北京駐清代理公使パヴロフは、ロシアには清国政府に対し清国の領土を奪取する意思はまったくない。旅順、大連の租借はドイツから清国を守るための行動であり、ドイツが撤退すれば直ちにロシアもまた手を引くと言明した。清国側はこの言を信じ、ロシア軍艦に石炭や飲料水の供給までを許容した。清国の駐露公使楊儒はニコライ二世に謁見し、清国はロシア艦を防御し、さらに鉄道の延長問題にも応じる旨を諾意した。

ロシアにおける旅順、大連の租借は日英両国を驚かせた。両国は種々の抗議を試みたものの、この時点での清国のロシアに対する畏怖の念は著しく、明治三一（一八九八）年三月に北京で旅順、大連租借条約が成立した。租借条約の第一条にはこうある。「露国海軍ヲシテ清国北部海岸ニ於テ信頼ニ足ルベキ地ヲ保有セシムル為、清国皇帝陛下ハ旅順口、大連湾及ビ附近ノ海面ヲ露国ニ租貸《そたい》ス。尤《もっと》モ右租貸ハ断ジテ清国皇帝ノ其ノ地ニ対スル主権ヲ侵スモノニアラズ」。租借期限は二五年であった。ロシアの対清交渉はつづく。シベリア鉄道の延長問題であった。『ウイッテ伯回想記』においてウィッテは次のように述べる。

「シベリア大鉄道の工事は着々進捗した。遠くバイカル湖の東まで完成し、その先きをどの方向に向って敷設するかを決定せねばならぬ時が来てゐた。あらたに成立した露支の親善関係が、私をしてこの鉄道を、蒙古・満洲を貫通して直接的にウラヂウォストクに向けるがいゝと考へさせたことは、不思議ではあるまい。かくすれば同鉄道はその完成期日を著しく短縮することが出来るばかりか、それによってはじめて同鉄道は東は日本及び極東の各地と、西はロシア並に欧洲の各地を連絡して、名実ともに世界的交通路となり得るからである」

ウィッテの記述に解説を付すればこうである。シベリア鉄道は明治二四（一八九一）年に建設が開始され、次第に東方に向けて敷設がつづけられた。しかしバイカル湖の東部辺りまで進んだところで、延長先をどうすべきかが問題となった。ロシア領土である黒竜江北岸沿いに建設を進めれば工事は困難をきわめ、かつ黒竜江を往復する汽船との競合もあってことは簡単ではない。それゆえウィッテは清国領土である蒙古と北満州を経由してウラジオストックに直結させれば距離を顕著に短縮できるし、土地の肥沃度や気候等においても清国領土の方がはるかに勝ると考えた。ウィッテはニコライ二世との合意によってこの案を進めることにした。問題は清国をどう説得するかにあった。

ウィッテは親露派の李鴻章をニコライ二世戴冠式に招待し、丁重に遇した。戴冠式は明治二九

（一八九六）年五月であった。一つのエピソードがある。李鴻章はモスクワ訪問を機に、それに先だってイギリス、ドイツ、オーストリアを巡遊する手はずになっていた。しかしウィッテは三国が李鴻章との間に何らかの密約を結ぶかも知れないと恐れ、李鴻章の三国訪問を阻止するためにウフトムスキー親王をスエズに出迎えさせ、ロシア船に李鴻章を乗せて親王とともに直接オデッサへ向かわせた。そしてひときわ厳粛にして豪華なる歓待をもって李鴻章をもてなした。そのうえでウィッテは李鴻章に対して、これまでロシアが三国干渉においていかに清国のために尽くしてきたのかを諄々と説き、今後もロシアは清国の防御に当たる意思に変わりないとして、次のように述べた。文中の浦塩とはウラジオストックのことである（『日支外交六十年史』）。

「日清戦役ニ際シ露国ハ軍隊ヲ浦塩ニ移動セシメントシタルモ、鉄道ナキ為軍隊ノ行動甚《はなは》ダ遅延シ、吉林到着ト共ニ戦争ハ修了シテシマッタ。故ニ余ハ大清帝国ノ領土ヲ保全スル為ニハ、露国ニ於テ満蒙北部ヲ経過シテ浦塩ニ達スル鉄道ヲ敷設スル必要ガアルト思考スルモノデアル」

李鴻章は随員の李経方とともにニコライ二世からも同様の趣旨を伝えられ得心した。この時に巨額の賄賂《わいろ》がウィッテから李鴻章に渡されたという噂があったが、ウィッテは回想録においてこれを否定している。しかしその後の李鴻章がウィッテのなすがままであったという事実を顧みれば、この噂も真実であった可能性が高い。

ここで露清密約と呼ばれる次の三項目がウィッテと李鴻章の数次にわたる会談で議されたらしい。密約であるがゆえに後日になってもその成文は明らかになっていないが、王芸生は当時のさまざまな資料から推量し、密約を以下のように再構成した。

一　清国ハ、露国ガ清国国境内ニ於テ赤塔ヨリ浦塩ニ至ル直通鉄道ヲ敷設スルコトニ同意ス。但シ、本鉄道ハ一私営機関ニ於テ経営ス。李鴻章ハ露国政府ニ於テ敷設シ、又ハ之ヲ管掌スルノ提議ヲ絶対拒絶ス。此レニ因《よ》リ特ニ一私営公司ヲ組織スルコトトス。即チ所謂《いわゆる》東清鉄路公司是《これ》ナリ。此ノ公司ハ名儀上私営機関ナルモ、実際上露国政府ノ手ニ掌握セラレ、露国大蔵省ノ統制ヲ受ク

二　清国ハ、此ノ種鉄道ヲ敷設経営スルコトニ足ルベキ用地トシテ一定ノ地域ヲ譲渡スルコトニ同意ス。右地域内ニ於テハ鉄路公司自ラ警察ヲ有シ、之ガ行使ニ付キ何等拘束ヲ受ケザルノ権ヲ有スルモノトス。清国ハ、右鉄道ノ敷設及ビ経営ニ対シ何等ノ責任モ負ハザルモノトス

三　露清両国ハ、日本ガ清国ノ領土、又ハ露国沿海州ヲ攻侵スルトキハ相互ニ防禦ノ責ヲ有ス

第一条は少々わかりにくい。鉄道敷設権をロシア政府に譲ることは拒否するものの、これが私営の会社であればかまわないといって李鴻章の面子を立てたということなのであろう。ロシアの

ゆるぎなく強い国権主義的外交と、それに到底及ばない当時の清国の外交的脆弱性がここに露呈されている。終始冷静に事実を語る王芸生であるが、この件については「権を喪《うしな》ひ国を辱《はずかし》めて徒《いたずら》に表面を粉飾するのは清国外交家の本領である」と憤激を隠さない。

ここでもう一つの露清密約があったことを王芸生は指摘している。これも密約であって、密約にかかわった人間がこれを認めるわけもなく、それ以外の人々の誰からもその内容を取材することはできなかったという。ただこの露清密約のことが記載されている『日支外交六十年史』の第四巻が発表されたのが昭和一一（一九三六）年であり、それより少し前に中国外交部印刷による「中外条約彙編」の中にその成文が掲載されたと王芸生はいう。右に述べた露清密約の第三条をさらに敷衍したものがこのもう一つの密約であり、王芸生の著書の中に引用されている。日本を仮装敵国として記した恐ろしい内容の条項である。李鴻章・ロバノフ協約と呼ばれ、この協約のために奔走した駐清ロシア大使の名前を取ってカッシーニ条約とも称される。

黒羽茂は『日英同盟の軌跡――帝国外交の骨髄』上巻（文化書房博文社、一九八七年）においてはこの密約の存在を事実として認めているが、他方、厳密な秘密であったがために日本政府は「幸か不幸かこの密約の内容を全く知らなかった」と述べ、またその後のロシアの清国に対するきわめて強圧的な外交政策に対して清国内で反露思想が高揚し、「日露戦争に際してはこの協定は遵守《じゅんしゅ》されなかった」とも語っている。日本を仮想敵として明確に位置づけたこの協約を李鴻章に飲ませる当時のロシアの強引な外交、領土的野心の貪欲さをよく表した文書である。初めの三条をここに記しておく。

一　日本国ガ若《も》シ露国ノ東部亜細亜、又ハ清国、朝鮮の土地ヲ侵佔《しんてん》シタルトキ、即チ本条約ヲ牽碍《けんがい》セル場合ニハ、直チニ本条約ニ照シ弁理スベキモノトス。斯《か》ル場合ニハ両国ハ其ノ陸海各軍ニシテ動員シ得ルモノハ総《すべ》テ派遣シ、相互ニ援助シ、兵器軍需品モ相互ニ力ヲ尽シテ融通スベキコトヲ約定ス

二　露清両国ハ協力防衛スルコトトナリタルヲ以テ両国協議スルニ非《あらざ》レバ、一国単独ニテ敵国ト和約ヲ立ツコト能《あた》ハズ

三　開戦ニ当リ必要ノ場合、清国ノ港湾ハ総テ露国ノ軍艦ノ入港スルコトヲ容認ス。必要ニ応ジ地方官憲ハ力ヲ尽シテ幇助《ほうじょ》スベシ

旅順、大連租借の後、さらにロシアは清国に攻勢をかけ、東支鉄道の支線である南満州鉄道敷設の利権を獲得した。南満州鉄道は日露戦争後のポーツマス条約により、長春以南が日本のものとなったいわゆる「満鉄」である。明治三一（一八九八）年七月に成った追加条約の第一条は「此ノ東省鉄道幹線ノ支線ハ旅順、大連湾ノ海口ニ達スルモノニシテ、東省鉄道南満州支線ト称ス」とあった。露清間に南満州支線敷設の密約が成立したのである。

かくして日清戦争後の日本は、韓国における日露のバランスにおいてロシア優位を許し、清国

におけるロシアの旅順、大連の租借と鉄道利権の剝奪を余儀なくされ、日清戦争における日本の「戦利品」は、ことごとくロシアに奪い去られてしまった。

もちろん清国を蚕食《さんしょく》したのはロシアばかりではない。三国干渉に参じたフランスが明治三二（一八九九）年一一月に広州湾を租借、イギリスが明治三一（一八九八）年七月に威海衛の租借権を得た。清国における列強の勢力圏を概観すれば、満州、蒙古などの長城以北においてはロシアが、長江沿岸諸省においてはイギリスが、広東省、広西省、雲南省においてはフランスが、山東省においてはドイツが特権的な地位を獲得していた。

西海岸に向かって「西漸《せいぜん》運動」をつづけてきたアメリカも米西戦争によりフィリピンを領有、ハワイ、グアムをも取得して、間もなく清国、とりわけ満州にその利権の拡大を図ろうとしていた。これらの中でも韓国において権勢を張り、シベリア鉄道の敷設に精を出し、旅順、大連を租借し、旅順、大連に連なる東支鉄道延長の利権を握ったロシアこそが日本の最大の脅威となった。このことは当時の日本人であれば誰の目にも明らかであった。日露戦争開戦は眼前であった。

現在の日本は北方四島、尖閣諸島、竹島など日本固有の領土の不法占領や実効支配を許している。それにもかかわらず「平和主義日本」の政府や国民には領土、領海、領空が国益のきわめて重要な一部であるとする認識は薄い。逆にいえば、周辺諸国の領土拡張欲は衰えていないどころか、ますます強固である。明治の先達が身を削るようにして領土の確保に努めたことを改めて思い起こしたいのである。平和主義日本はいかにも尊い。しかしその平和主義が他国による不法な国土領有や実効支配に対する寛容とイコールであっていいはずがない。領土保全意欲の喪失は亡国への最短の道なのであろう。

第5章

日露戦争と日英同盟――海洋国家同盟成立の意味

イギリスと同盟を結んで背後を固め、全力を対露戦に注ぎ込む。軍事力において劣勢の日本がロシアに勝利しえたのは、国際環境についての判断力と気概であった

桂太郎

ロシアの対清圧力

日露戦争の遠因は「義和団事変」にある。清国北方で起こった騒擾であったという意味で「北清事変」とも称される。三国干渉以来、内にあっては国論不統一、外にあっては孤立無援、日本の政局がまことに不安定な時期に義和団事変は発生した。

義和団は「拳匪」と呼ばれ、独特の拳法をもってすれば敵の矢、刀、銃弾が当たっても傷つくことはないと信じるある種の新興宗教集団であり、「扶清滅洋」をスローガンとする排外主義的集団であった。列強に国土を簒奪《さんだつ》された屈辱が一般国民にまで波及したことを証す反乱でもあった。列強による鉄道建設が外国製品の大量流入を招き、これが清国の在来産業や流通業の衰退を招き、人々の貧窮化をもたらしたからであった。

義和団事変は明治三二（一八九九）年三月に山東省で発生、北清地方の全域に及んだ。反乱農民が奉天付近で鉄道を破壊し、田庄台のキリスト教会を焼毀した。反乱は、満州北部にも及んだ。馬賊や清国官兵までが加わって吉林省に入り、再び北進して愛琿《あいぐん》にいたり、黒竜江省対岸のロシア領ブラゴヴェスチェンスクにおいて火薬庫を破壊、ロシアの将卒を殺害した。勢いをかって黒竜江を航行する船舶を阻止、ハルビンでは鉄道を破壊、旅順との通路を遮断した。

ロシアは鉄道の保護ならびに暴徒鎮圧を大義名分として大軍を西シベリアと旅順から呼び寄せ、満州の要所を攻め落とし、奉天省、吉林省、黒竜江省の満州全三省を占領した。満州をうかがうロシアにとってみれば、義和団事変は満州占領の「機至れり」だったのであろう。先に引用したウィッテの回想記によれば、陸軍大臣クロパトキンは「この機に乗じて満洲を占領する必要がある」「違法的でも何でもかまはない、いやしくも我々が一度満洲を占領したのは事実である。占領した以上はこれを利用しなければばうそだ。この際なんでもかんでも勢力を扶植《ふしょく》するのが我々の利益である」と主張したという。

ロシア政府は、列強に対しては満州占領は何らの政治的目的をもつものではなく、事態が平時に戻れば満州は清国に還付するつもりであり、満州における他国の利益を侵害する意思は一切ない旨を通牒した。しかし、この時のロシア軍の横暴は義和団のそれをはるかに上回り、義和団による鉄道破壊のなかった地域をも蹂躙《じゅうりん》し、侵略に当たっては多くの無辜《むこ》の民を殺害した。ロシアによる満州の永久占領の意図は明らかであった。愛琿はポストフリーナイヤ、チチハルはコンナイヤ、サハリンはイリンスキーとロシア名に改称された。

列強のロシアに対する抗議は強力であった。ロシアはこの抗議に押されて満州における列強の権益は不変であることを繰り返し、列強に満州の自由開放を約したものの、これを遵守する意思はロシアにはなかった。

ロシアは義和団事変収束のための八カ国会議が開かれているその最中に、密かに清国宮廷に手を伸ばした。ロシア極東総督アレキシエフは奉天将軍増祺を北京に赴かせ、ロシアによる奉天省内各地の鉄道保護、ロシア兵の駐屯、これらに対する清国側の便宜供与などを内容とする露清協約を飲ませようとした。李鴻章はこれを拒否した。しかしロシアの意思は固く、満州還付についての権利は後日ロシアで行うことになった。

小村寿太郎は明治三三（一九〇〇）年二月に駐露公使に任用された。次いで、明治三四（一九〇一）年一月には北京に赴任して義和団事変処理の全権を与えられ、同年一二月には駐清公使となった。ロシアの満州占領に怒りを抑え切れない小村は直ちに慶親王に謁見し、右に述べた露清協約はこれを締結してはならず、満州撤兵の約束をすぐに実行するよう主張すべきだと進言した。小村は日本の外務省を動かし、外務大臣ラムズドルフに露清協約の有無を改めて問わせ、協約が事実であればその釈明を求めるよう迫った。『小村外交史』（外務省編、原書房、一九六六年）によれば、ラムズドルフの回答は次のごとく木で鼻をくくったようなものだったという。

「満洲問題は露清両国専属の案件であるから、日本政府の質問に対しては正式に答えねばならぬ義務ありとは思わず。満洲に於ける露国の今日の位地は、国境に於ける清兵の侵襲《しんしゅう》に対する自衛の結果であるから、たとえ露国にして同地を永久占領するも、権利上毫《ごう》も非難を受くべき理《るいじ》はない。けれども実際に於ては、露国は敢えて征服者の権利を実行するの意思を有せず。その累次の声言通り、清国官憲に行政を還付し、満洲に於ける現下の位地より退く積りである」

満州還付に関する露清交渉がロシアで開かれ、その内容が逐次明らかとなってきた。一三条から成るその内容のうち最初の六条を記せば以下の通りである。

一　軍事行動に基く償金問題は北京に於て協定せらるべきこと。但し鉄道に対する損害は右償金中に包含せられざること

二　清国政府は満洲諸省に警察隊を常設すべきこと。但しその人員は露国と協議の上決定すべきこと

三　満洲各省将軍の任命については、露国は予《あらかじ》め協議に与《あずか》るべきこと

四　露国は各将軍の下に露国文武官各一名を置き、武官をして警察隊の監督を司《つかさど》らしめ、文官をして鉄道事務の指揮に任ぜしむること

五　満洲、蒙古及び清国北部の諸省に於ては、他国に対し何等の便宜をも一切許与せざるべきこと

六　清国政府は満洲及び蒙古に於て鉄道を敷設するを得ざること

ロシアの清国に対する強圧的な要求である。李鴻章はどうにかこれを退けたものの、露国公使は激して李鴻章罷免を朝廷に要求した。満州還付の条件はその後、清国や列強との交渉を通じて変化していくのだが、ロシアの満州支配の意図がそもそもどの辺りにあったのかを知る資料として上記六つの条項は記憶にとどめておいてよかろう。

小村、露清協約の廃棄への努力

小村は再度、慶親王に忠告し「この際露国に対し領土上その他特殊の譲与を許諾せんには、他列国もまた各自の勢力地域に於て同様の要求をなすに至るべく、その結果は重大の事態を誘致すべし」と説いた。清国は日本に共同防衛を勧誘し、日本は英米にこれを働きかけ、結局のところ日英米独のいずれもが露清協約には強く反対するとの結論に達し、その旨をロシアに伝達した。抗議を受けたロシアは態度を軟化させ、第一条を「満洲を挙げて全く清国に還付し、其の行政をして悉《ことごと》く旧に復せしむべし」とした。しかし第二条以下は先にあげた露清協約案とほとんど同一であった。

小村は慶親王に与えた忠告と同様の意見をもって李鴻章を諭《さと》し、露清協約を批准すれば満州は列強の「草刈り場」となること不可避だと主張した。しかし李鴻章のロシアに対する態度は弱腰であった。列強が抗議を重ねても、露清協約はもっぱら露清間の問題であるという態度をロシアは譲らず、清国がロシアの要求に応じなければ満州還付に関する第一条をも廃棄されかねないというのが李鴻章の意見であった。

露清協約は絶対に認めないという小村の意思は固く、英独両国に対して「露清の別個談判及び別個協約は清国に於ける列国協同の趣旨と両立せざること。かかる協約は清国が他の列国に対して均《ひと》しく負う所の責務を尽す上に於て清国の能力を著しく減却すべきこと。随《したが》って我が政府は協約案の撤回をもって列国全体の利益のために望ましきものと確信し、清国に対し指定の期限内に調印することなく、露国をしてこれを撤回するに至らしむべきを勧告すべく、これについて英独両国政府と共同せんことを欲す」と働きかけ、同意を得た（『小村外交史』）。

小村は駐露公使珍田捨己《ちんだすてみ》を通じてロシアの外務大臣ラムズドルフに対し、露清協約はロシアが従来より保有する権利の防衛に必要な範囲を超越しており、この超越をあえて持続するならば東洋現下の権力平衡は保障できず、列強の反撃は不可避であることを説いた。この強い抗議にさすがのロシアも逡巡し、結局は「露国政府は該協約の締結を清国政府に強要しないのみならず、これに関し今後一切の商議を断念する」旨の通告を出した。国権主義者小村の面目を証す外交交渉であった（『小村外交史』）。

清国は結局のところ自国の力ではどうすることもできず、外国の力を乞い辛うじて窮状を脱することができたのである。露清協約は廃案となり、ひとまず満州は安定したが、ロシアが満州支配の意図を捨てたわけではもちろんない。小村は誰よりもこのことをよく知っていた。それゆえにこそ、小村は清国政府に対しロシアから何らかの提案がある場合には、速やかに日本政府にこれを通知するのはもちろんのこと、清国政府がロシア政府に発議する場合もまずは日本政府との協議のうえでこれに臨むべきと念を押し、満州の主導権の一方が日本にあることを強調した。ロシアに対しても同様であった。小村はラムズドルフに次のように電信した。小村の豪気が目に浮かぶ。『小村外交史』は次のようにいう。

「自分は露国外相がその偉大の勢力を利用し、及ぶべきだけ最短期限内に満洲の撤兵を遂行終了せんことを衷心《ちゆうしん》切望すること。かつ満洲に駐屯すべき清国軍隊の員数に関し前もって通知を得たしとの露国の希望は、予防的の措置として正当なることを疑わぬが、清国軍隊の武備及び組織に関しては、清国のその国防上負担せる生命財産の保護、並びに安寧《あんねい》秩序を維持する義務の不履行の口実となるような条件、または清国からその自衛の権能を奪うが如き条件は総《すべ》てこれを避けられんこと、これまた自分の希望するところなること」

ロシアは満州還付をどうにか認めたものの、次のような露清の取り決めが別に存在することが発覚した。露清銀行が満州における採掘権の独占的権益を確保する旨の、清国側の尋常ならざる譲歩事項である。この時点、明治三四（一九〇一）年一一月七日に李鴻章が死去。小村は慶親王に再び厳重注意を促したが、慶親王の語るところによれば、この譲歩は李鴻章がロシアの蔵相ウィッテとの間で満州還付の条件の一つとして取り交わしたものだという。李鴻章の死後、交渉は慶親王自身が担当した。慶親王は小村の発言に改めて目を開かされ、その好意に謝したうえでロシアに対する譲歩を拒否するにいたった。日英同盟成立の公表があり、この報が慶親王に伝えられ、王はこれを大いに喜び満州問題に対するロシアへの決意を新たにしたようなのである。

義和団事変と日本

日英同盟の成立は明治三五（一九〇二）年一月三〇日であった。この同盟の日本にとっての目的は、清国の領土保全、朝鮮の自主独立であった。同盟条約の内容については後述する。七つの海を支配する世界最強の海軍大国イギリスがどうして極東の小国日本と同盟を結ぶにいたったのか。その契機となったのが、義和団事変の平定に際しての日本の軍事力ならびに将卒の規律に対するイギリスのきわめて高い評価であった。

　義和団の暴徒が北清地域を席巻し、ついに天津を経て北京に迫り、各国公使館が集中する居留地域が彼らによって包囲されるという事態となった。居留民は恐怖に駆られ、一一ヵ国から成る列国公使が清国政府に対して義和団の取り締まりを要求した。清国政府は兵を派して各国公使館の護衛に当たらせたが、義和団の大軍の前に制圧は不可能であった。

　義和団事変の最中に清国政府内の権力構成に変化が生じた。慶親王に代わって排外主義者の端郡王が総理衙門《がもん》主席大臣ならびに軍機大臣となった。彼は義和団を逆徒ではなく攘夷の「義民」とみなし、義和団に清国兵を投入して外国人討伐の挙に出た。亡国的行為であった。列国公使は清国政府への保護依頼を諦め、天津近くの大沽に停泊中の日本軍艦に兵士の派遣を要請し、旅順、威海衛、膠州湾から各国の軍艦を大沽に回航させ、これら兵士を天津から北京に向かわせた。兵士の数は六〇〇人ほどであった。義和団は北京の公使館居留地域を取り囲み、天津に進軍し、北京・天津間の連絡を切断した。清国兵が北京側に陣を張り、背後の天津側には義和団が居座った。八カ国連合軍は兵站が尽きて万事休すの事態となった。明治三三（一九〇〇）年六月一一日には日本公使館書記生の杉山彬が清国官兵によって殺害された。

　ここで連合軍は大沽の砲台を占領して活路を開くことを決意した。大沽砲台を占拠する義和団からの砲撃に耐え、砲台の背後を衝いて占領に成功した。しかし連合軍の現勢力だけで天津と北京を守り切れないのは明らかであった。清国総理衙門は列国公使に対しこれ以上の守護はできないので、二四時間以内に天津から他所へ撤退するよう勧告した。ドイツの駐清公使フォン・ケッテラーは援軍を待つまで天津に留まる旨を総理衙門に伝えようと北京に赴く途上、清国兵に殺害された。

列国の中で北京、天津に最も近い日本からの援軍に頼るより他に策はなかった。当時駐露公使であった小村は列強の姿勢を鋭く観察し、外務大臣青木周蔵に対して「如何なる変局に会するもこれに応ずる遺算《いさん》なきの準備を立つるを緊要とし、この目的に対し、かつ事変の最終解決に際し、欧洲協同の外に置かるゝことなからしめんがため、我国はその兵力並びに清国に於ける陸海軍の行動に於て、終始少くも最強国と均等を保有せざるべからず」と進言した。小村は清国におけるロシア兵がきわめて多数に及んでいるとの情報を得て、兵力の均衡を図るべく日本がこれに加わってその実力を列強に知らしめようと決意したのである。「我国にして若《も》し此の好機に乗じ列国と懇切《こんせつ》なる共同の動作に出るの精神を以て敏活且つ確実なる挙措《きよそ》を執《と》るに於ては、清国問題を解決するの際、欧洲連合の間に立ちて優勢を制するを得べしと信ず」と語った（『小村外交史』）。この決意はロシアの意図を十分に斟酌《しんしやく》した、いかにも小村らしい外交的判断であった。

七月一五日、第一次と第二次の日本軍派遣隊が相次いで出陣した。これに勢いを得た連合軍は通州を占領、次いで日本軍を先頭にして定福庄へ前進、さらに北京攻撃のための布陣を敷いた。

日本軍が朝陽門街道の以北、ロシア軍が以南に位置し、英米軍がさらにその南に布陣した。八月一四日の未明に日本軍の一隊が朝陽門、別のもう一隊が東直門に達し、前者が朝陽門を爆破して城内に突入、一五日払暁に公使館区域に到着、列国の居留民を救助して義和団の乱は鎮定された。

もう四〇年以上も前の映画であるが、チャールトン・ヘストン、デビッド・ニーブン、エヴァ・ガードナーなどが出演した「北京の55日」を観た読者がいるかも知れない。この映画は数万の義和団兵士と北京公使館区域に住まう連合八カ国軍との死闘を描いた名作である。反乱軍はキリスト教徒を殺害し、教会、鉄道などヨーロッパに発する文物を次々と破壊して回った。日本が援軍を送ってようやくにして退けることのできた危うい事件であった。チャールトン・ヘストンが演じるアメリカの将軍が映画の最後のところで、「この五五日をよくぞ耐えられたものだ」と語っていたシーンを私はいまでも思い起こすことができる。

在清公使館付武官　柴五郎

どういうわけか、この映画には日本兵はほとんど登場していない。昔のハリウッド映画だからしようがないといえばそうかも知れないが、「北京の55日」において最高の戦功を立てたのが在清公使館付武官の陸軍中佐柴五郎であったことはまぎれもない。柴は日清戦争においては大本営陸軍参謀、日清戦争後は在英公使館付武官となり、つづいて赴任した在清公使館付陸軍武官として勤務中に義和団事変に巻き込まれた。在清公使館勤務の後、日露戦争において野戦砲兵第一五連隊長として勇名を馳せ、大正八（一九一九）年八月には陸軍大将にまで上りつめた沈着冷静にして勇猛果敢な帝国明治陸軍を代表する指揮官の一人であった。

柴五郎の一生を、深い哀惜の念を込めて描いた名作に村上兵衛『守城の人――明治人 柴五郎大将の生涯』（光人社、一九九二年）がある。北京公使館区域防御の要に位置する粛親王府に陣取り、無数の敵軍に包囲されて狼狽《うろた》える連合軍と居留民の中に立ち、水際立った攻守の機略をみせた「天性の軍人」の姿を村上は活写している。村上は、柴の指揮下に入ったB・シンプソンという当時二三歳のイギリス義勇兵の一人に次のように語らせている。

「数十人の義勇兵を補佐として持っただけの小勢の日本軍は、王府の高い壁の守備にあたっていた。／その壁はどこまでも延々とつづき、それを守るには少なくとも五百名の兵を必要とした。しかし、日本軍は素晴らしい指揮官に恵まれていた。公使館付武官のリュウトナン・コロネル・シバである。／彼は、他の日本人と同様、ぶざまで硬直した足をしているが、真剣そのもので、もうすでに出来ることと出来ないことの見境をつけていた。／ぼくは長時間かけて、各国受け持ちの部署を見て廻ったものだが、ぼくはここではじめて組織されている集団を見た。／この小男は、いつの間にか混乱を秩序へとまとめていた。彼は部下たちを組織化し、さらに大勢の教民たちを召集して、前線を強化していた。実のところ、彼はなすべきことをすべてやった。／ぼくは、自分がすでにこの小男に傾倒していることを感じる。ぼくは間もなく、彼の奴隷になってもいいと思うようになるだろう」

義和団の乱鎮定の後、清国政府に対する列国の外交交渉が開始された。平間洋一『日英同盟──同盟の選択と国家の盛衰』（ＰＨＰ新書、二〇〇〇年）によれば、北京解放時の戦闘兵力は、日本が最大で一万三〇〇〇名、ロシア八一〇〇名、イギリス五八〇〇名、アメリカ四〇六〇名、フランス二一九〇名、ドイツ四五〇名、オーストリア一四〇名、イタリア一〇〇名であり、戦死者・負傷者も大略この数に比例していた。最大の犠牲を払ったのが日本であることは歴然であった。

にもかかわらず、乱後の外交交渉で自国の立場を最も強硬に主張したのはロシアであった。ロシアは講和の条件として、清国における従来の政体を維持すべきことを頑強に主張した。そう主張したロシアの真意は、ロシアに多くの特典を与えてきた清国旧政府の復元を望んだからであった。小村はロシアの意図を直ちに読み取り「本使の所見にては、本問題に対する露国政府の決意は、事変前に成立したるものと察せらるゝ清廷《しんてい》との親交を恢復《かいふく》し、かつ外国との共同動作の範囲を成るべく縮少せんとするの希望に出でたものゝの如《ごと》し」と主張した（『小村外交史』）。

日本は軍隊の一部を北京に残留させ、大半は帰国の途につかせた。しかしロシアは兵を引かなかった。ロシア皇帝ニコライ二世は二項目の詔勅を発した。一つは、直隷省駐屯軍ならびに各旅団は戦時編成を継続すべし。もう一つは、満州駐屯についても指揮官が必要と認めたものは戦時編成を継続すべし、であった。義和団事変を好機と見立てて清国に派兵したロシアの政策は侵略そのものであり、これを変えようとする意思は最後までなかった。

小村は先に記したように明治三四（一九〇一）年一月六日に、義和団事変処理の全権を与えられて清国に赴任した。小村は同年の九月に帰国して駐露公使から外務大臣へと昇格した。義和団事変処理のために再び清国に向かう途上の一週間を東京に滞在、伊藤博文と面談した。伊藤は義和団事変後の交渉において日本が「コンサート・オブ・パワーズ」に入れるかどうかを大変気にしていたという。「列強の一員」たり得るか否かが総理の心痛事だったのである。

小村が清国に赴任して以来、講和会議の中心議題は賠償金問題に移った。ここで強硬策に出たのは再びロシアであった。ロシアが義和団事変によって受けた被害は他の列強とは比較にならないほど大きく、それゆえ列強とは別個に清国と協議すると主張した。小村はこのロシア案を退けた。しかし平間洋一『日英同盟』によれば、賠償金総額のうち最大の二九%を取得したのはロシアであり、以下、ドイツ約二〇%、フランス約一六%、イギリス約一一%、日本約八%、アメリカ約七%であった。参加兵力と戦死者・負傷者において最大であった日本はロシアに比べて三割を少し上回る程度の賠償金しか手にしなかった。

小村は国家の威信をかけて日本の度量を列強に示したかったのであろう。「コンサート・オブ・パワーズ」の一員たらんとする小村の軒昂の意気であった。対照的にロシアの義和団事変における行動と講和会議でみせた対応は、実に露悪的なまでに帝国主義的であり、この「悪」に対する恩讐《おんしゅう》が日本人の中に蓄積されていった。

第一次小村意見書

明治元勲の後を襲い、一人の元勲も加わらない若い世代の閣僚から成る、首班を桂太郎とする内閣が発足したのは明治三四（一九〇一）年六月であった。陸軍大臣児玉源太郎、海軍大臣山本権兵衛、外務大臣小村寿太郎などの布陣であった。この桂内閣こそが義和団事変を通じて日本を「コンサート・オブ・パワーズ」の一員たらしめ、日英同盟を締結し、日露戦争に勝利し、韓国併合を実現し、不平等条約を改正して明治期日本の難題を一挙に片付けた指導部であった。

特に外務大臣に小村を得たことが桂にとってきわめて重要であった。駐露公使、駐清公使として帝国主義時代の外交の第一線で外交の何たるかを知り尽くし、その交渉術と豪気によって日本の国難を乗り切っていった人物が小村であった。義和団事変後の講和会議が一段落するや、小村は九月九日に北京を出立、大沽より軍艦「千歳」に搭乗し、仁川を経て鎮海湾、馬山浦等を足繁く踏査した。同月一九日に横須賀に帰り、二一日に外務大臣就任というあわただしさであった。

小村は明治期の政治家の一大資質たる「国権主義」を絵に描いたように胸に秘めた人物であった。小村の外交的課題は終始満州問題であり、この地に対するロシアの野心を砕くことに専心した。その最初の外交がロシアを露清協約の廃棄に追い込むことにあり、これに成功したことはすでに述べた。ロシア陸軍の強力にして残忍なることを知る小村は、日本の独力をもってこれに抗するのではなく、ロシアを共同の敵とする利害等しき他国と同盟して事に構えるべきだと考えていた。

小村の外交思想を端的に物語っているものに、世に有名な小村意見書がある。当時の日本の政府中枢部には、ロシアと協力して満州の利権をロシアに譲り、それと引き替えに韓国の支配権を日本に認めさせるといういわゆる日露協商論——満韓交換論とも呼ばれる——があった。伊藤博文、井上馨などがこの見解を持論としており、伊藤にいたっては日露戦争開戦直前までこの説に傾いていた。これと対極に位置する考えは、ロシアが満州を獲れば国境を接する韓国をも必ずや獲りにくるはずであり、そうであれば対露開戦をできる限り早く決定すべきだという対露強硬論——満韓不可分論とも呼ばれる——であった。桂と小村が後者の考えを譲らない代表格であった。シベリア鉄道が完成間近となり、大量の兵士と武器、弾薬の輸送が可能となる事態が目前に迫っており、この論争にいち早く決着してロシアに対処しなければならなかった。

明治三四(一九〇一)年一二月七日、葉山の長雲閣で元老会議が開かれ、山県有朋、西郷従道、井上馨、大山巌、松方正義の諸元老と桂太郎、小村寿太郎、山本権兵衛が出席し、ここで提出されたものが小村意見書であった。小村意見書に参加者が同意して対露戦への日本の首脳部の意見が固まった。幕末以来の「アングロ・サクソンかスラヴかの選択」(『小村寿太郎とその時代』)に最終的な決着をつけたものがこの小村意見書である。小村の外交思想を端的に示す文献である。全文を引用する。

「清韓両国は我邦と頗《すこぶ》る緊切《きんせつ》なる関係を有し、就中《なかんずく》韓国の運命は我邦の死活問題にして、頃刻と雖《いえど》も之《これ》を等閑に付すべからず。故に帝国政府に於ては、従来屢々《しばしば》韓国に関し露国と協商を試みたるも、露は韓国と境を接し、且つ満洲経営の関係あるが故に、常に我希望に反対し、為めに今日に至る迄未だ韓国問題の満足なる解決を見ざるを遺憾《いかん》とす。

然るに一方に於て、露の満洲に於ける地歩は益々固く、縦令《たとい》今回は撤兵するに於ても、尚《なお》彼れは鉄道を有し、且つ之れが護衛なる名義の下に駐兵の権を有す。故に若《も》し時勢の推移に一任せば、満洲は遂に露の事実的占領に帰すべきこと疑を容《い》れず。満洲既に露の有とならば、韓国亦《また》自ら全《まっと》ふする能《あた》はず。故に我邦は今に於て速《すみやか》に之《これ》に処するの途を講ぜんこと極めて緊要に属す。

蓋《けだ》し之を過去の歴史に徴《ちょう》し、現下の事態に鑑《かんが》みるに、露をして我希望の如く韓国問題の解決に応ぜしむるは、純然たる外交談判の能《よ》くする処に非ず。之を為すの方法唯二あるのみ。即ち一は、我希望を貫徹するが為めには交戦をも辞せざるの決心を示すことと、二は、第三国と結び、其の結果に依りて露をして已《や》むを得ず我希望を容れしむることとなり。然れども露国との交戦は常に出来得る限り之を避けざるべからざるのみならず、満洲に関する彼れの要求も大に温和化したるを以て、我より進んで最後の決心を示すべき正当の口実を有せず。故に結局第二の方法に依り、他の強国例へば英と結び、其の共同の勢力を利用し、以て露をして已むなく我要求に応ぜしむるの外良策なしと思考す」

さらに小村は日露協商と日英同盟の利害得失を理路整然と述べた。日露協商が日本にもたらす損失は、（一）東洋の平和を維持することにはなっても一時的なものにとどまること、（二）経済上の利益が少ないこと、（三）清国人の感情を害し、その結果、日本の利益を損ねる危険性があること、(四)イギリスと海軍力の平衡を保つ必要が生まれること、だという。これに対して日英同盟の利益は、(一)東洋の平和を比較的長期的に維持しうること、(二)列国の非難を受ける恐れがなく、日本の主義にも合致すること、(三)清国における日本の勢力を増進すること、(四)韓国問題の解決に資すること、(五)財政上の便益があること、(六)通商上の利益が大きいこと、(七)ロシアの海軍力との平衡を維持できることとし、「以上述ぶるが如くなるを以て、日英協約は日露協約に比し大に我邦の利益たること疑を容《い》れず」と記した。そして最後を次のように結んだ。

「終りに臨み、今や欧洲列強は或は三国同盟と云ひ、或は二国同盟と称し、各合従連衡《がっしょうれんこう》に依《よ》りて己れの利益を保護並びに拡張しつゝあり、此の間に処して独り孤立を守るは策の得たるものにあらず。現に英の如き、多年中立を以て其の国是と為せる邦国すら、尚且つ他と協議せんことを希望するに至る。時勢の変遷亦《また》推して知るべきのみ。故に我邦に於ても此の際断じて協約を結ぶの得策なるを信ず」(『小村外交史』)

日英同盟成立

結論が小村の主張に傾くにはなお紆余曲折があった。特に伊藤の満韓交換論は根強かった。伊藤はエール大学より建学二〇〇年を記念して名誉博士号を授与されることになり、これを機にロシアを含むヨーロッパ諸国を歴訪する予定となった。最高の元勲伊藤がロシアにおいて自論である日露協商路線を主張しロシア側に好意的反応が生じることを桂はひどく恐れた。桂は元勲に面と向かって異説を唱えるのに逡巡《しゆんじゆん》しつつも、ここは国家の安危《あんき》にかかわる大事であり、天皇の補弼《ほひつ》の大任を担う者として日露協商路線に沿うことはできない旨を述べて伊藤を送り出した。

不思議なことがある。日清戦争を通じてロシアの専横横暴をよく知っていたはずの陸奥宗光が日英同盟に賛同しなかったのである。陸奥は明治二九（一八九六）年に雑誌『世界之日本』に寄稿し、「日英同盟の如き其の名甚《はなは》だ美にして、時人が之より収めんと期望する結果決して少小ならず。然《しか》れども英国は人の憂を憂へて之を助けんとするドンキホーテにはあらず。同盟によりて日本の安全を保するを得ると同時に英国もまた其の安全を保するの担保を日英同盟より得ざるべからず。若し此の担保を与《あた》ふる能《あた》はずとせん乎《か》。英国は決して同盟の与国たるものに非ざる也《なり》。知らず論者は日本現今の国力、果して限りなき英国の防禦線に安全を与ふるの力ありと為《な》す乎」と書いた。徹底的な現実主義者たる陸奥は、日英同盟は両国の国力と軍事力の差からして不可能だと主張したのである。

それにしても事実は皮肉である。伊藤が日露協商路線、つまり満韓交換論の立場をとっていること、陸奥さえ日英同盟成らずとの立場にあることがイギリスやロシアの知るところとなり、日露協商を嫌悪するイギリスが伊藤のロシア訪問に猜疑の念をもち、この猜疑が焦慮を招いて日英同盟成立へとイギリスを誘《いざな》った可能性が大なのである。

日英同盟が成立するにいたったイギリス側の要因についても述べておこう。日清戦争以前、イギリスは日本より清国を重くみていた。というより極東の小国日本にはさしたる関心をもっていなかったといった方がいい。上海を中心とし長江流域に築いた巨大な権益を守るには、日清がことを構えて清国を混乱させるよりは現状を維持したいという思いがイギリスには強かったのであろう。しかし日清戦争と義和団事変を通じて、清国の弱体化とロシアの強圧的な姿勢を改めて認識、かつ日清戦争に勝利した日本の軍事力と義和団事変における日本軍の鮮やかな行動をみてイギリスは態度を変化させた。帝国主義時代とはまことに恐ろしき時代であった。もし日清戦争において日本が敗北していたならば、日英同盟ではなく清英同盟が成立していた可能性を排除できない。

当時、イギリスはアフガニスタン、バルカン半島等でロシアと対立関係にあった。日英同盟の成立は同地域でのロシアとの対立を一段と厳しいものにしてしまう危険性があった。何よりこの時期イギリスはボーア戦争の真っ最中であり、多くの兵士と巨額の戦費を失っていた。ボーア戦争とは、南アフリカのボーア人が建国したトランスヴァール共和国でダイヤモンド鉱山が発見され、これを支配せんとするイギリスとボーア人との間で勃発し、イギリスが兵力四五万人、二億三〇〇〇万ポンドの戦費を投入してようやく切り抜けた戦争であった。この間、ロシアの軍事力は強大化し、艦船を極東に集中していた。極東においてはロシアの海軍力がイギリスのそれを陵駕し、「パクス・ブリタニカ」は崩れつつあった。

さらにイギリスに脅威を与えたものは、シベリア鉄道の完成が間近に迫ったという事実であった。アヘン戦争以来清国内に築いてきた利権の一部がロシアによって奪われる危険性をイギリスは察知し始め、これを制する同盟の必要性にめざめた。日英同盟の成立によって「スプレンディッド・アイソレーション」（光栄ある孤立）の時代は終焉した。駐英公使林董とイギリス外務大臣ランスダウンの署名によって日英同盟が成立した。前文に記された同盟の目的は「日本国政府及ビ大不列顛国《グレイトブリテイン》政府ハ、偏《ひとえ》ニ極東ニ於テ現状及ビ全局ノ平和ヲ維持スルコトヲ希望シ、且ツ清帝国及ビ韓帝国ノ独立ト領土保全トヲ維持スルコト」であり、前文の意味を地政学的観点から具体的に述べたものが次の第一条である。

「両締約国ハ、相互ニ清国及ビ韓国ノ独立ヲ承認シタルヲ以テ、該二国孰《いず》レニ於テモ全然侵略的趨向《すうこう》ニ制セラルルコトナキヲ声明ス。然レドモ両締約国ノ特別ナル利益ニ鑑《かんが》ミ、即チ其ノ利益タル大不列顛国ニ取リテハ主トシテ清国ニ関シ、又日本国ニ取リテハ其ノ清国ニ於テ有スル利益ニ加フルニ、韓国ニ於テ政治上並ビニ商業上及ビ工業上格段ニ利益ヲ有スルヲ以テ」日英両国は必要欠くべからざる措置を取るとしている。

イギリスの関心は主として清国にあり、日本の関心は清国、そして何よりも韓国にあり、それぞれの利権に対する侵略的行動が起こったり、清韓双方またはいずれかの国で日英両国の利益を侵すような騒擾が発生した場合には、両国は共同行動を取ることとなった。

第二条は「若《も》シ日本国又ハ大不列顛国ノ一方ガ、上記各自ノ利益ヲ防護スル上ニ於テ別国ト戦端ヲ開クニ至リタル時ハ、他ノ一方ノ締約国ハ厳正中立ヲ守リ、併《あわ》セテ其ノ同盟国ニ対シテ他国ガ交戦ニ加ハルヲ妨グルコトニ努ムベシ」であった。ちょっと理解しづらい条文であるが、これを当時の現実に照らしていえばこうなる。日本がロシアと戦闘状態に入った場合にはイギリスは厳正中立の立場を取り、同時に第三国がロシアに加担して日本に敵対する場合にはイギリスが極力その排除に努めて日本を支援するという趣旨であった。

日英同盟はその第二条にあらわれているように純然たる軍事同盟ではない。したがって、武器、弾薬などの支援はない。軍事行動はここでは想定されていない。しかしイギリスはこの第二条に忠実に沿う行動を取り、日本の勝利に寄与した。

そのことを述べる前に、イギリスについての福澤諭吉のまことに正鵠を射た判断についてここで記しておきたい。明治二八（一八九五）年六月二一日付の『時事新報』の社説で福澤はこう喝破していたのである。

「我輩素《もと》より文明立国の自利主義を知らざるに非《あら》ず。唯《ただ》これを知るが故に英人の必ず我れに応ぜんことを信ずるものなり。其の次第を語らんに、抑《そもそ》も英人が自国の利益を衛《まも》る為めに第一の目的とする所のものは、露国の南進を防ぎ彼をして海浜に頭角を現はすこと勿《なか》らしむるの一事にして、多年来、英国の外交戦略と云へば殆《ほと》んど此の一事の外《ほか》に見る所なしと称するも過言にあらず。元来露西亜の如き大国を束縛して其の運動を妨げ、世界中到る処に一所の良港をも得ること勿らしめんとは実に大胆なる圧制にして、英国を除くの外に能《よ》くも斯《か》くまでの大胆大圧制を試る者は先づ以て地球上になかる可し」

戦費調達に際してのイギリスの貢献は後に述べるが、ここでは艦船購入に際してイギリスが演じた行動について記しておこう。アルゼンチンと建艦競争をしていたチリがイギリスの造船所に発注、建造していた戦艦がコンスティチューションとリバーダットである。しかしチリはこの二隻購入の資金を欠いて、その売却を余儀なくされるという事態が発生した。イギリスは購入に強い意欲をみせていたロシアを阻止すべく、イギリスみずからが購入して日本を背後から支援した。

さらにアルゼンチンがイタリアのゼノアの造船所に発注し建造中の装甲巡洋艦リバタビアとモレノの二隻が完成間近となった。ここでもアルゼンチンの購入資金が不足し、その売却の可能性ありとの情報をイギリスが入手して日本に伝達、ロシアもまた別のルートで情報を得て日露は激しい購入合戦を展開した。イギリスがアルゼンチンを口説き、日本による購入を成功に導いた。両軍艦は当時の世界で最も射程距離の長い砲を装甲した重巡洋艦であった。リバタビアとモレノは後日それぞれ「春日」「日進」の名称で知られる日本の主力艦となり、旅順攻撃に際して格段の働きをした。この二隻なくば旅順攻撃の帰趨はわからぬほどまでに重要な艦船であった。

イタリアのゼノアからこの二隻をいかにして日本にまで回航させるかが大問題となった。日本の海軍には二隻の艦船を護衛しつつ連れ帰る能力は当時まだなかったのである。ロシアは二隻が日本の手に渡るのを阻止せんとフランス領のビゼルタ港で待機した。リバタビアとモレノが外洋に出たところでイギリスの戦艦キング・アルフレッドと巡洋艦ユーリアラスが出動、ロシア艦船とリバタビア、モレノの二隻の間に割って入り、二隻がセイロン（スリランカ）に到着するまで護衛をつづけた。イギリスが日英同盟を忠実に遵守して日露戦争勝利に貢献した一つの――しかし重要な――挿話である（『日英同盟』、『小村寿太郎とその時代』）。

ロシア、満州から撤兵せず

義和団事変の終息時にみせたロシアの貪欲としかいいようのない満州占領に対しては、日本はもちろんアメリカ、イギリス、ドイツも強い不満をつのらせた。清国もまたさまざまなルートを通じて列強と交渉し、ついに満州還付を余儀なくさせるところにまでロシアを追い込んだ。明治三五（一九〇二）年四月八日、満州還付に関する露清協約が結ばれた。ロシアの満州からの撤兵は三期に分けられ、第一期は同年一〇月八日、第二期は明治三六（一九〇三）年四月八日、第三期はその六カ月後に開始されることが約された。

第一期の奉天省からの撤兵は規定通りに完了し、第二期の撤兵期がやってきた。奉天省の残りの部分と吉林省の全域からの撤兵が四月八日から始まるはずであった。吉林省を中心とするこの地方は面積で最大、かつ満州の軍事経済上の要所であり、最も深く注視されていた撤兵地域であった。しかしここからの撤兵をロシアはまったく行わず、逆に三月下旬より兵を遼陽から鴨緑江右岸、鳳凰城、安東方面へ進駐させ、営口への派兵を増員した。満州還付に関する露清協約の完全な侵犯であった。

小村は直ちに英米両国と共同措置を取ることとし、慶親王に対してはロシアとの条約上の権利を放擲《ほうてき》し、清国の主権と領土保全を毀損《きそん》するロシアのかくのごとき暴政には絶対に服してはならないと主張した。

『小村外交史』には次のような逸話がある。ロシアのヴォガック少将は駐日ロシア公使館付武官として日本の国情を視察したことがあり、日本軍の力をみくびっていた。同時に駐清公使館付武官を兼務、露清の満州協約の談判にも参加した。談判に臨むに際して、清国側がこのような協約をロシアと結べば外国からの重大な干渉は不可避であると述べたのに対し、ヴォガックは「外国とは何《いず》れの国のことなるや、ナニ日本のこととや、日本が……アハハ、、」と嘲笑したという。

しかしロシア宮廷にあってロシアを日本との戦争に誘ったのは、むしろ当時権勢を張っていた国務顧問官のベゾブラゾフであった。ベゾブラゾフは満州を視察し、また鴨緑江沿岸の木材伐採権の獲得がいかにロシアの利益になるかを宮廷に説き、資金を拠出させて後に木材会社の経営で財をなした男であった。ベゾブラゾフの主張は強い影響力を発揮した。本国やシベリアからハルビンに兵を輸送し、旅順要塞を固め、艦隊を極東に増派、皇帝をして極東総督府設置に関する勅令を出させ、極東総督にはアレキシエフを任命した。ロシア極東支配の出発点であった。

これを契機にロシアの主張はいよいよ頑強の度を増し、ついには満州還付の約束を反故《ほご》とし、新たな還付条件を清国に迫った。新条件は「清国は満洲三省を何《いず》れの外国にも譲与せざること。また該三省の地域はその大小を問わず、租与《そよ》、抵当、その他何等の方法に於てもこれを処分せざるべきを保障する」であった。

もちろん小村はこれに反対の声を大きくし、慶親王に対しては新たに条約を結ぶのであれば、ロシアの満州撤兵が終了してからにすべきことを説いた。第三期撤兵にいたってもロシアはまったく動かず、逆に韓国内に侵入した。ウィッテはこの強硬策に反対したようだが、ベゾブラゾフなどは聞く耳をもたなかった。駐韓公使パウロフは韓国政府に対しロシア木材会社の伐採権獲得を通告した。同時に数十名のロシア兵を竜岩浦に侵入させ、土地家屋を買収、堤防桟橋を建設、さらには武器、弾薬を搬入、馬賊を引き連れて義州に入り、白馬山の伐材を開始、横暴を恣《ほしいまま》にした。小村の抗議も韓国政府をしてこれを通告する以外に道なく、韓国の主張にロシアが肯《がえ》んじることはなかった。もはや小村はロシアとの直接交渉以外に方法なしと臍を固めた。

第二次小村意見書

開戦の決意を小村は桂に献策し、対露問題に関する御前会議を開くよう求めた。御前会議は明治三六（一九〇三）年六月二三日に開かれた。伊藤博文、山県有朋、大山巌、松方正義、井上馨の諸元老、桂太郎、寺内正毅、山本権兵衛、小村寿太郎の九名であり、小村は対露交渉意見書を提出した。第二次小村意見書である。いよいよ開戦への小村の意図が明瞭に表れた名文である。ポイントとなる部分を引用する。

「露国ハ既ニ遼東ニ於テ旅順、大連ヲ租借セルノミナラズ、事実的ニ満洲占領ヲ継続シ、進ンデ韓国境上ニ向ツテ諸般ノ施設ヲ試ミツ、アリ。若シ此ノ儘《まま》ニ看過スルニ於テハ、露国ノ満洲ニ於ケル地歩ハ絶対的ニ動カス可ラザルモノトナルベキノミナラズ、其ノ余波忽《たちま》チ韓半島ニ及ビ、漢城ノ宮廷及ビ政府ハ其ノ威圧ノ下ニ唯ダ命是レ従フニ至ルベク、否《しか》ラズトモ露国ハ擅《ほしいまま》ニ其ノ欲スル所ヲ行フベキガ故ニ、多年該半島ニ扶殖《ふしょく》セラレタル帝国ノ勢力ト利益トハ支持スルニ由ナク、其ノ結果終《つい》ニ帝国ノ存立ヲ危殆《きたい》ナラシムル迄ニ推移スベキヤ疑《い》ヲ容レズ。故ニ帝国ノ為メニ計ルニ、今ニ於テ露国ニ対シテ直接ノ交渉ヲ試ミ、以テ時局ノ解決ヲ図ランコト極メテ緊要ニシテ、今日ハ既ニ其ノ機熟シタリト云フベク、若シ今日ヲ空過セバ、将来再ビ同一ノ機会ニ逢着《ほうちゃく》スルコト能《あた》ハズ。大局已ニ去リテ憾《うらみ》ヲ万世ニ貽《のこ》スニ至ラン」

開戦やむなしの意見書であった。御前会議ならびに閣議において小村意見書は全員の合意となった。いまだ日露協商論に未練をもつ伊藤、山県は合意に逡巡したが、桂は閣議を開いて両者に食い下がり、閣員一同も桂に同意した。

開戦外交についてこれ以上の筆を費やすこともあるまい。要するにロシアは日本に何の妥協を示すことなく、ただ条約文の言辞を少し変える程度のことしかしなかった。しかも回答の遅延はしばしばであった。

開戦しか道はなかったのである。最後の交渉は開戦交渉の様相を呈した。交渉の相手は駐日ロシア公使ローゼンであった。ロシア皇帝の真意をただすべくローゼンはロシアに赴き、一〇月三日に東京に帰任、その日の内に小村を訪れてロシア皇帝の裁可による政府の方針を伝えた。すでに日本がロシアに提出していた案文への回答である。条約の原文が込み入っているので、整理して要点のみを記す。
ロシアは韓国の独立、領土保全を尊重することに異議はない。しかし韓国における日本の行動は完全には自由というわけではなく、日本が韓国に派兵することがあっても必要以上のものであってはならないこと。また任務終了後は直ちに撤兵すべきこと。韓国領土はその一部たりとも日本の軍略上の目的に使用してはならず、また朝鮮海峡の自由航行を妨げるような工事を沿岸地域でやってはならないこと。韓国領土の内、北緯三九度以北は中立地帯とし、両国はここに軍隊を入れないこと。第七条には「満洲及び其の沿岸は全然日本の利益範囲外なることを日本に於て承認すること」とあった。

満州については日本と協議すること自体を拒否、韓国についてもその独立、領土保全を約しながらもさまざまな条件を付け、あまつさえ韓国領土の三分の一以上に相当する北緯三九度以北を中立地帯とするといった、日本が受諾するはずもないロシアの回答であった。ローゼンと小村の会談は数次に及んだが、ロシアの姿勢に変化はなかった。満州が日露協議の外にあるというのであれば、義和団事変以来の日本の努力は何だったのか。小村は深く嘆息した。

この交渉の間にもロシアの軍事行動は着々と進められ、旅順、遼陽より兵士と軍備品が鴨緑江沿岸に輸送され、また極東諸州とシベリアの兵士に動員令を発し、満州一帯に戒厳令を敷き、旅順のロシア艦隊の主力を外洋に遊弋《ゆうよく》させ、開戦の用意を万全に整えた。明治三七（一九〇四）年二月六日、小村はローゼンの来省を求め、帝都を撤退すべきことを勧告、同一一日には公使館閉鎖、一二日に横浜港出帆のフランス汽船に乗船帰国。駐露日本公使栗野慎一郎はそれに先だつ二月一〇日、日本公使館員と留学生を引き連れてロシアを引き揚げていた。

ローゼンは個人としてはまことに温厚な性格の人物であった。満州問題に関する小村との折衝においては礼をわきまえ、本国政府には日本政府の判断を正確に伝達していたという。本山桂川『陸奥宗光と小村寿太郎』(大誠堂、一九三五年)によれば、ローゼンが公使館を閉鎖して帰国する前日、昭憲皇太后陛下は女官をロシア公使館に遣《つか》わせ、ローゼン夫人に対し「今次不幸にして両国の和親破らるゝに至り、公然の資格を以ては往来するも能《あた》わざるも、夫人とは年来懇親《こんしん》を重ねたるが故に、女性の情として黙視する能わず。茲《ここ》に侍臣《じしん》を通じて送別の辞を達せしめ、且つ両国の交際旧に復するの暁《あかつき》に於て、再び夫の帰来を待つ」旨を伝え、餞別《せんべつ》として銀製の花瓶を下賜《かし》された。ローゼン夫人は黙して涙を浮かべるのみだったという。

ローゼン夫妻が横浜に赴くため新橋駅に向かったところ、街道には騎兵一中隊が整然と並び、民衆の侮辱や迫害のなきよう万全の態勢が取られた。新橋駅のプラットフォームには外交団全員、宮中高官とその夫人が慇懃《いんぎん》な別辞を述べた。ローゼン夫妻に対する横浜での待遇も同様であった。ローゼン著の『外交四十年』には「これ実に仁俠《にんきょう》なる日本が敵国の代表者に対して致せる送別の礼である。知らず世界は爾後果して向上したるや否や」と記されている由である(『小村外交史』)。

小村の開戦外交

国交断絶と日露開戦の道筋は決定されたものの、戦争は純粋に二国間だけで戦われるものではない。第三国が介入して何らかの利を得んとする意図を必ずや誘う。小村はこのことを熟知していた。小村は第三国の介入を排除し、日露戦争を日露間だけの戦争に限定し、国力と軍事力のすべてをこの一戦に注ぐよう努めた。叶うことであれば、列強の助力と同情を我が方に引き付けることをも意図した。「開戦外交」というべきか。まずは英米に対してである。

小村はイギリスに対しては日露交渉の全過程を逐次報告していた。イギリスも厳正中立を遵守したのみならず、既述したチリやアルゼンチンの戦艦の買収や情報提供などに努め、日本に対してつねに好意的な対応をつづけた。日英同盟のゆえである。対米交渉も順調であった。アメリカの対清政策、特に満州政策は領土保全、機会均等であり、これを侵すロシアに対しての不信はかねてより強く、それゆえ日本の対露戦はロシアの満州支配を制するものと受け取り、イギリス同様、日本に対する好意的な対応に終始した。

小村は清国に対しては局外中立の外交姿勢を保つよう要請した。アメリカもまた日露開戦がロシアの満州権益を拡大させ、これが清国へのアメリカの参入の妨げになることを恐れ、清国に中立を守るよう要請していた。ドイツも日露間の調停を好まぬ小村の外交方針に理解を示し、いずれかの国が調停に出てもドイツはこれに協力することはない旨の意思を表明した。

列強の中で日露戦争を懸念したのはフランスである。フランスはロシア公債の最大の引受国であり、ロシアの敗北により債権が無価値になることを恐れていた。露仏同盟下にあったフランスが日露間の調停に出る旨の情報を得た小村は直ちに、調停の内容がどのようなものとなるにせよ、調停は時間を要する。それではシベリア鉄道が完工してロシアの極東支配態勢が整うのを待つようなものだと英米に説き、英米をしてフランスの意図を挫《くじ》くよう乞うなどの行動を取った。結局のところフランスの出る幕はなかった。

開戦外交における小村の活躍は迅速果敢であり、細心にして大胆であった。顧みれば列強の干渉を排して日清戦争を日清両国間の戦争に限定し、外交においては「被動者」とし、軍事行動においては「機先を制する」を旨としたのは、日清戦争時の陸奥外交の基本戦略であった。小村は陸奥の外交術を習得して事態に対応したということなのであろう。

開戦へ

青春の時代、日夜を継いで読みふけり、二度、三度と読み返して飽くことのなかった司馬遼太郎の『坂の上の雲』（文春文庫）に描かれる日露戦争の凄絶と歓喜に心をゆさぶられた読者の一人として、日露戦争それ自体についてここで何かを述べる必要性を感じない。以下、ただ戦争のクロノロジーを簡単に記すのみである。

日露戦争は海戦をもって始まった。まず仁川沖海戦で二隻のロシア太平洋艦隊を撃沈した。次いで太平洋艦隊を旅順に閉じ込め、これを黄海に誘い出して打撃を与えたのが黄海海戦であった。

その後、蔚山沖にて一隻を撃沈、二隻を撃破した。陸軍は黒木為楨《くろきためもと》率いる第一軍が鴨緑江渡河作戦に成功、奥保鞏《おくやすかた》率いる第二軍が大連近傍の堅固な要塞南山を落とした。日本軍一三万人、ロシア軍二二万人の大兵力がそれぞれ、大山巌とクロパトキンに率いられて激突した大会戦が遼陽会戦であり、甚大な犠牲を強いられながらも日本軍はこれに勝利。日本軍一二万人、ロシア軍二二万人の肉弾相食む沙河会戦、その後の黒溝台会戦の激闘をも日本軍は制した。

日露戦争における最大の攻防戦、旅順攻囲戦では乃木希典の率いる第三軍が死屍累々の山を築きながら数度の総攻撃を敢行し旅順を陥落させた。明治三八(一九〇五)年一月一日のことであった。日本陸軍とロシア陸軍の、それぞれ二五万人、三七万人の大兵力による二〇日間にわたる攻防を展開した戦争史上最大の会戦が奉天大会戦であり、緒戦のロシア軍の圧倒的優勢を乃木軍の死力によって跳ね返し、ついにはこれに勝利した。日露戦争の最後の最後が広く知られる日本海海戦である。東郷平八郎によって率いられた連合艦隊が対馬沖でその剛胆で機略に満ちた戦略によりバルチック艦隊の主力艦をことごとく葬り去った奇跡の「完全試合」が日本海海戦であった。

日露戦争における日本の勝利がしばしば「奇跡的」だといわれるのは、そもそも戦力において日本に決定的に勝っていたロシアを、日本が戦略、機略、勇猛によってはねのけたがゆえである。開戦前の日露戦力の比較は岡崎久彦によってなされている。岡崎によれば、陸軍の場合、日本とロシアの違いは歩兵においては前者一五〇個大隊、後者が一七四〇個大隊、騎兵においては日本五五個中隊、ロシア一〇八五個中隊、火砲においては日本六三六門、ロシア一二〇〇門であった。海軍の場合、戦艦においては日本六隻、ロシア一一隻、装甲巡洋艦においては日本六隻、ロシア一二隻、巡洋艦においては日本一二隻、ロシアは総艦数は不明であるが極東海軍のみに限っても一〇隻であった。陸軍の軍事力を兵員数でみると日本軍は一六万人弱に対しロシア軍二〇〇万人強、海軍軍事力を総トン数でみると日本軍二六万トンに対しロシア軍八〇万トンであった（『小村寿太郎とその時代』）。

戦費調達

戦争において勝敗を決するものは軍事力と戦略ばかりではない。同時に相手国や列強との外交的な駆け引きが力を発揮する。「開戦外交」につづく「戦時外交」とでもいうべきか。小村はこれにも渾身の力をもって臨んだ。しかも戦時外交を左右するものは戦局の動向そのものの変化である。

小村を苦心惨憺《さんたん》させたのは戦費の調達であった。日本の戦費は決定的な不足状態にあった。日清戦争においても戦費不足ははなはだしくその五二％を公債に依存したが、日露戦争におけるその比率は実に七八％であった。これをすべて日本国内で調達することは到底不可能であり、外債の起債が急務であった。小村は駐英公使林董に電信し、イギリスの外務大臣ランスダウンに支援を乞うたが、目下イギリスはボーア戦争を戦っている最中であり、これが厖大な財政資金を要し、日本の要求には残念ながら応じられない旨の回答であった。

しかしここで諦めては継戦は不可能である。閣議決定により日本銀行副総裁の高橋是清を英米に遣《つか》わし、外債起債を要請させることにした。当時の軍事予算の不足がいかに厳しいものであったかは、政府が高橋に指示した計画書によって明らかである。要約すれば、日清戦争の軍費の約三分の一が外債に依存した。日露戦争においては四億五〇〇〇万円の軍費が必要であるが、もしその三分の一を外債に依存するとすれば一億五〇〇〇万円がこれに相当する。日本銀行所有の外貨が五二〇〇万円であるから、残りのほぼ一億円が不足ということになる。戦時起債となれば応分の担保が必要となるが、これには関税収入を充てるという計画である。そして閣議は高橋にこう指示する。

「就《つい》テハ此ノ心得ヲ以テ速《すみや》カニ出発シ、年内ニ一回ニテ成功セザレバ二回ニテモ差支無《さしつかえな》キヲ以テ一億円ノミハ是非募債スル様努力セラレ度《た》シ。更ニコノ戦費ハ一年ト見積リタルモノ、即チ朝鮮ヨリ露軍ヲ一掃スルノミノモノニテ、若《も》シ戦争、鴨緑江ノ外ニ続クニ至ラバ更ニ戦費ハ追加セザル可《べ》カラズ」

悲痛な叫びである。当時のレートでいえば、一億円は一〇〇〇万ポンドほどである。高橋是清は明治三七（一九〇四）年二月二四日にニューヨークに向け出立《しゅったつ》、何人かの銀行家に面会し事情を説明したものの、当時のアメリカはむしろ自国の産業発展に外貨を必要としており、日本のために外債を募集する余裕はないというのがその回答であった。

高橋は直ちにロンドンに向かい、横浜正金銀行の取引先であるパーズ銀行、香港上海銀行、チャーター銀行等と交渉したものの、日露戦争において日本が勝利することなど信じられていないようであり、答えは芳しいものではなかった。しかし食い下がる高橋は条件闘争に入り、譲歩を重ねて何とか五〇〇万ポンドの起債を、パーズ銀行、香港上海銀行、横浜正金銀行の三行より成るシンジケート銀行団に認めさせた。高橋は利回りは四％として交渉したが、結果は六％となり、期限五カ年という厳しい条件が付けられた。条件を飲むより他に道はなかった。

担保が関税収入であれば関税管理のためにイギリスの専門家を日本に派遣するといった条件まで出されたが、高橋は憤然、日本はこれまでに得た外債の元本・利子の返済を一厘たりとも怠ったことはない。清国と同列にみられてははなはだ迷惑であるとしてこれを拒否した。日本は日英同盟下のイギリスからしてもこの程度、つまりは世界の金融市場における信用度の低い小国としてしか認識されていなかった。

ところで得られたのは五〇〇万ポンドで、残りの五〇〇万ポンドはいかんともし難い。まことに幸いなことに、たまたま在英中のアメリカのクーン・ローブ商会の上席パートナーであるＪ・Ｈ・シフが五〇〇万ポンドを引き受けてもいいと申し出てくれた。鈴木俊夫によれば「アメリカ・ユダヤ人協会会長としてのシフは、特別の関心を日露戦争の帰趨に寄せていた。高橋のシフの伝記に対する寄稿文は、この時のシフの深層心理について『もしロシアが敗北すれば、革命にしろ改革にしろ、よい方向に進むであろうとシフが考えていたことは確かであった。彼はアメリカの資産を日本軍に加担させるために、もちうるあらゆる影響力を行使しようと決意した』と描写している。日露戦争への徴兵をふくめたロシアにおけるユダヤ人迫害が、日本政府の外債発行をアメリカで引き受けようとするシフの最終的な決断に大きな影響を与えたことは事実であった」とのことである（鈴木俊夫「外債発行の現場から――ロンドンの高橋是清」鳥海靖編『近代日本の転機　明治・大正編』吉川弘文館、二〇〇七年）。

ロンドンとニューヨークで起債が始まったのは明治三七（一九〇四）年五月一二日であった。実際には外債の引受額は五〇〇〇万ポンドの数倍に及んだ。同年五月一日の日本軍による鴨緑江渡河作戦の成功が英米の新聞で大きく取り上げられ、日本の勝利の可能性がにわかに人々の口の端に上ったからであった。まことに軍事力は、外交はもとより金融的信用の基礎でもあることを如実に証した。

遼陽会戦、沙河会戦、黒溝台会戦における日本の勝利を経て明治三七（一九〇四）年の末にいたり、旅順攻囲戦における一進一退の戦況がつづく頃から、案の定、列強の干渉や介入があれやこれやの形をとって始められた。講和斡旋に乗り出して幾分なりとも「漁夫の利」を得ようという列強の行動である。当時接近しつつあったロシアとドイツの関係に楔《くさび》を打とうと、日露講和をロシアに有利な形で終了させるべくみずから斡旋してロシアの好意を取り戻そうというフランスの動きなどにこれが代表される。

日本政府は現在が講和を議する時期とは考えていないこと、ロシアの継戦の意思はなお強固であること、ロシアが講和を誠心誠意望むと表明した時に初めて講和を開始すべしと考えていた。戦争によって被った犠牲を考慮すれば、要衝旅順をロシアが手放さない限り和議成立はありえないと小村は決意していた。

ポーツマスへの道

この旅順もついに陥落した。旅順はロシアの極東支配の要衝であった。旅順陥落の報は世界に一挙に広がり、列強の間に講和の気運が高まった。講和に熱心に取り組む意思を示したのはセオドア・ルーズベルト大統領であった。新しい世紀の勢力均衡の中心となり、世界の覇者たるを望んでのことであろう。しかし小村はアメリカに講和の調停を願うにせよ、これに先だって大統領の真意を探らんと駐米公使高平小五郎に電信して、韓国問題、満州問題、旅順問題についての日本側の考えを説明させ、これに対する大統領の考えを問うという慎重さをみせた。

日本側の考えとは、開戦の目的に沿わないような条件の受諾はありえないこと、韓国におけるロシアの権利は一切容認できないこと、ルーズベルトの満州中立説は列強に通商以外の関係を生じさせる可能性があり、それゆえこれは日本側に不利となるものとして主張さるべきこと、などであった。ルーズベルトの満州中立説は、ドイツがロシア保護のために満州を中立化せんとしたことに対するアメリカの対案であって、自分は積極的にこれに同意しているわけではない旨の回答を小村はルーズベルトから得た。

講和はルーズベルトに依頼する方向に傾いたが、日本側の講和の意図がロシアに漏れれば日本の弱みとなる。交渉は内密に進められた。奉天大会戦における日本の勝利により日露戦争は日本の勝利に終わるとの観察が一般的となり、講和は現実性を帯び始めた。ロシアも蔵相ウィッテはこの時点で講和の要ありとの上奏文をニコライ二世に提出したが、皇帝は継戦を主張した。しかし列強はフランスを含めてすべてが、その思惑は区々《まちまち》ではあれ、ロシアの敗北が決定的になった以上、講和は不可避であるとニコライ二世に迫った。

奉天大会戦勝利の時点でも小村は和議の条件が整ったとは考えず、なお戦闘持続の意思を捨てなかった。ロシアにはバルチック艦隊がいまだ温存されており、日本海海戦で日本を破れば日露戦争の全局は逆転するとロシアは考えているはずだ、と小村は見抜いていた。

日本海海戦は日露の運命を決する戦いであった。日本海海戦における日本の勝利によりロシア側の戦意は一挙に消沈し、講和へと大きく傾いた。野心家ルーズベルトは日本の勝利に歓喜し、講和会議への道を開く準備に入った。連戦連勝に沸く日本の国内世論は戦争の続行を希望したが、実は日本の戦力はこの辺りで尽きていた。

大山巌は奉天大会戦の直後に児玉源太郎を東京に遣《つか》わし、陸軍の戦力は限界にきており、継戦は結局日本を不利化する旨の情報を桂太郎に伝えていた。日本海海戦に敗れたりとはいえ、陸軍にまだ余力をもつロシアは陸戦に日本を引き込めば勝利の機会がある。実際、ロシア皇帝は日本はまだロシア領土の寸毫《すんごう》をも手にしていないではないかと主張し、陸軍大国ロシアの面目に賭けてもみずから講和を受けることを潔《いさぎよ》しとしなかった。

ここにいたって小村はルーズベルト大統領に講和を要請し、大統領はニコライ二世に対しては日露戦争におけるロシアの敗北はもはや明白であり、継戦はロシアの領土を失う危険性大であると説き伏せ、ついにロシアも講和会議開催の勧告にしたがうことになった。ポーツマス講和会議開催への道はかくして開かれた。

歴史とはいかに史実に忠実たらんとしても、所詮は過去から現在へと向かう因果の過程を、必然の糸をもって紡ぐ営為に他ならない。単なる偶然の連続であれば、そもそもこれは歴史として人々に認識されない。日露戦争もある特有の因果的な連鎖の中で引き起こされ、苦戦を強いられながらも最終的にはこれに勝利することができた。

しかし日露戦争を戦った政治家や軍人、国民にいたるまで、その歴史の渦中にいて呻吟《しんぎん》した人々の立場に身をおいて想像してみれば、これが勝利に終る戦争か否かはまったくわからずに戦いを戦ったのに違いない。実際、当時の列強の中で日本の勝利を事前に予想した国などなかったのである。極東の小国日本が世界最強の陸軍国家ロシアに挑むことなど無謀以外の何ものでもないと映じていたのであろう。

しかし勝利したのである。軍事力においては恐しいばかりに劣勢にあった日本がなぜロシアに勝利しえたのか。政治家や軍人の機略、豪気といった要素を顧みずしては日露戦争のことを語ることはできない。イギリスと同盟を結んで背後を固め、全力を対露戦に注ぎ込むことが可能であったのは、国際情勢に関する的確な判断と気概であった。機略、豪気、判断力、気概。これらは現在の日本の外交に欠けている精神そのものではないかと思うのである。

第6章

韓国併合への道程——併合は避けられたか

併合という手荒い方法で隣国を支配したことには胸痛を感じざるをえない。
しかし代替策は現時点に立って判断しても容易に導き出せない

伊藤博文

ポーツマス条約と韓国「自由処分」

ポーツマス講和会議が開始されたのは明治三八（一九〇五）年八月一〇日であった。この日に開かれた第一回会議から八月二九日の最終会議までの公式、非公式の十数回に及ぶ交渉を経て妥結にいたるまで、日本側全権代表小村寿太郎、駐米日本公使高平小五郎、ロシア側全権代表ウィッテならびに駐米ロシア公使ローゼンの間で、錯綜して解きほぐすことの難しい各項目に対して果てしもない議論がつづけられた。その議論の細部は吉村昭の小説『ポーツマスの旗』（新潮文庫）に譲る。攻勢から守勢にまわり守勢から攻勢に転じる論戦が会議場の空気を時に激しく震わせ、時に両者黙して闘志を胸の底に蓄える、そうした微細な描写がみごとである。

首相桂太郎は講和交渉に出立する小村に、閣議による決定として以下の訓令事項を聖裁を仰いだうえで与えた。「戦争の目的を達し我国の位地を永遠に保障するため緊要欠くべからざるものとして飽く迄これが貫徹を期すべき絶対的必要条件」としての甲案、「事情の許す限りこれが貫徹に努むべき比較的必要条件」としての乙案、「取捨運用を全権委員の裁量に委任する付加条件」としての丙案の三つであった。甲案について記せば次の三つであり、日本がこれを求めて日露戦争を戦ったものばかりであった。

今般露国トノ講和談判ニ付キ貴官ヲ帝国全権委員トシテ派遣相成《あいなり》候《そうろう》ニ就《つい》テハ、貴官ハ左ノ趣旨ヲ服膺《ふくよう》シ露国全権委員ト会同商議可相成候《あいなるべくそうろう》。
甲　絶対的必要条件
一　韓国ヲ全然我自由処分ニ委《まか》スルコトヲ露国ニ約諾《やくだく》セシムルコト
二　一定ノ期限内ニ露国軍隊ヲ満洲ヨリ撤退セシムルコト、之《これ》ト同時ニ我方ニ於テモ満洲ヨリ撤兵スルコト
三　遼東半島租借権及ビ哈爾浜《ハルビン》旅順間鉄道ヲ我方ニ譲与セシムルコト
右ハ戦争ノ目的ヲ達シ帝国ノ地位ヲ永遠ニ保障スル為メ緊要欠クベカラザルモノナルニ付、貴官ハ飽迄《あくまで》之ガ貫徹ヲ期セラルベシ

最重要の項目が、日本による韓国の完全な「自由処分」をロシアに認めさせることであった。そもそもロシアに対する宣戦の詔勅において開戦の最大の論拠とされたものがこれであった。日本の最大の意図は韓国を安定化させるために韓国を日本の自由裁量に任すべしというものであり、さらにこの韓国を危殆に瀕せしむるものがロシアの満州支配であるがゆえに、ロシアの満州からの撤兵が不可欠であるという小村年来の論理である。日本の韓国自由裁量権については日露講和条約第二条で次のように判然と述べられた。

「露西亜帝国政府ハ日本国ガ韓国ニ於テ政事上、軍事上及ビ経済上ノ卓絶ナル利益ヲ有スルコトヲ承認シ、日本帝国政府ガ韓国ニ於テ必要ト認ムル指導、保護及ビ監理ノ措置ヲ執《と》ルニ方《よ》リ之《これ》ヲ

阻礙《そがい》シ又ハ之ニ干渉セザルコトヲ約ス」

さらに、甲案の第二項目である満州よりの撤兵、第三項目の遼東半島租借権、ハルビン・旅順間鉄道の譲与のいずれもが日本の主張通りになった。ポーツマス講和会議で談判がもつれ、決裂寸前までにいたったのは賠償問題であり、サハリン割譲問題であった。講和会議に先だって日本はサハリン占領を完了しており、この事実をもってサハリン割譲を主張した。ロシアはこれを拒否した。賠償金支払いについては日本があえてそれほどまで要求にこだわるのであればロシアは継戦やむなしとして、交渉はデッドロックにぶつかった。しかし結局のところは賠償金支払いについては日本側が譲歩し、サハリンについては北緯五〇度以南の割譲を受けることで決着した。

陸軍に継戦能力をいまだもつロシアに対してなお、小村は絶対的条件のすべてを掌中にし、それにプラスしてサハリン南部の割譲などを得たのだから、外交的にはこれは勝利である。しかし連戦連勝の勢いに胸を躍らせていた日本の国民にはロシア側の譲歩が余りに少なく、日本の譲歩が余りに多いとして小村の手腕に懐疑の目を向け、ついに国論は非難囂々《ごうごう》たる勢いに転じた。日比谷焼き討ち事件などが国民の怒りを象徴していた。日本のジャーナリズムが日本の継戦能力についてあまりにも無知であり、無知にもかかわらず継戦を煽って大衆運動の激化に大きな役割を演じてしまったのである。

戦争の現実を怜悧にみつめれば、日本の軍事力をもってロシアをさらに追いつめることは不可能であった。政権中枢部はポーツマス条約での成果をもって満足すべきものと考えていたのである。明治三八（一九〇五）年三月の奉天大会戦で勝利したものの、日本はこのあたりで軍事力のほとんどを使い尽くし、これ以上の陸戦での勝利はありえぬことを指導部は知っていた。山県有朋の提出した「日露講和会議に関する閣議要項」にその事情が明瞭な形であらわれている。

山県はそこで「露国ハ爾来陸続《りくぞく》多数ノ兵員ヲ頻《しき》リニ増進ナシツ、アレバ、遠カラズシテ殆《ほと》ンド二十軍団ニ及ブベシ。然レバ我モ亦《また》之ニ応ズル準備ヲ為《な》シテ渠《かれ》ニ当タルニ於テハ、是迄ノ情況ヨリ推定スルトキハ、哈爾賓《ハルビン》ヲ陥シ入ル、コト蓋《けだ》シ本年ヲ踰《こ》ヘザルベシ」という。しかしそのための兵備を整える財政資金を捻出することは不可能であり、ましてやハルビンを落として後にウラジオストックを攻略するための財政資金は完全に底をつくにちがいない。それゆえ「此ノ際数時間種々ノ論議モ出タレドモ、帰スル所我国力ヲ洞察シ国家大体上ノ利害ヲ計量シ、仮令《たとえ》多少ノ譲歩ヲナスモ、今回講和会議ヲ機トシ平和ノ局ヲ結ブコトノ得策ナルモノト閣議決定セリ」となった。

自国の軍事力をロシアのそれと比較したうえで、日本はみずからに相応する利得はもう確実に得たではないか、それ以上を望むことは既得の「戦利品」を失うことにもつながりかねないと山県は判断していた。日露講和条約の調印は明治三八（一九〇五）年九月五日のことであり、同年一〇月一六日に対外発表された。

韓国の「保護国化」

ポーツマス条約によって日本の自由裁量が確保された韓国について考えてみよう。日露戦争に向かう気運が日露の双方で大きく高まる状況において、韓国は戦時局外中立の方策を模索した。しかし日本としては日露戦争を戦うには日本軍の朝鮮半島での駐屯、ここを起点とする清国での戦いは不可欠であり、韓国の中立を認めることは絶対にできなかった。日露戦争が開始されるや、日本は韓国との間に明治三七（一九〇四）年二月二三日、日韓議定書を取り結んだ。

その第四条では、韓国が第三国による侵略を受けたり、内乱が発生した場合には、これを制するために韓国は日本にその行動を容易ならしむるよう十分の便宜を与えるべしとし、「大日本帝国政府ハ前項ノ目的ヲ達スル為《た》メ、軍略上必要ノ地点ヲ臨機収用スルコトヲ得ルコト」とした。一言でいえば、日本は韓国における軍事行動のフリーハンド（自由裁量権）を得たのである。

日韓議定書の調印から六カ月後、明治三七（一九〇四）年八月二二日には第一次日韓協約が結ばれた。韓国の内政に関する日本の大幅な介入であった。韓国政府は日本政府の推薦する日本人一名を財務顧問として任用すること、財務と外交に関する事項のすべては日本政府の意見を問うたうえで施行すること、さらに韓国政府は第三国との条約締結はもとより重要な外交案件については日本政府と協議してこれを実行すること、などが盛り込まれた。財政顧問としては大蔵省主税局長の目賀田《めがた》種太郎が就任した。

日露戦争に備えて朝鮮半島の兵站《へいたん》基地化が不可避となり、縦貫鉄道の建設が急がれた。日露戦争以前に日本企業によって建設され開通していたのは、京城（ソウル）・仁川間の京仁鉄道の三九キロメートルのみであった。何より京城と釜山を結ぶ京釜鉄道の建設が急務であった。厖大な資金と労働力を要し、しかも海外での鉄道建設は難題であったが、社長を渋澤栄一とする京釜鉄道会社が明治三四（一九〇一）年五月に設立され、全線四五〇キロメートルを超えるこの鉄道が完成したのは、明治三八（一九〇五）年一月一日、日露戦争の真っ最中、旅順陥落と同日であった。明治三九（一九〇六）年四月には、京城を発し開城を経て中朝国境の新義州にいたる京義線五〇〇キロメートルの全線が開通した。

なお、それまで漢城と呼ばれてきた現ソウルは、明治四三（一九一〇）年の韓国併合以降は京城と称されることになった。とはいえ京城という名称はそれ以前からも用いられることがしばしばであった。京城がソウルと呼ばれるようになったのは、昭和二〇（一九四五）年以降である。

日本の韓国支配は「保護国化」へと向かった。ポーツマス条約で日本の韓国に対する自由裁量権が認められたものの、極東におけるロシアの脅威が去ったわけではない。韓国支配を盤石なものとし満州における利権を十分確保するには、ロシアとの協調も「必要悪」としてこれを認めざるをえなかった。すなわち、韓国の後背地たる満州における日本とロシアの勢力範囲の策定が必要となり、そのための日露協約が締結された。明治四〇（一九〇七）年七月三〇日に協約が成り、韓国における日本の自由裁量権をロシアが改めて確認し、そのうえで満州における両国の勢力範囲を策定、外蒙古におけるロシアの特殊権益を日本が認めるというのがその内容であった。

日本はアメリカとの間でも、前者が後者のフィリピン領有を承認するという条件で、後者が前者の韓国支配を承認するという相互協定が明治三八（一九〇五）年七月二九日に結ばれた。桂・タフト協定がこれである。タフトは当時のアメリカの陸軍長官であった。

また日露戦争末期の明治三八（一九〇五）年八月一二日には、成立後五年を条約の期限としていた日英同盟の改訂がなされ、韓国に対する日本の保護権をイギリスが承認すること（第三条）と引き替えに、条約の適用範囲をインドにまで拡大するという条件（第四条）となった。すなわち第三条は「日本国ハ韓国ニ於テ政事上、軍事上、及ビ経済上ノ卓絶ナル利益ヲ有スルヲ以テ、大不列顚国《グレイトブリテイン》ハ日本国ガ該利益ヲ擁護増進セムガ為、正当且ツ必要ト認ムル指導、監理及ビ保護ノ措置ヲ韓国ニ於テ執《と》ルノ権利ヲ承認ス」である。

要するに、日本の韓国における自由裁量権はポーツマス条約によって確定され、さらにその後、ロシア、アメリカ、イギリス等によって幾重にも国際的に承認されたのである。日本による韓国保護国化への道を阻止するものは何もなかった。明治三八（一九〇五）年一〇月の「韓国保護権確立実行に関する閣議決定」にその経緯が如実に示されている。決定は次のようにいう。

「韓国ニ対シ我保護権ヲ確立スルハ既ニ廟議《びょうぎ》ノ一決セル処ナルガ、之《これ》ガ実行ハ今日ヲ以テ最好ノ時機ナリトス。何トナレバ右ニ対シ英米両国ハ既ニ同意ヲ与ヘタルノミナラズ、以外ノ諸国モ亦《また》日韓両国ノ特殊ナル関係ト戦争ノ結果トニ顧《かえり》ミ、最近ニ発表セラレタル日英同盟及ビ日露講和条約ノ明文ニ照シ、韓国ガ日本ノ保護国タルベキハ避クベカラザルノ結果ナルコトヲ黙認シ、殊ニ今回ノ講和ニ於テ我国ノ為シタル譲歩ハ列国ノ認メテ一大英断トスル所ニシテ、随《したがっ》テ又列国ハ日本ガ斯《かく》迄譲歩シテ和局ヲ纏《まと》メタル以上、其ノ収メ得タル権利及ビ利益ハ飽迄《あくまで》之ヲ確守活用スルノ決心ナルコトヲ信ジ居レバナリ」

　この決定のうえにさらに第二次日韓協約が明治三八（一九〇五）年一一月一七日に締結された。第一次協約の内容をさらに深化させたものであった。伊藤博文みずからが特派大使として訪韓、国王に提出した。その第三条はこうである。

「日本国政府ハ其ノ代表者トシテ韓国皇帝陛下ノ闕下《けっか》ニ一名ノ統監（レヂデントゼネラル）ヲ置ク。統監ハ専《もっぱ》ラ外交ニ関スル事項ヲ管理スル為メ京城ニ駐在シ、親シク韓国皇帝陛下ニ内謁《ないえつ》スルノ権利ヲ有ス」

　京城に統監府を設置し、統監が外交を指導するというのである。統監は国王や内閣に優越する決定権をもつ存在として位置づけられた。初代統監が伊藤博文であった。韓国に駐在するすべての公使館は排除され、権限を縮小された領事館を残すのみとなった。統監の権限を一段と強化した明治四〇（一九〇七）年七月二四日の第三次日韓協約を経て、明治四三（一九一〇）年八月二二日に韓国併合に関する条約が第三代統監寺内正毅と韓国内閣総理大臣李完用《イワニヨン》との間で締結され、ここに「内鮮一体」化が図られた。全文八条から成る条約であるが、第一条が「韓国皇帝陛下ハ、韓国全部ニ関スル一切ノ統治権ヲ完全且ツ永久ニ日本国皇帝陛下ニ譲与ス」であり、第二条が「日本国皇帝陛下ハ、前条ニ掲ゲタル譲与ヲ受諾シ且ツ全然韓国ヲ日本帝国ニ併合スルコトヲ承諾ス」であった。

ハーグ密使事件

第二次日韓協約の締結から韓国併合にいたるまでには、ハーグ密使事件として世に知られる一つの重要なエピソードがある。国王高宗は、第二次日韓協約は軍事的に強要された国際法違反の条約であることを、明治四〇（一九〇七）年六月にオランダのハーグで開かれる第二回万国平和会議において訴えるべく、前議政府参賛李相卨《イサンソル》以下三名に国王の親書と委任状をもって会議に参加させ、日本の横暴を訴え、日本の保護国化から逃れんと画策したものの、結局は失敗に終わった事件である。

国王の親書と委任状は、第二回万国平和会議の主唱者ロシア皇帝ニコライ二世宛であった。しかしロシアは日本の天皇陛下宛の万国平和会議への招聘状を持参しなければ参加を許すことはできないという態度であった。次いで三名は主催国オランダの外務大臣に会議参加を乞うたが、外務大臣は日本公使の紹介がなければ引見することはできないとして面会を拒否。また同会議の議長は各国政府代表を招聘するのはオランダ政府であるから、同国政府からの通牒がない限り三名の使者を韓国委員として接遇することは不可能であるとした。

招聘された各国代表からも、韓国の使者三名に参加の機会を与えるべしとの意見が出ることはなかった。韓国にとってはまことに悲惨な結果であったが、要するに帝国主義時代の国際会議の何たるかにリアリスティックな判断をもたずに敢行した無謀な行動であったといわざるをえない。日本に事前に何の連絡もなく挙に出た韓国のこの行為は日本に対する背信であるとする韓国非難の国論を高め、韓国処分論さえ登場した。

『小村外交史』によれば、統監伊藤はこの事件を日韓協約の明らかな侵犯であり、日本に対する公然たる敵意を露わにしたものであり、その責任はまずもって国王高宗にありとする旨を首相李完用を通じて陳奏せしめた。しかし国王は同事件については「朕の与《あずか》り知るところに非ず」と弁明した。伊藤は「もはや虚言を弄《ろう》して取消すべきにあらず、ハーグに於て陛下の派遣委員は委任状を所持することを公言し、かつ新聞紙上に日本の対韓関係を誹謗《ひぼう》したる以上は、彼等の陛下より派遣せられたることは世界の熟知する所である」と述べたという。

韓国の宮廷はにわかに狼狽《ろうばい》、臣下を伊藤のもとに派して弁明に努めたが、伊藤は何も答えず、国王は日本の国論の激しさに驚愕した。列強の対応に現実的な眼を向けず、日本の国論さえも見据えずに行動してしまったのである。再び『小村外交史』によれば韓国の内閣は早速鳩《きゅうしゅ》首善後策を検討し、ついに農商工大臣宋秉畯は国王に「社稷《しゃしょく》を全うするの道は独り皇帝の譲位あるのみ、我方自ら選んで之を決行せずんば、災禍《さいか》の来《きた》ること測る可《べか》らず」と陳奏したという。

国王はこの奏上を退けた。宮廷は困惑を深め、伊藤に参内を求め、伊藤より直接譲位を国王に説得するよう依頼。伊藤はこれに応じたものの、かかることは韓国皇室の決すべきことで国王の臣下ならざる自分がその是非を云々する立場にはないと答えて王宮を後にした。国王はついに翻《ほん》意《い》して皇太子純宗に座を譲った。

ハーグの万国平和会議は明治四〇（一九〇七）年六月から九月までの長期に及んだ。韓国においては右に述べた経緯を経て国王高宗が純宗に譲位したが、これは平和会議が開かれている最中の七月二〇日のことであった。日本側の対応がまことに迅速であったことがわかる。それにもかかわらず、第三次日韓協約を経て「韓国併合に関する日韓条約」が調印・公布されたのは明治四三（一九一〇）年八月二二日である。その間に三年余の時間が流れている。保護国化から韓国併合までの期間に何があったのか。

韓国併合へ

併合は事前に企図されていたものとはいい難い。実際、伊藤は第三次日韓協約が成立した直後、韓国の高官を前に次のような演説をしていた（『小村外交史』）。

「韓国の独立自主は一に日本の主張に係《かかわ》るものである。過去数百年間、韓国には未だ曾《かつ》て一人の独立を唱えたものはない。しかも今回の日韓協約を以て、或は韓国の独立を破壊蹂躙《じゅうりん》せんとするもの〻如く思うが如きは何の心であるか。独立は僅《わずか》に三十年以来、日本が韓国に与えた空名である。けれども日本は敢て韓国を併呑《へいどん》せんとするのではない。併呑は日本に取りて寧《むし》ろ迷惑である。日本は既に確実に韓国を保護している、何を苦んで併呑を為《な》さんや」

しかし、伊藤は統監時代の経験に鑑みて、保護国化から併合へとみずからの意見を次第に変えていった。統監を辞し帰京のために京城を経て仁川に向かい、そこでの離別の辞の中で伊藤は次のように語っていた。

「韓国民の生活状態を察するに、この三年有半の間に於て改良進歩するを得たりと信ずるの程度に達しない。これ自分の力及ばざるがためか、或は韓人自ら勉《つと》めず、自ら励まず、やゝもすれば他国の保護の下に居るを甘んぜざるの徒往々にあるがために然るか。自分は今日まで韓国政府を指導啓発して韓国民の幸福を増進せんと欲し、これがため自分の心力を尽して韓国皇室及び政府または地方官に警告した。自分は固《もと》よりその方針に誤なしと確信するも、その功績未だ相伴わざるもの往々あるのは頗《すこぶ》る遺憾とする所である」

保護国化だけでは韓国の近代化は困難であるとの伊藤の絶望を表現したものといっていい。初代統監伊藤の後任は副統監として伊藤を補佐していた曾禰《そね》荒助《あらすけ》であった。しかし曾禰は韓国併合については消極論者であった。韓国併合となれば、隣接する満州が日本の直接的影響下におかれることになり、門戸開放・機会均等の原則に違背するとの列強からの非難の声が高くなることを恐れ、さらに日本が韓国との間でこれまで数多く積み上げてきた条約と併合条約との整合性を確保することは至難だと考えたらしい。

小村自身が併合は「その期熟すを待つべき」だという考えであった。小村は明治四二（一九〇九）年三月、対韓大方針ならびに施政大綱の二編を桂に提出した。小村は対韓大方針の前文に、韓国における「我が勢力は尚《な》ほ未だ充分に充実するに至らず、同国官民の我れに対する関係も亦《また》未だ全く満足すべからざるものあるを以て、帝国は今後益々同国に於ける実力を増進し、其の根底を深くし内外に対し争ふべからざる勢力を樹立するに努むることを要す。而して此の目的を達するには、此の際帝国政府に於て左の大方針を確定し、之に基き諸般の計画を実行することを必要とす」と記した。左の大方針とは、「第一、適当の時機に於て韓国の併合を断行すること」「第二、併合の時機到来する迄は併合の方針に基き充分に保護の実権を収め努めて実力の扶植《ふしょく》を図るべきこと」とした（『小村外交史』）。

しかし事態は急変した。伊藤博文は満州旅行の途上でハルビンに寄り、駅のホームに出たところで韓国独立運動の志士安重根《アンジュングン》により狙撃を受けて死去するという急迫の事件が発生したのである。明治最高の元勲伊藤の暗殺が日本人の対韓感情を一挙に悪化させたことは当然であった。小村の対韓大方針にしたがい期熟すを待って併合をめざしていた桂は、韓国併合を叫ぶ国内世論、特に有志者集団である対韓同志会が盛り上げた議論、日韓合邦を主張する韓国人有志グループ「一進会」の李容九《イヨング》、宋秉畯《ソンピョンジュン》の陳情などを受けて併合への決意を固めた。

桂の懸念は、併合に対する列強の反応であった。しかしこれは意外に順調に進んだ。ロシア政府は併合については何ら異存はないと表明し、イギリスもまた併合時には正確に情報を伝えると説く小村を信頼して併合を諒《りょう》とした。

ここで桂は明治四三（一九一〇）年五月三〇日に併合に消極的であった曾禰荒助を更迭、積極派の陸軍大臣寺内正毅を第三代統監として派遣、陸相と統監を兼務せしめた。寺内は七月に京城に着任。総理大臣李完用の時局解決への意思を確認し、八月一六日に統監府に李を招き次のように説いたことを『小村外交史』は伝える。

「日本政府は韓国を擁護せんがため既に二回の大戦を賭《と》し、数万の生霊と幾億の財幣を犠牲に供し、爾後《じご》誠意を傾けて韓国の扶翼《ふよく》に努めたが、しかも現在の制度の下にありては到底施政改善の目的を全《まっと》うすること能《あた》わざるに鑑《かんが》み、将来韓国皇室の安全を保障し韓民全般の福利を増進せんがためには、須《すべか》らく両国相合して一体となり、以て政治機関の統一を図るの外《ほか》ない」

併合条約は新国王純宗の即位式八月二七日の翌々日に公布され、同日東京で桂が招いて開かれた午餐会において小村は「恰《あたか》も今より五年前の今日、ポーツマスにて日露講和条約の成立を見、そして五年後の今日、これと関係最も深き日韓併合条約の発表を見るのは奇縁《きえん》である」と語り、出席者のむべなるかなの感情を誘ったという。

反日義兵闘争

韓国併合が韓国民にとって屈辱的なものであったことは十分に予想される。韓国併合に関する韓国の文献はもとより、日本の文献においても、国権回復運動の主役としての反日武装義兵闘争のことが必ずといっていいほどに記述されている。しかし「義兵」である。「衛正斥邪」の宗教的思想に発する夷狄日本に対する義憤の闘争であり、闘争はきわめて過激であった。農民を主力とする義兵は朝鮮半島のいたるところで蜂起し、この蜂起の場所を半島の地図のうえにプロットしていけば半島の色が変わってしまうほどである。

とはいえ各地の義兵が民族独立、国権回復に向けて挙国体制で日本に挑んだかといえば、そうではなかった。義兵蜂起のそれぞれを取り上げてみれば、いずれも小規模で散発的でゲリラ的な闘争であり、厳しい訓練で磨かれた規律正しき日本の将卒集団、しかも近代的兵器によって装備された日本軍に敵《かな》うものでは到底なかった。各地に蜂起した義兵は日本軍の組織的な軍事行動によってことごとく鎮圧されてしまった。

呉善花は、義兵運動として本格的な反日闘争が試みられようとしたことが一度だけだったという。明治四〇（一九〇七）年一二月に、全国の義兵が連合部隊を組織して京城への進軍を企図した。しかしこの計画は事前に日本軍に察知され、京城に迫る先遣隊が日本軍の攻撃を受けて全軍後退を余儀なくされたという。この闘争において、全軍の指揮官李麟栄がいまや進軍と見定めたところに、故郷から父親死去の報が入り、直ちに喪に服するために戦線を離脱してしまったという。「孝を第一の徳目とする李朝の伝統からすれば、それは当然のことだったのだが、全体を統率する指揮者を失った連合軍に、とうていソウル進攻などできるわけもなかった」と呉は指摘している（『韓国併合への道』）。

大正八（一九一九）年三月一日に起こった三・一運動は規模としては最大であった。この日、京城市内の料理店で有志から独立宣言が発せられ、同市パゴダ公園に集まっていた学生が同日正午に行動を開始し、太極旗を打ち振り独立万歳を叫んで街頭デモを展開、これに群衆が加わって騒擾事件となった。朝鮮総督府は日本政府に救援を求め、これに応えて派遣された兵士と駐留警察官が鎮圧に打って出た。同事件は同年夏までに収束、沈静化した。

この事件により朝鮮総督長谷川好道は斉藤実に代わり、武断型統治は文治政治に改変された。結局のところ、この文治政策が奏功して朝鮮半島における統治は以降、安定期に入っていった。三・一運動が民族的抵抗であったことは確かだが、独立朝鮮の運営デザインに裏付けられた革命的企図ではなかった。本格的ではあったが「抵抗」の域を出るものではなかった。

反日運動を国権回復のためのナショナリズムであるかのように考えるのが正しいのかどうかには疑問が残る。ロンドン・デイリー・メール紙の特派員として当時の韓国の実態を観察し、後にロンドン・タイムズの記者ともなり、日韓の抗争史を『朝鮮の悲劇』として著したのが、F・A・マッケンジーである。彼はこの著作において日本の峻厳な韓国支配について一貫して仮借のない批判を加えているが、その彼でさえも次のように記している。

「日本軍は、当初、非常な節制のもとに行動した。彼らは、自分たちに敵対した韓国官吏たちを処罰せずにそのままにしておき、そのうちの幾人かはただちに日本側の仕事に採用したりもした。北方へ進撃中の部隊は、厳格な規律を保ち、住民をも丁寧に取り扱った。徴発した食糧にも公正な代価を支払い、運搬人として軍役に動員した数千人の労務者に対しても、おうようにしかも敏速に補償を行なって彼らを驚かせた。日本の賃金支払率が非常に高かったので、日本が物質的に労働市場に影響を与えるというほどであった」

「私は、戦争の初期に、主として北部地方をずっと旅行したが、その最初の数週間の間、私はどこでも、韓国の国民から日本軍に対する友好的話題ばかりを聞かされた。労務者や農民たちも友好的であった。彼らは、日本が自国の地方官僚どもの圧政をただしてくれるようにと望んでいたからである。また、上流階級の人びとの大部分、とくになにほどか外国の教育をうけたような人たちは、日本の約束を信じ、かつ従来の経験から推して、自国の遠大な改革の実施は、外国の援助なしには遂行し難いと確信しており、そのため日本に心を寄せていた」

このマッケンジーの最後の指摘にあるように、韓国民の中にも自国民のみによって韓国の近代化を図ることは不可能であり、日本との合邦により日本の支援を受けながらこれを実現するより他ないと考える一群の有力な人々がいたのである。李容九、宋秉畯などをリーダーとする「一進会」に集った人々である。統監府の資料によっても参加者数は一四万人に達し、実際には数十万人に及ぶ往時の韓国最大の社会集団であった。

併合に対する韓国内の支持

自国民による近代化が不可能であるとの絶望が、日本との合邦による近代化以外に道なしと考える人々を生み、彼らが一進会を結社させた。日韓合邦による韓国の近代化の推奨者などといえば、どうせ日本の傀儡《かいらい》派か、売国的集団だというのが通例であり、そのように主張することはいかにも容易である。しかし果たしてそうか。「衛正斥邪」の思想に染め上げられ、血族・門閥に

「分化」し、各地を横断的に、各階層を縦断的につなぐ社会原理をもたず、またもつことを許容されなかった李朝時代、特にその末期につながるこの時期において、日本の開国維新のような挙国一致の凝集力が韓国において生まれる余地が実際に存在しえたであろうか。残念ながら否である。

伝統社会から近代社会への変革期においては、既得権益の守護者と破壊者との間での相克、それに由来する社会的混乱や騒乱は避けられない。日本の明治維新期においても尊皇派と佐幕派との暗闘は時にすさまじいものであった。しかし日本は結局のところは外国の手を借りることなく、自力で対立を解消し王政復古の明治維新を完成させ、開国の衝撃にみずから耐え「殖産興業」「富国強兵」に向けて大同団結、近代国家の形成に成功したのである。

同様のことが韓国において可能であったかといえば、やはり不可能であったといわざるをえない。外国からの干渉を排するには開国維新による近代化と殖産興業、富国強兵をみずから実現するより他に方法はないのだが、それは率直にいって当時の韓国においては無理であった。自国民による近代化が不可能であれば外国支配は避けられない。列強による領土争奪が恒常化していた帝国主義時代においては弱者に「生存空間」はなかったのである。弱者に残されたのは、韓国の近代化を自国に不可欠なものとする外国の影響下に入り、それによって近代化を達成する他に道はなかった。

グレゴリー・ヘンダーソンは既述の『朝鮮の政治社会』において日韓合邦による韓国近代化の

方式は「自分の民族に対して行なわれた反民族主義的大衆運動」だという皮肉な表現を用い、これは世界の政治史において稀なる事例だという。そして次のように語るのだが、往時の韓国の実情を眺めればまことに鋭い観察だということができよう。

「深刻化して行く朝鮮の無力化に乗じて繰り広げられた、一八八四年から一九〇四年に至る外国勢力によるシーソーゲームのなかで、改革を志す朝鮮人は、清朝中国はもっとも反動的であり、帝政ロシアの反動ぶりも似たりよったりで、米国は朝鮮に無関心で、韓国政府は無能であると感じていた。ひとり日本のみが、積極的に明治の改革を推進しており、彼らにおおいに訴えるところがあった。日本からは朝鮮に数千人の移住者があり、有効な市場網をはりめぐらせ、もっとも活動的な顧問団を送り、そしてなによりも軍隊を駐留させていた。この時代の大部分の改革者は日本をあてにしたのであり、日本もまた全般的に彼らを支援したのであった」

「ロシアは反動的であり遠かった。これに比べ日本は改革主義的であったばかりでなく、地理的に近く、その文化と言語はロシアほど外国的でなく、その留学生交換ははるかに積極的であり、勝利の可能性は強かった。他国、とくに中東におけると同様、上からの行政改革とそれにともなう伝統的な社会的均衡の崩壊は、結局、外国の占領を助長することによって食い止められた」

近代化というより前に「伝統的な社会的均衡の崩壊」さえ、日本の介入と支配によって阻止されたとヘンダーソンはいっているのである。そうはいっても韓国併合が韓国人、特に現代に生きる韓国人にとって手ひどい鬱屈の歴史であることはいうまでもない。日本人にとってみても、こんな手荒い方法で隣国を支配したことにはいまなお胸痛を感じざるをえず、叶うことであればもっと別の道を選択することができなかったかという思いは深い。

しかし代替策は、その後の歴史の動向が明らかになった現時点に立って判断しても容易に導き出せない。日露戦争での敗北によってロシアの朝鮮半島支配への野望が消えてしまったと判断されるのであれば、韓国の独立を承認して日本がその近代化に助力し、二国の善隣関係を保ちつつ、福澤諭吉が期待したように「共に亜細亜を興す」友邦たることが可能だったかも知れない。しかし現実にはこの想定はまず成立し難いものであった。

日露戦争にロシアが敗北したといってもロシアはなお相当の軍事力を温存したうえでの敗北であり、日本は勝利したといえども奉天大会戦あたりで軍事力をほぼ完全に使い尽くしての辛勝であった。それゆえ、ロシアが報復戦を日本に挑むことありうべしとする恐怖感は強く、日本人がこの恐怖心から解放されるのは、ロシア革命によってロマノフ王朝が完全に崩壊して以降のことであった。

シベリア鉄道の完成後にはロシアが本気になれば、韓国占領も不可能ではなかったかも知れない。少なくとも日本人の多くはロシアをそのような「北の脅威」としてみていたことは厳然たる事実であり、そうであれば併合は日本に残された唯一の生存の道であった。加えてこの頃になれば、日本の韓国に対する見方もかなり辛辣《しんらつ》なものとなっていた。時に親日、時に親露、時に親清と、強いものに「事大」して自国を守護してくれる相手国を次々と転じ求め、あるいは国内においても親露派、親日派、親清派が併存して諸勢力の均衡を図ろうというのが韓国の宿痾《しゆくあ》のごとき傾向であり、この韓国を封じるにはやはり併合しかなかったのではないか。

韓国併合と発展基盤の形成

再びいえば、現代の韓国人になお強い鬱屈を与えているのが韓国併合である。しかし、韓国人は誰も語りたがらないが、この併合によって韓国の歴史に例をみなかった強力な発展基盤が整えられたことは疑いようがない。この事実を端的に示すものが、韓国併合によって生じた人口の劇的増加である。併合時、明治四三（一九一〇）年の韓国の総人口は一三一三万人であったが、昭和一七（一九四二）年にはこれが二五五三万人となった。李朝時代末期には年率数％減少した年が何度もあった。併合時の人口増加はやはり劇的である。人口増加を支えたものが経済社会の持続的な近代化であり、まずは農業の近代化であった。第三代統監寺内正毅は、米作、綿作、養蚕、畜産の四部門で技術者養成と研究開発のために、往時の日本の農会法に準じる朝鮮農会法を公布し施行した。

可耕地拡大が積極的になされ、併合前、田畑を合計した可耕地の総面積は二四七万町歩であったが、併合後の大正七（一九一八）年には四三四万町歩となった。特に米増産に格別の努力が注がれ、昭和一七（一九四二）年には併合直前の二倍の増産が可能となった。反収は明治四三（一九一〇）年の〇・六七九石が昭和一二（一九三七）年には一・六三五石となった（崔基鎬『歴史再

検証――日韓併合』祥伝社黄金文庫、二〇〇七年）。

明治三七（一九〇四）年には、外国人顧問聘傭《へいよう》に関する協定書にもとづいて大蔵省主税局長の目賀田種太郎が財政顧問として招聘された。彼の指導下で金融組合が設置され、これが先の農会とならんで農業開発の推進に寄与した。

産米増産がもたらした肥料需要の拡大と鴨緑江水系の豊富な水力資源に注目した野口遵《したがう》は、大正一五（一九二六）年に朝鮮水力株式会社を設立、つづいてこの水力を利用して朝鮮窒素肥料会社を設立した。当時の世界でも有数の規模を誇る肥料工場であり、化学肥料生産は急拡大した。農会を通じての窒素肥料の共同購入により農業の土地生産性が上昇し、右に述べた米の反収増加は肥料増産によってもたらされたものであった。

第一次世界大戦期に資本蓄積を進めた日本の企業家が韓国への進出を開始し、大正九（一九二〇）年には工場数二〇八七、従業員数五万五二七九人であったが、昭和四（一九二九）年にはそれぞれ四〇五二、九万三七六五人となった。黄海道における三菱鉄鋼所、釜山における朝鮮紡績工場、興南地方における朝鮮窒素肥料工場、平壌郊外の小野田セメント工場などがその主なものであった。

目賀田種太郎は財政顧問として貨幣制度を整備し、銀行の補助的機関としての金融組合の拡充に努め、朝鮮総督府（統監府は後年総督府と改称された）から巨額の支援を引き出し金融組合の発展に寄与した。話が前後するが、目賀田は就任と同時に全国土地調査を実施し、統治すべき地域の土地賦存《ふそん》状況を徹底的に調査し、特に脱税の温床となっていた未登録の土地を含めて土地所有権のありかを確定し徴税基盤を固めた。

土地調査事業が終了すると治水事業が開始された。当時の韓国の山には樹木が少なく、保水能力は乏しかった。総督府は砂防工事、山林復活などの治山治水事業に着手した。可耕地面積の急増はその結実であった。

昭和六（一九三一）年の満州事変、昭和一二（一九三七）年の盧溝橋事件を経て、満州、中国への進出を本格化させた日本は、韓国の「兵站《へいたん》基地化」を目論み、その進出をさらに大規模化した。昭和四（一九二九）年以降の国内不況もまた日本企業の韓国進出を促す要因となった。工業化において中心的な役割を演じたのが、野口遵の率いる日本窒素株式会社であった。同社は肥料工場の経営により蓄積した資本をもって朝鮮北部に一大電気化学コンビナートを建設した。水素、アルミニウム、航空機燃料、合成ゴムなどの軍需関連の重化学工業分野が中心であり、「日窒《にっちつ》コンツェルン」の名にふさわしい多角的経営が展開された。

このコンビナートは、朝鮮戦争における破壊を修復して興南地方で北朝鮮最大の工業地帯となった。加えて朝鮮北部は鉄鉱石、銅、鉛、亜鉛などの鉱産物を豊富に擁し、軍需関連資源における開発事業は活況を呈した。先に指摘したように、昭和四（一九二九）年には朝鮮全土の工場数は四〇五二、従業員数は九万三七六五人であったが、昭和一八（一九四三）年にはこれが一万四八五六、五四万九七五一人へと拡大した。北部を中心としたこの間の急速な工業化の進展がうかがわれる（渡辺利夫『韓国――ヴェンチャー・キャピタリズム』講談社現代新書、一九八六年）。

最後に教育の近代化についても記しておかねばならない。韓国併合時点においては、教会学校と日本人学校を含めても、小学校は全国で一〇〇前後を数えるのみであり、他には書堂と呼ばれる寺子屋のようなものが存在するのみであった。書堂は相当数あったが、儒学の教育に限られ、近代的な科学・技術教育とは無縁であった。総督府は「一面（村）一校」を目標と定めて学校の増設に乗り出し、公立学校は昭和一一（一九三六）年には二五〇〇校、昭和一九（一九四四）年には五二一三校となり、同年の生徒数は二三九万八〇〇〇人を数えた。

高等教育の拡充も図られた。大正一三（一九二四）年には京城帝国大学が創設され、大阪帝国大学、名古屋帝国大学よりも早い大学教育の開始となった。これらの事業は「日本は韓国でもいいことをやった」という程度のものではない。一九六〇年代に始まる「漢江の奇蹟」と呼ばれる韓国の急速な経済発展を支えたものが、韓国併合時代に建設されたハード、ソフト両面での基盤整備にあった。この発展により韓国は他の開発途上国にとって最も優れた開発モデルとみなされるにいたったという事実は、韓国と日本の双方の尊厳のために後世に正しく伝えられねばならない。

人生に宿命があるのと同じように、国家にも宿命がある。特にその国の地政学的な位置は宿命以外の何ものでもない。ユーラシア大陸の巨大国家、中国やロシアに北方を固められ、東方を日本というもう一つの大国に遮られた朝鮮半島が、みずからの力によって東アジアの国際秩序を作り出すことは容易ではない。容易ではないものの、みずからがそうした固有の地政学的宿命の中に在ることを徹底的に認識し、強力な意思をもって殖産興業・富国強兵を推進し自国の近代化と安全保障に邁進するという気概をもつことが不可欠であった。

しかし李朝時代もその末期にいたるや、「衛正斥邪」のイデオロギーにいよいよ強くしがみつき、時に清国、時にロシア、時に日本という大国に依存しようという「事大主義」の色を濃くし、自立と近代化への考えを欠いて政争と内乱に明け暮れたのが朝鮮半島であった。半島の混乱は清露いずれかの介入を招くというのが歴史的経験則であり、これが日本に危殆を招くことも歴史的経験則であってみれば、日本にとっては朝鮮半島を支配下におき、最終的にはこれを併合するという選択は不可避のものであった。弱者に安住の地が与えられることのなかった帝国主義時代の宿命であった。

しかし今日の時点にいたってふと気がついてみれば、中国やロシアや朝鮮半島の軍事力はかつてに比べて格段に強化され、しかも陸軍と海軍が主力であった往時と比べて、今日ではこれに空軍力と弾道ミサイルなどが加わる。波荒き対馬海流が大陸と日本を分かち、独自の近代化と安全保障を許容された日本の地政学的幸運はもはやこれを頼みにすることはできなくなりつつある。朝鮮半島の過去はひょっとして日本の現在と将来なのかも知れないのである。

第7章 台湾割譲と近代化——日本の統治がもたらしたもの

世界の植民地の中で社会経済の近代化の観点からみて台湾ほどの成功をみせた地域は他にない。明治の日本人の志の高さは台湾開発の中に「発見」できる

後藤新平

時代は逆転するが、韓国併合について語ったのだから、日本の統治下におかれたもう一つの地域台湾についても記しておかなければなるまい。台湾について特筆すべきことは、これが「後発帝国主義国」たる日本にとっての初の海外領土であり、その開発と経営が韓国に比べればはるかに順調に進められ、日本が第二次大戦に敗れて台湾を退く時点でその近代化が完成の域にまで達していたことである。欧米列強の植民地支配下におかれていたアジア、いな世界の植民地の中で社会経済の近代化の観点からみて台湾ほどの成功をみせた地域を他に見出すことはできない。明治の日本人の志の高さが台湾開発の中に顕示されていることを記したい。

化外の地　化外の民

台湾は大陸にとっては長らく中華文明の教化の及ばない「化外の地」であり、そこに住まう人々は「化外の民」とみなされ、大陸がその領有に関心を示すことはなかった。台湾を「発見」してここをイラ・フォルモサ（Ilha Formosa 美麗島）と命名したのはポルトガルである。その後、オランダ、スペインが台湾を支配したことはあったが、支配は局地的かつ一時的なものであった。局地的、一時的ではあれ、強大な軍勢をもつ明国ならびに清国がオランダ、スペインによる台湾支配を許したこと自体、大陸が台湾に関心をもっていなかった事実を証している。

大陸が台湾に関与するようになったのは、「反清復明」を図る明国の遺臣鄭成功《ていせいこう》が台湾を支配するオランダに挑んでここを橋頭堡《きょうとうほ》とした一六六一年以降のことである。大陸の東北部で勢力を拡大した満州族（女真族）は、明国の服属から脱して新帝国の形成をめざし山海関から北京に攻め込んでここを陥落、明国を崩壊させた。一六四四年のことであった。新しく成立した満州族の王朝が清国である。明国の遺臣たちは反清復明をスローガンに清国への抵抗を企てるものの、勢いを増す清軍に対して勝ち目はなかった。頼るべき政権基盤と軍事力をもたない明国は、南方の海域に巨大な商圏と軍事力をもつ福建省出身の梟雄鄭芝龍《ていしりゅう》を南安伯に封じて延命を図った。鄭成功はこの鄭芝龍の長子である。

新たな反清復明の拠点を求めていた鄭成功は、腹心何斌《かひん》の説く「沃野千里、覇王の地」台湾に魅せられ、最後に残る二万五〇〇〇の軍勢を引き連れオランダ支配下の台湾に渡り、オランダ軍が構築したプロビンシャ城、次いでゼーランジャ城を攻め落とした。東方でヨーロッパ人が喫した初めての軍事的敗北であった。かくして一六六一年、オランダの三八年にわたる台湾支配は終焉し、鄭氏王朝が台湾における初の漢族王朝となった。しかし、鄭氏王朝が成立した一六六一年のその年、長らく幽閉されていた父鄭芝龍が北京で斬首刑に処せられ、翌年の四月に明王朝最後の皇帝永暦帝が雲南で処刑されるという悲報が鄭成功に届いた。反清復明はかなわぬ夢と消え、鄭成功も同年の五月に死去。鄭成功の死去により、鄭氏政権は急速に力を失い、一六八三年に崩壊。台湾は福建省管轄下の台湾府となり、初めて大陸の行政地域に組み込まれた。

しかし清国は台湾を領有したものの、台湾開発への意欲はなお薄かった。それにもかかわらず、台湾はこの時期を境に開発への道に一歩を踏み出した。福建省台湾府に組み入れられた頃から、台湾が人口に比して耕作可能な土地の豊富に存在する未開の地であることが大陸住民に次第に広く知られるようになり、大量の漢族が台湾に移住し、移住民が開発を担うようになったからである。古来、土地が希少で人口圧力の強かった福建省や広東省など華南諸省の貧農にとって台湾はきわめて魅力的であり、彼らのここへの大量移住を誘った。

牡丹社事件と台湾出兵

一九世紀末葉に華南から流入した人々を受け入れた東南アジアは、欧米列強の支配する植民地であった。華南住民は列強の経営するプランテーションや鉱山での労働需要に応じてここに吸収され、往時の東南アジア華僑はすでに形成されていた植民地経営システムの中に組み込まれていった。しかし一七世紀に清国の版図となった台湾に流入した華南農民を待っていたのは、統治のための行政や経営のシステムのない「化外の地」であった。清国政府が台湾の開発に関心をもっていなかったことは既述した。

明治維新後、経済力と軍事力を蓄え、海外への勢力拡張衝動を次第に強めつつあった日本は、まずは日清両属の琉球を日本に直属させ、次いで台湾への進出を企図した。台湾出兵は近代日本の初の海外進出であった。台湾に漂着した琉球宮古島の漁民が牡丹社に踏み込み、うち五四人が先住民パイワン族に殺害された牡丹社事件は、台湾進出を狙う日本にとって格好の口実となった。事件を機に日本政府は福建省福州に領事を駐在させ、後に初代と第四代の台湾総督となる樺山資《かばやますけ》紀《のり》ならびに児玉源太郎を派して台湾の実情を探らせた。

日本政府は台湾進出の準備を整える一方で副島種臣を北京に送り、牡丹社事件について清国政府との交渉に当たらせた。この事件に対する清国政府の反応はまことにおざなりであった。牡丹社事件は化外の民、「生蕃《せいばん》」の引き起こした事件であるから、清国政府が直接これに責任を負うべき立場にはないという態度であった。これを好機とみて日本は、明治七（一八七四）年四月、西郷従道を台湾蕃地事務都督に任じ、西郷の指揮下、軍艦ならびに輸送船八隻に兵員三六〇〇人を乗せて台湾出兵の挙に出た。兵が牡丹社を包囲、攻略してパイワン族を降伏させ「蕃地」を占領した。

みずからの戦力不足を自覚する清国政府、台湾出兵への支持を列強から取りつけることのできない日本政府、この両者の思惑が交差して日本の台湾出兵は日清間の戦争にまでいたらず、北京で同年一〇月に清国との互換条約が調印された。これにより清国は日本の蕃地討伐の正当性を認め、かつ日本に賠償金五〇万両を支払うことになった。同時に日本は、日清両属の地位におかれていた琉球の日本直属を間接的ながら清国に承認させることにも成功した。台湾占領は半年つづいて撤兵となった。

洋務派官僚による台湾開発

日本の台湾出兵を許してしまった清国は、ここにいたり危機感をつのらせ、台湾確保のためにはその開発が必要であるという認識にようやくにして達した。日本の台湾出兵の年に、海防強化を任務とする洋務派官僚沈葆楨に勅命、台湾に派遣した。沈葆楨は安平、旗後、東港などに砲台を建設して海防強化に努めるとともに、行政区整理、山地開発を試みた。さらに漢族の台湾移住制限を廃止し、漢族の先住民地区への侵入禁止や先住民との通婚禁止などをも解いた。沈葆楨は道路建設などインフラ整備にも力を注ぎ、この時期に始まる台湾の開発の基礎を築いた。沈葆楨の事業は後任の洋務派運動の推進者丁日昌に継承され、鉄道建設や通信用送配電設備の拡充がなされた。沈葆楨ならびに丁日昌の台湾経営は、大陸中国が台湾の開発に関わった初めての事業であった。

台湾開発は、フランスによる澎湖諸島の占領によって列強の帝国主義的野心を悟らされた清国によって本格化した。フランスはアヘン戦争後の清国の衰退ぶりをみて清国の属領ベトナムの領有を目論み、明治一七（一八八四）年六月に清国と開戦した。北京を狙うフランスは主戦場を福建省に定め、福州と基隆への攻撃を繰り返した。清軍の指揮を執ったのは李鴻章であった。李鴻章は洋務運動の初期の指導的政治家曾国藩《そうこくはん》の配下であった。李鴻章はやはり洋務派の将軍として名声の高かった劉銘傳《りゅうめいでん》を台湾に派遣して戦争への備えに当たらせた。劉銘傳はフランス軍の台湾来襲を激しい砲撃によって撃退した。

清仏間の攻防は機に乗じた日本の朝鮮への進出を誘う危険性があり、日仏による挟撃を恐れた清国は清仏戦争の終結を画策し、明治一八（一八八五）年六月に李鴻章とフランス公使との間で天津条約が締結された。清国は海防の要衝である台湾の防備の重要性に鑑み、属領ベトナムの宗主権を放棄してこれをフランスの保護国とするという条件を受諾し、引き替えにフランスの台湾海峡封鎖の解除ならびに澎湖諸島からの撤兵という譲歩を得た。

清国は明治一八（一八八五）年一〇月、台湾を福建省台湾府から独立させて台湾省とした。清仏戦争での功績を認められた劉銘傳が初代巡撫《じゅんぶ》（知事）に任命された。劉銘傳は台湾近代化の基礎としての財政確保に取り組んだ。清国時代に台湾に派遣された官僚の不正は著しく、統治行政は混乱し、土地の賦存《ふそん》状況の把握は不十分であった。土地制度は複雑をきわめ、地税負担は不公平であった。地税を免れた「隠田」も広範に存在していた。劉銘傳は地租整備総局を創設し、耕地の測量とこれにもとづく平等な地税制度を導入した。この結果、政府が掌握する耕地面積は拡大し、地税収入額は増加した。劉銘傳による「清賦《せいふ》事業」と呼ばれるものがこれである。インフラ建設にも力が注がれた。

劉銘傳はその野心により北京の官僚の嫉妬を誘発し、明治二四（一八九一）年に台湾巡撫の職を解かれた。後を襲った保守派官僚邵友濂によって台湾開発のプロジェクトの多くが中断され、劉銘傳の夢は頓挫。劉銘傳の事業を継承したのは、日清戦争に勝利して台湾の開発に当たった日本であった。

日清戦争と台湾割譲

清国全権代表李鴻章、李経方、日本全権代表伊藤博文、陸奥宗光が下関の春帆楼で交渉をつづける最中、明治二八（一八九五）年三月二三日、日本軍はひそかに軍艦一一隻から成る南方派遣艦隊を台湾に赴かせて澎湖諸島を占領した。事実を知らされた李鴻章はここで屈辱的な下関条約の締結を余儀なくされた。条約は朝鮮の独立、遼東半島、台湾、澎湖諸島の割譲、銀二億両の賠償金支払いなどに関する条項から成った。日本は後に露独仏の三国干渉によって遼東半島放棄を余儀なくされる。他方、澎湖諸島を含む台湾は第二次世界大戦の敗北にいたるまで五〇年にわたってみずからの統治下においた。

日本の進駐に台湾住民は激憤し、清国政府に台湾奪回の援軍を求めるものの、日清戦争により北洋艦隊を失った清国にはそのための軍事力はなかった。台湾は清国に完全に見捨てられたのである。みずからはみずから守るより他なしとして台湾住民は最後の台湾巡撫唐景崧を総統とする台湾民主国を成立させた。

日本は台湾領有に対する列強の干渉を受ける前に、さらには台湾住民の独立志向をいちはやく叩いておくためにも台湾占領を急遽完了すべしとの判断に立ち、大量兵力を投入した。明治二八（一八九五）年五月、日本政府は海軍大将樺山資紀を台湾総督とし、北白川宮能久《よしひさ》親王指揮下の近衛師団ともども澳底に上陸させた。日本軍は基隆を占領、台北に無血入城した。次いで淡水を占領して台湾北部が日本軍の手に落ちた。台湾民主国総統の唐景崧はアモイに逃亡した。

日本軍の北部から南部への進駐に台湾住民は抵抗をみせ、これに抗して日本は乃木希典指揮下の第二師団を投入した。台湾占領に関わった日本軍の総数は、陸軍二個師団半の約五万人、軍属と車夫約二万六〇〇〇人、軍馬約九五〇〇頭であり、これは当時の陸軍の三分の一以上、連合艦隊の大半の動員であったという（伊藤潔『台湾——四百年の歴史と展望』中公新書、一九九三年）。

台湾民主国は崩壊したものの、非組織的な対日勢力、「土匪《どひ》」と呼ばれたゲリラの反攻はなおつづいた。樺山資紀、桂太郎、乃木希典の三代にわたる総督の三年間の最大の課題は、住民の抵抗をいかに抑え込むかにあった。「武断政治」の時代であり、実際、この三代の総督のいずれも明治期日本を代表する勇猛な将軍であった。総督は台湾支配の皇帝のごとき存在であり、当時台湾で総督は「土皇帝」と呼ばれた。司法、行政、立法の三権を司り、軍事大権を総攬《そうらん》する絶対的権力者であった。にもかかわらず台湾統治は容易ではなかった。統治に困難をきわめる台湾をもてあまし、台湾売却論が日本国内で語られたほどであった。明治二九（一八九六）年三月三一日に公布された「台湾総督の立法権」は三条から成り、総督の立法権を絶対的なものとして認めた。次のごとくである。

第一条　台湾総督ハ其ノ管轄区域内ニ法律ノ効力ヲ有スル命令ヲ発スルコトヲ得

第二条　前条ノ命令ハ台湾総督府評議会ノ議決ヲ取リ拓殖務大臣ヲ経テ勅裁《ちょくさい》ヲ請フベシ。台湾総督府評議会ノ組織ハ勅令ヲ以テ之ヲ定ム

第三条　臨時緊急ヲ要スル場合ニ於テ台湾総督ハ前条第一項ノ手続ヲ経ズシテ直《ただち》ニ第一条ノ命令ヲ発スルコトヲ得

次いで翌明治三〇（一八九七）年一〇月二一日公布の「台湾総督府官制」により、立法はもとより司法、行政、軍事の全般にわたる全権が総督に付与された。

日本軍の進駐に抗する土匪を力で鎮圧する武断の時期を経て、本格的な植民地経営が始まったのは、第四代総督として陸軍中将児玉源太郎が明治三一（一八九八）年三月に着任して以降のことであった。この総督を補佐する民政長官が後藤新平であった。台湾経営の基礎を築いた明治期日本の代表的な有能官僚が後藤であった。後藤は明治三九（一九〇六）年一一月に満鉄総裁として転出するまでの八年間、効率的な植民地経営を求めてその辣腕《らつわん》を振るった。

後藤新平

後藤の台湾経営の哲学は、しばしば「生物学的植民地経営論」として知られる。個々の生物の生育にはそれぞれ固有の生態的条件が必要であるから、一国の生物をそのまま他国に移植しようとしてもうまくいかない。他国への移植のためには、その地の生態に見合うよう改良を加えなければならない。本国日本の慣行、組織、制度を台湾のそれに適応するよう工夫しながら植民地経営がなされるべきだ、概略そういう主旨である。武断型の植民地支配とは一線を画する経営思想であった。

台湾に古くから存在している慣行制度を究め、このいわゆる「旧慣《きゅうかん》」に見合うような制度的工夫をしなければ優れた海外領土経営など不可能だというまっとうな思想の持ち主が後藤であった。その思想を平たく述べた文章がよく知られている〝鯛の目と比良目《ひらめ》の目〟の比喩である。

「ね、比良目の目を鯛の目にすることはできんよ。鯛の目はちゃんと頭の両側についている。比良目の目は頭の一方についている。それがおかしいからといって、鯛の目のように両方につけ替えることはできない。比良目の目が一方に二つ付いているのは、生物学上その必要があって付いているのだ。それをすべて目は頭の両方に付けなければいかんといったって、そうはいかんのだ。政治にもこれが大切だ。／社会の習慣とか制度とかいうものは、みな相当の理由があって、永い間の必要から生まれてきているものだ。その理由を弁《わきま》えずにむやみに未開国に文明国の文化と制度とを実施しようとするのは、文明の逆政〔さかさまのやり方〕というものだ。そういうことをしてはいかん。／だからわが輩は、台湾を統治するときに、まずこの島の旧慣制度をよく科学的に調査して、その民情に応ずるように政治をしたのだ。これを理解せんで、日本内地の法制をいきなり台湾に輸入実施しようとする奴らは、比良目の目をいきなり鯛の目に取り替えようとする奴らで、本当の政治ということのわからん奴らだ」（鶴見祐輔著、一海知義校訂『正伝・後藤新平』第三巻、藤原書店、二〇〇五年）。

この考え方にもとづいて後藤は「台湾経営上旧慣制度調査ニ関スル意見」を提出し、その中でこういう。
「台湾ノ地タル蕞爾《さいじ》タル一孤島ニシテ其ノ面積甚《はなは》ダ広カラズト雖《いえど》、中ニハ生蕃《せいばん》ト称スル先天的凶悪ノ野蛮人アリ、支那移住民アリ、移住民中ニハ福建人アリ、広東人アリ、更ニ之ヲ小区分スレバ、泉州人アリ、漳州人アリ、潮州、恵州、其ノ他、興化、永定等ノ人種アリ、此等ハ皆各其ノ風俗習慣ヲ異ニスルヲ以テ、古来分類械闘《ぶんるいかいとう》頻々相踵《あいつ》キ、互ニ鬩牆《げきしょう》的戦争ヲ為スコト屢《しばしば》ナリ。殊ニ領台後ニ於テハ本邦人ノ渡来スルアリ。随《したがっ》テ私法的法律関係ノ旧慣ニ於テモ地方ニ因《よ》リ差異アルヲ免《まぬか》レズ」

この後藤の考え方が典型的にあらわれたのが、台湾人の長い悪習である阿片吸引の禁止であった。阿片吸引はオランダ支配時代から台湾に広まり、バタビアの華僑を経て台湾に持ち込まれたという。下関講和会議でも李鴻章は伊藤博文に対し〝貴国は台湾で土匪と阿片で手を焼くよ〟と捨て台詞《せりふ》を吐かれたというエピソードが残っている。後藤は「厳禁論」でも「非禁論」でもなく、いわば「漸禁論《ぜんきん》」であった。後藤は台湾阿片令を出して阿片専売制度を設けた。阿片吸引者から阿片を一挙に取り上げるわけにはいかない。阿片販売者を指定された特定の仲買人と小売人に限定し、すでに阿片中毒にかかっている者のみにこれを購入させる通帳を保持させ、新たな吸引者には通帳は絶対に交付しないことにした。当然ながら阿片価格は旧来に比して高価に設定した。これにより阿片吸引者は漸減し、加えて専売収入の増加にも寄与した。

台湾統治のために後藤は、鄭氏王朝の時代からの来歴をもつ「保甲《ほこう》」を利用した密度の濃い警察制度を確立した。保甲とは一〇戸一甲、一〇甲を一保として甲長と保正をおき、保甲内の相互監視と連座制を徹底した制度であった。戸籍調査、出入者管理、伝染病予防、道路・橋梁建設、義務労働動員などがすべてこの保甲を通じてなされた。保甲は日本の台湾統治のための効率的な住民組織として機能した。

治安組織の創出とならんで後藤がその初期になした刮目すべき成果は、劉銘傳によって着手され未完に終わっていた土地・人口調査事業の完遂であった。後藤はこの事業をもって経営さるべく託された台湾の現状を徹底的に調べ尽くした。土地調査事業の着手は明治三一（一八九八）年九月であり、後藤の着任後わずか半年のことであった。調査を通じて全土の耕地面積・地形が確定され、地租徴収の基盤が整えられた。劉銘傳の清賦事業は不徹底であった。後藤が土地調査事業を開始した時点での台湾の土地は、地主である「墾主《こんしゅ》」から大規模小作農である「大租戸《だいそこ》」に貸し出され、大租戸から零細小作農である「小租戸《しょうそこ》」に小作地として貸し出されていた。実際の耕作者は小租戸である。しかし三者間の土地の権利関係は明確ではなく、また新たに開墾された土地の私有権の確定は不十分であった。隠田もなお広範に存在しており、これは徴税の対象外であった。清国官僚の行政能力の薄さのゆえであった。

後藤は細大漏らさぬ調査により台湾の土地状況を把握した。そうして公債発行により得た資金をもって大租戸から土地の権利を購入し、これを耕作者である小租戸に分け与えた。大租戸を廃止し土地所有関係を簡素化したのである。隠田を洗い出して公有地とした。後に小租戸からの地税収入額が大租戸への支払い額を凌駕し、後藤の土地調査事業は財政収入増にも貢献した。

土地調査事業につづいて林野調査事業を始め、台湾全土の山林地帯の面積・地形を策定して所有関係を整備した。明治三六（一九〇三）年には「戸籍調査令」を発令、これにもとづき人口調査を行った。住民戸籍調査は本格的事業であった。人口調査によって明らかになった台湾人口は、閩南《びんなん》系二四九万人、客家《はっか》系四〇万人、先住民九万人、外国人一万人、日本人五万七〇〇〇人であった。

後藤の治世下、台湾の植民地経営の基礎は急速に整えられた。土地・林野・人口などの基礎調査事業と並行して多様な社会間接資本が整備された。台湾銀行の設立は後藤の着任の翌年であり、台湾銀行券の発行が開始されたのは明治三七（一九〇四）年であった。台湾貨幣が統一され、社会間接資本の建設に要する大量の資金が同銀行の事業公債により調達された。

台湾の社会間接資本は往時の他の植民地に類例をみない充実であったが、ほとんどは後藤の時代に着手されたものであった。事業を列記すれば、基隆から高雄にいたる縦貫鉄道の建設、この鉄道の起点に位置する基隆・高雄港の拡充、さらに縦貫鉄道に連結する道路の建設・拡充により陸上・海上運輸能力が格段に強化され、飛行場の建設がこれに加わった。電話網の密度は当時の日本のそれに比べて遜色のないものであった。

米糖経済

農業発展基盤も日本統治時代に飛躍的な伸びをみせた。ハワイからの砂糖黍《きび》の導入を通じて幾多の品種改良が試みられ、搾糖機械の技術革新により製糖業の近代化が進んだ。台湾製糖株式会社以下多くの製糖会社が設立され、在来の零細経営の事業所はこれらに取って代わられた。製糖事業の近代化のために後藤が台湾に招いたのが、札幌農学校で教鞭を執っていた新渡戸稲造であった。新渡戸は当時アメリカで『武士道』を書き上げ、札幌に戻るところで後藤からの招聘状を受け取った。明治三四（一九〇一）年のことであった。総督府の糖務局長に就任し、後藤に背を押されながら台湾の糖業の発展に貢献した。

米についても精力的な品種改良の努力が重ねられ、「蓬萊米《ほうらいまい》」として知られる新品種は品質と単収（単位面積当たり収量）の両面で当時の東アジアにおける画期的な水稲種であった。台湾蓬萊米の開発に貢献したのが磯永吉であり、彼は日本米と台湾米の交配実験を繰り返し、一二年の歳月をかけて新品種にたどり着いた。水利灌漑施設の拡充、これによる開田が相次ぎ、台湾の耕地面積が拡大した。米生産の拡大、単収の増加により台湾米の生産高は国内需要を凌駕《りょうが》し、日本への移出が可能となった。

不毛の地を豊穣の地に変えて、台湾の可耕地面積を急拡大するのに貢献したのは、台湾総督府の技師八田與一《はったよいち》であった。八田は台湾中南部の嘉南大圳《かなんたいしゅう》と呼ばれる東洋一の巨大ダムを一〇年余をかけて完成させ、嘉南平野を豊かな農地に変貌させた。八田與一は後藤新平とならんで今日の台湾でも最も深い尊敬を得ている日本人である。亜熱帯の台湾を悩ませてきた不衛生と疫病に対する対策も、後藤による統治の功績であった。予防接種が義務化された。鉄筋コンクリート製の上下水道が日本国内よりも早く台北に敷設された。現在の台湾大学医学院の前身である台北医学校が創設されたのも後藤の時代においてであった。

こうした台湾開発努力は日本の台湾統治を完全なものにしようという政治的野心をもとに展開されたものであり、慈善事業などではない。日本が台湾を領有するにともない、台湾と大陸、東南アジア、ヨーロッパとの交易は日本によって独占され、さらに台湾市場が日本企業の独占的市場となった。台湾最大の産業となった製糖業においては、三井、三菱、藤山の三大製糖企業が、全生産量の七〇％以上、全耕地の五〇％前後を支配した。総督府によって導入された食塩や樟脳《しょうのう》などの専売制度は三井、三菱など日本企業の一手販売となった。台湾銀行もまた台湾で事業を展開する日本企業を積極的に支援した。近代化された製糖業のほとんどは日本企業の手に委ねられた。

教育制度の拡充

日本統治はその後の台湾の発展に重要な基礎を提供した。最も重要なものは教育制度の拡充であった。第四代総督児玉源太郎は、明治三九（一九〇六）年に台湾を去り、後藤新平もまた退任、帰国した。明治二八（一八九五）年の領有以来、大正八（一九一九）年までの日本の台湾統治は「前期武官総督時代」と呼ばれ、この間七代にわたる総督のすべてが軍人であった。台湾の抗日勢力を力で抑えながら、土地・林野・人口の調査事業と社会間接資本の建設を急速に進める台湾経営基盤の整備期であった。

統治基盤の形成がひとまずなされたところで、日本において原敬内閣が成立して政党政治が開始された。大正デモクラシーの時代でもあった。台湾経営の基盤が整い、日本の政党政治が緒について台湾総督には文官が任命されることになり、統治のスタイルも台湾住民の教化を求める「同化政策」へと転じた。同化政策の重要手段が教育であった。

台湾住民は、清国期、一八世紀の末葉に福建省、広東省から台湾に入植して徒手空拳で水稲耕作、砂糖黍栽培のための開墾に尽力した人々であった。しかし彼らに産業社会に適合する知識と技術が与えられることはなかった。台湾住民に近代工業社会に向かう新しい知識と技術に接近できる機会を与えたのは、日本統治下の教育であった。それまでの台湾においては住民が教育を求めても、用意されていたのはわずかに私塾のみであり、そこでなされていたのは旧守的な「四書五経」の訓詁《くんこ》の修得であった。文官総督時代に整備された近代的な教育制度を通じて台湾住民は理科や数学に接し、産業社会に適合する精神と才能を身につける機会に初めて恵まれたのである。「日本」という媒体を通じてそれまでは不可能であった社会科学や自然科学への接近が、しかも住民社会のグラスルーツにいたるまで可能になったという事実は、統治意図の如何《いかん》を超えてこれを正当に評価しなければならない。日本の植民地統治下で公学校の数は持続的に増加し、国民学校への就学率は昭和四（一九二九）年には一七％、昭和一一（一九三六）年には四三％、昭和一五（一九四〇）年には六〇％となった。昭和一八（一九四三）年には義務教育制度が導入され、翌年の同比率は八〇％に達した。他の列強支配下の植民地では想像もできない高率であった。

日本統治下における教育制度拡充の成果を、統治の終了前年、昭和一九（一九四四）年についてみれば、以下の通りである。国民学校は一〇九九校、盲啞学校などの各種学校一一校、実業・師範学校一二二校、専門学校五校、高等学校一校、帝国大学予科一校、帝国大学一校であった。高等教育については、日本への留学も一般化し、留学生数は昭和三（一九二八）年に四〇〇〇人台、昭和一二（一九三七）年に六〇〇〇人台、昭和一八（一九四三）年には八〇〇〇人台であった。昭和二〇（一九四五）年までの留学生の累計数は二〇万人に及んだ。

教育制度の拡充のみならず、台湾近代化の実績は他にも豊富にある。現在の台湾における国民中学の標準的な教科書である『認識台湾』は、日本統治時代の「社会の変遷」の項目で（一）人口の激増、（二）纏足《てんそく》、弁髪《べんぱつ》追放の普遍化、（三）時間厳守の観念の養成、（四）遵法《じゅんぽう》精神の確立、（五）近代的衛生観念の確立、をあげている。例えば遵法精神の確立について同書は次のように解説する。

「総督府は警察と保甲制度を用いて有効に社会支配を達成し、犯罪の防止と秩序の維持を厳密に行い、民衆が射倖《しゃこう》心で法律を犯さないようにした。／同時に、学校や社会教育を通じて近代法治観念と知識を注入し、秩序と法律を尊重することを学ばせ、それに加えて司法は公正と正義を維持することで、社会大衆の信頼を獲得した。この影響で、民衆は分《ぶん》に安《やす》んじて己を守り、秩序を重んじ、規律を守るなどの習慣を養い、遵法精神を確立した」

日本統治の終焉

第七代の総督は陸軍中将明石元二郎であったが、これを継いだ第八代総督は原敬内閣の文官田《でん》健治郎であった。田健治郎の赴任は大正八（一九一九）年であり、以来、第一六代総督の中川健蔵が退任する昭和一一（一九三六）年まで文官総督の時代がつづいた。「武官総督時代」につづく「文官総督時代」の始まりである。

昭和五（一九三〇）年一〇月には中部の霧社で山地先住民による日本人襲撃事件が起こり、日本人一三二人が殺害され、鎮圧により二七六人の先住民が殺害されるという悲惨なる「霧社事件」が発生した。日本が受けた衝撃は大きかったものの、台湾統治自体はこの事件にもかかわらずおおむね順調に推移した。文官総督の時代にも後藤新平によって着手されていた鉄道、道路、港湾、灌漑などの社会間接資本の整備がつづけられ、製糖業の近代化と水稲耕作の拡充がなされた。そうして台湾は遅くとも明治四三（一九一〇）年以前に財政自立に成功し、以降、日本の財政に対する台湾の寄与は次第に大きなものとなっていった。台湾統治は日本にとって十分に「採算」の取れるものとなったのである。

海軍大将小林躋造《せいぞう》が台湾総督として赴任してきた昭和一一（一九三六）年をもって文官総督時代は終わり、「後期武官総督時代」へと入った。昭和六（一九三一）年の満州事変、昭和八（一九三二）年の国際連盟脱退、昭和一二（一九三七）年の盧溝橋事件に端を発した日中戦争が拡大する過程で、日本は戦時体制を強化した。その過程で台湾もまた日本の戦時体制を補完する形で再編されていった。台湾住民の「皇民化」、台湾経済の「工業化」ならびに「南進基地化」がこの時期の台湾統治の重要な政策目標となった。「聖戦完遂」を求めて同化政策が急進化し、皇民化政策へと転じた。新聞漢文欄の廃止、日本語常用運動の強化、寺や廟の偶像の撤去、神社参拝の強要、改姓名の推奨等々の日本化、日本人化が図られた。

台湾は日本軍の南方戦略の「兵站《へいたん》基地」となり、機械、金属、化学の重化学工業の工場建設が急速に進められた。重化学工業を推進する母体会社として昭和一一（一九三六）年には国策会社の台湾拓殖株式会社が設立され、巨大な資本金をもつこの会社が投資主体となって傘下に三〇を超える有力な子会社を擁した。重化学工業企業のエネルギーをまかなうべく日月潭《じつげつたん》に巨大規模の水力発電所が建設された。植民地における近代的な重化学工業化の展開は、日本統治下の朝鮮半島北部を別にすれば、帝国主義列強支配下の東アジアの植民地においては他に例をみない。昭和一四（一九三九）年、日本が太平洋戦争に突入する直前において台湾の工業総生産額は農業のそれをすでに上回っていたのである。

日本統治初期の台湾は砂糖黍栽培を中心としたモノカルチュア経済であり、文官総督時代の台湾はこれに水稲耕作を加えた多分にモノカルチュア的な経済であった。この構図が一九三〇年代の後半期の「南進基地化」政策によって劇的に変化した。

太平洋戦争において日本が敗色を濃くするとともに台湾もまた日本と同様の統制経済体制下に入った。台湾住民にも徴兵制が適用され、志願兵を含めて八万人を超える人々が戦線に赴《おもむ》き、戦死・戦病死者の数は三万人に上った。

太平洋戦争における日本の敗北と同時に、台湾を接収したのは中華民国であり国民党政権であった。敗戦により台湾在住の日本人は本土へ引き揚げ、日本、中国、東南アジアに在住していた台湾住民が台湾に帰還した。こうして台湾の日本時代は終焉し、国共内戦に敗れて台湾に逃げ延びた国民党による台湾支配の時代が始まるのである。

本章の冒頭に記したごとく、日本による台湾開発は、経済社会の近代化の観点からみて、欧米列強の支配下におかれていた往時の他の植民地に比べて圧倒的な成功例だといわねばならない。台湾開発に携った明治期日本の指導者の高い志操をその中にうかがい知ることができる。日本の台湾開発は列強の植民地支配のような「搾取」を目的としたものではない。日本の近代化モデルの台湾への移植であり、これをもって帝国日本のありようを世界に顕示しようという精神に貫かれていた。

日本の台湾支配がいかなる動機づけをもって優れた実績を残しえたのか、この問にマーク・ピーティーは日本植民地史研究の傑出した著作『20世紀の日本４　植民地――帝国50年の興亡』（浅野豊美訳、読売新聞社、一九九六年）において次のように答えているのだが、真実を描き出した記述だというべきであろう。

「日本の植民地帝国は、外観では西洋諸国の熱帯植民地をモデルとしていた。しかし、日本の植民政策の枠組みは帝国形成の前半期に作られたもので、直接ヨーロッパの先例を模倣したというよりも、徳川時代の封建的秩序を打ち破り維新以来の三十年で成功した日本自身の近代化の努力をモデルとしていた。もちろん、明治の諸改革は大部分西洋の経験に学んでいたとはいえ、形成途上の日本の植民地主義は、富国強兵――つまり近代化による改革のすべてを強力で繁栄する日本の建設という目標に結びつけた明治初期の政策理念の総称――を抜きにしては理解できないと言っても過言ではない」

開発途上国の開発に資することは、現在の日本の最も重要な外交課題の一つである。「開発学」の原点を後藤新平たちの台湾開発の思想と構想の中に求め、日本に固有な開発の「学」としてこれを練磨していかなければならない。

第8章

第一次世界大戦とワシントン体制——追い込まれる日本

覇権国家は他国による覇権を猜疑し嫌悪する。ワシントン体制とは、外交戦におけるアメリカの勝利であり、日本の敗北であった

幣原喜重郎

興隆から凋落へ

ポーツマスでの講和条約の締結によって日本は、韓国の自由裁量権はもとより、ロシアの満州からの撤兵、遼東半島租借権の確保、長春・旅順間鉄道の譲与、サハリン南半分の割譲などを得て、アジアにおける覇権を確立した。イギリスは日英同盟によって大陸列強に隠然たる圧力を加え、彼らの蠕動《ぜんどう》を抑えて日本の勝利に貢献した。この日英同盟が日露戦争の最中の明治三八（一九〇五）年八月に改訂され、本格的な攻守同盟となって日本の安全保障は確たるものとなった。

日本による韓国併合は、今日の視点からすればいかにも「横暴」にも映じようが、帝国主義時代の国際政治力学からいえば、取り立てて難じられるものではなかった。日本の韓国に対する自由裁量権は、ポーツマス条約によって敗戦国ロシアはもとより、講和会議の仲介者アメリカ、日英同盟下のイギリスの三つの大国の承認を得て実現されたものであった。韓国が日本の保護国となり、併合へといたる過程には国際的な障害はほとんどなかった。

韓国併合に関する日韓条約が締結されたのが明治四三（一九一〇）年であり、「坂の上の雲」をみつめて駆け上がってきた明治の時代もいよいよ終わろうとしていた。国力と軍事力をもたない弱者に安住の地が与えられることのなかった帝国主義時代を日本は逞《たくま》しくも生き抜き、非白人の近代国家として形成された。極東の小国が列強に向かって開国し、政治体制の維新を図り、列強の脅威を正視しつつこれに対峙すべく富国強兵と外交交渉に渾身の力をもって臨み、帝国明治を完成させたのである。

この時代の政治家やオピニオンリーダー達がいかなる思想と行動をもって時代を駆け抜けていったのかを記したいという本書の意図からすれば、物語はこの辺りで終えてもいいのかも知れない。しかし、筆をおくことができない事情がもう少し残っている。

日本が第二次大戦で無惨な敗北を喫し、未曾有の国家的危機に陥ったことは紛れもない。列強の目に入らなかったほどに幼弱な極東の小国日本が明治の時代を終える頃には、世界の誰もがその動向に細心の注意を払わねばならない強国となっていた。アジアに台頭した新しいこの大国が大正時代と昭和の二〇年間を経て、第二次大戦において無惨な敗北にいたったのである。何が日本の凋落《ちょうらく》をもたらしたのか。ひょっとして帝国明治の「成功」の中にやがてやってくる時代の「失敗」の原因が宿されていたというのであろうか。

成功が反転して失敗の道をたどる、その過程を足早にではあれ追っておく必要がある。緊迫の状況の絶えることなき東アジアの国際政治力学の中で、誰を友とし手を組むことによって、日本はみずからの安全保障を掌中にできるのであろうか。誰を友としていた時に日本人は幸福であり、誰と関わった時に不幸であったのかについての近現代史の経験則を知りたいのであり、つまりはこれを知ることによって将来の日本の安全保障を確保する道を探りたい、というのが残されたもう一つの本書の課題である。

とはいっても、大正時代に入って第二次大戦の敗北にいたるまでの歴史はすでに現代史に属し、歴史資料はかつての時代に比べれば格段に豊富である。資料を仔細に検討するというより、この時代の日本に次から次へと襲いかかった外交的諸問題を私どもがどう整理すべきか、その整理の仕方の中に問題を解く鍵があるといった方がいいように思われる。多少のスピード感をもって史実を整理してみたい。

「黄禍」日本

日露戦争勝利は、列強に隷従し、屈辱と搾取に甘んじ、このような状態が永遠につづくと考えていた非白人国家に衝撃を与えた世界史上の画期であった。しかしこの同じ事実が、新たに対峙しなければならない非白人の強国がアジアに生まれたことを欧米諸国に認識させ、日本に対する猜疑心と敵愾心を醸成したことは想像に難くない。

日清戦争における勝利を経て、日露戦争での陸軍大国ロシアに対する日本の連戦連勝は、極東の小国の勇猛果敢に対する賛嘆を生んだ。しかしこの賛嘆は非白人種の日本に対する警戒感に転じ、警戒心は次第に恐怖心へと変わり、それがドイツ皇帝ヴィルヘルム二世の主張する「黄禍《こうか》論」に列強を覚醒させることになった。モンゴル帝国の遠征によって苦しめられた歴史、オスマントルコのかつての強勢の記憶を欧米諸国に甦《よみがえ》らせたのかも知れない。

そうした新動向に鋭敏な感覚をもって臨んだのが、誰あろうアメリカであった。満州と太平洋の利権をめぐっていずれ日米が厳しい対立の事態を迎える遠因が、実はこの時期、ポーツマス講和条約の成立時から日米の双方に少しずつ堆積していったのである。

「西漸《せいぜん》運動」と呼ばれる、東部諸州に始まり中部を経て西部へと開発を進めてきたアメリカも、カリフォルニアの開拓を終えた頃から、その有り余る国力を太平洋に向けて放出しようとしていた。明治三一（一八九八）年にはアメリカの海上交通路として死活的な重要性をもつスペイン領キューバで独立戦争が起こり、アメリカがこれに介入して勃発したスペインとの戦争が米西戦争であった。

米西戦争にアメリカが勝利してスペイン領プエルトリコの割譲を受け、キューバを保護国とし、大兵力をスペイン領フィリピンに投入してここを領有した。コロンビア領パナマからは運河地帯の恒久租借権を力ずくで奪い取った。ハワイとグアムもアメリカに併合された。

第五代大統領モンローはアメリカの外交政策上の大方針の一つに、建国以来の「孤立主義」をもって当たった。ヨーロッパ諸国の国内問題への干渉を回避し、ヨーロッパ諸国の戦争には一切関与しないという、いわゆるモンロー主義である。

しかし西部のフロンティアが消滅し、西漸運動をつづける以上、太平洋という広大な海へと進出するより他に道はなくなり、モンロー主義はこれを放棄せざるをえなくなった。太平洋進出を可能にしたものが大規模な建艦計画であった。

岡崎久彦の記述によれば、ルーズベルトの「一九〇一年の大統領就任後、一九〇五年までのあいだに十隻の戦艦建造の議会承認を得た。一九〇三年の計画では、第一線用戦艦四十八隻を予定した。艦齢を二十五年として毎年二隻ずつ建造すれば、一九二六年には戦艦四十八隻と、その補助艦艇を含む大海軍ができるはずだった。／三国干渉後の臥薪嘗胆《がしんしょうたん》で、国民に重税を課し清国からの賠償金をほとんど費やして、日露戦争に備えてやっと戦艦六隻をつくった日本とは財政規模のケタが違った」という（『幣原喜重郎とその時代』PHP文庫、二〇〇三年）。

ポーツマスでの講和を仲介し、新渡戸稲造の『武士道』に深く感銘していた親日派ルーズベルトも、日露戦争における日本の勝利が日本の国権拡張につながり、これがアメリカに向かう矢となる危険な可能性に思いをめぐらせ、その不安が胸中を騒がせたのであろう。黄禍論の脅威が現実化しつつあると認識されたのでもあろう。

日本人移民排斥運動、ハリマン満鉄買収計画

日本人移民排斥がアメリカの国民運動に転化していったのも、ルーズベルトの胸に宿ったのと同様の不安と恐怖心が多くのアメリカ人の胸に巣食ったからであろう。明治三九（一九〇六）年一〇月にサンフランシスコ市は在住日本人に対して他のアジア住民ともども公立小学校への通学を禁止した。

サンフランシスコ領事は外務省にこの事実を報告、報告を受けた日本政府は強い抗議をアメリカ政府に発した。しかしこの抗議は逆にアメリカ人の排日気分を強化し、反日的センチメントはカリフォルニア全州へと広がっていった。日露戦争における日本の勝利後、日本人移民はアメリ

カ住民の雇用機会を奪うものと喧伝《けんでん》され、労働組合組織を通じて排日運動はカリフォルニアのみならず全米に波及した。

呼応して日本の反米気運が昂揚したのは当然であったが、事態の悪化を恐れる日米首脳部は紳士協定を結び、日本が移民を自主規制するという形でことは一時落着するかにみえた。しかしアメリカの排日運動はなお強く、大正二（一九一三）年にはカリフォルニア州で日本人の土地所有を禁じる排日土地法、大正九（一九二〇）年にはアメリカで出生して市民権をもつ日本人の土地所有をも禁じる第二次排日土地法が成立。大正一三（一九二四）年には、事実上すべての日本人移民を禁止する新移民法が成立した。日米が本格的な軍事対立にまでいたるかも知れないという不吉な予感が、この頃から次第に日本人の心をよぎるようになった。

もう一つ、当時の日米の軋轢《あつれき》を象徴したものが、満州の鉄道をめぐる日米争奪戦であった。序幕は、ポーツマス会議のために小村寿太郎が渡米している間に日本にやってきた、ハリマンによる南満州鉄道の買収計画であった。ハリマンは太平洋、日本、シベリア、ヨーロッパ、大西洋を連結して世界を一巡する大交通網の建設をめざしたアメリカの鉄道王である。

日露戦争に勝利したとはいえ、戦費の返済負担に苦しみ、南満州鉄道の復旧に庞大な資金を要する日本である。南満州鉄道の日米共同経営に日本が賛成しないはずはないと踏んでのハリマンの訪日であった。日露戦争時の募債に尽力してくれたハリマンを日本の首脳部は厚遇し、参内拝謁の機会をさえ与えた。

ハリマンは、伊藤博文、井上馨、桂太郎らの重鎮と面会、世界交通の要衝たる南満州鉄道の復旧は急を要しており、潤沢なるアメリカ資本の導入は日本の利益に適《かな》うこと、さらには報復戦の意思を捨てていないロシアを牽制するためにはアメリカが南満州鉄道に関する発言権を留保しておくべきだと説いた。満州経営が日本にとって過重の負担となることを恐れていた井上は桂を説いてハリマンとの折衝に臨ませた。そして明治三八（一九〇五）年一〇月に「桂・ハリマン間満州鉄道に関する予備協定覚書」が作成された。

覚書の冒頭は「日本政府ノ獲得セル満洲鉄道、並ビニ付属財産ノ買収、該鉄道ノ復旧、整備、改築、及ビ延長、並ビニ大連ニ於ケル鉄道終端ノ完整、及ビ改良ノ為、資金ヲ整フルノ目的ヲ以テ、一ツノ『シンヂケート』ヲ組織スルコト。両当事者ハ其ノ取得シタル財産ニ対シ、共同且ツ均等ノ所有権ヲ有スベキモノトス」である。

しかしポーツマス講和会議を終えて帰国、横浜港でこの計画について伝え聞いた小村は、憤然これを拒否すべきことを主張、桂・ハリマン覚書の合意は潰《つい》えた。

小村は桂に対し次のような激語で迫ったという（『小村外交史』）。

「これ明《あきら》かに今次の講和条約第六条の規定に反する。南満洲鉄道は清国政府の承諾を以て露国より日本に譲渡すとの規定であるから、先づ清国の承諾を得て完全にこれを我が手に収めた後でなければ、同鉄道について他と何等の商議を為し得る筋合でない。加之《しかのみ》ならず既に講和条約にすら大不満の我が国民にして、若しその僅《わずか》に獲《え》た南満洲鉄道をも新に日米シンヂケートに売渡し、自ら南満経営の足場を抛擲《ほうてき》するが如き今次の計画を知ったならば、民心弥《いや》が上に激昂《げきこう》し、更に如何なる大騒擾《そうじょう》を惹起《じゃっき》するやも測り難い。ハリマン案の如きはポーツマス条約の真髄《しんずい》を殺すのみならず、また実に当時の講和条件に関する廟議《びょうぎ》の精神を無視するものである」

これに対して桂は、南満州鉄道譲渡に関する条約関係の細部について自分は知らず、ただ外資導入が急務であることに鑑《かんが》み、大体の方針を覚書の形で認《したた》めたに過ぎないと答えるのみであったという。結局は小村の主張により中枢部の意見は覆《くつがえ》され、ハリマン計画は雲散した。

ノックス満鉄中立化提議

しかしアメリカの太平洋を超えた大陸への介入の夢が消えたわけではない。いかに鉄道王とはいえハリマンは一民間人である。ルーズベルトの後を襲ったのはタフト大統領であり、その国務長官ノックスは満州鉄道中立化案を提議して日本に迫るという挙に出た。ここにいたる事情を少しみておこう。

先の小村の桂に対する激語の中にあったポーツマス条約第六条とは、南満州における鉄道権益の一切は「清国政府ノ承諾ヲ以テ日本帝国政府ニ移転譲渡スベキコトヲ約ス。両締約国ハ、前記規定ニ係《かかわ》ル清国政府ノ承諾ヲ得ベキコトヲ互ニ約ス」であった。

要するに第六条はポーツマス条約によって日本が南満州における利権を引き継いだとはいえ、これは元来が清国の領土であるから、その引き継ぎのためには清国との協約締結を要するということであった。

したがって日本は、清国とポーツマス条約締結の直後の明治三八（一九〇五）年一二月に北京で「日清間満州に関する条約」を結び、その第一条で「清国政府ハ、露国ガ日露講和条約第五条、及ビ第六条ニヨリ日本国ニ対シテ為シタル一切ノ譲渡ヲ承諾ス」という確約を取っていた。ちなみに第五条は旅順、大連におけるロシアの権利放棄についてである。

ポーツマス条約と日清間条約はいずれも公然たる国際条約であったが、清国側はこれに対して後に大いなる不満を強め、旅順、大連の租借や南満州鉄道などの日本の在満権益を否定しようという、中国に湧き起こったナショナリズムを背景とする強硬な対日外交に転じた。

これに乗じたのがアメリカである。明治四二（一九〇九）年一二月に提起されたものが国務長官ノックスによる南満州鉄道中立化提議であった。提議の冒頭はこうである。

「惟《おも》フニ清国ヲシテ満洲ニ於ケル政治上ノ一切ノ権利ヲ完全ニ享有《きょうゆう》セシメ、且《か》ツ門戸開放、機会均等ノ主義ヲ実際ニ適用シテ、以テ同地方ノ発達ヲ期セシムル為ニハ、適当ナル協定ニ依《よ》リ満洲ニ於ケル一切ノ鉄道ヲ清国ノ所有ニ帰セシメ、之《これ》ヲ一ツノ経済的、学術的ニシテ且ツ公平ナル経理ノ下ニ併合シ、之ニ要スル資金ハ適当ノ方法ヲ以テ相当ノ割合ニ依リ、加入希望ノ諸国ヨリ調達スルコト最有効ナルヤニ被存候《ぞんじられそうろう》」

一つには、満州における鉄道のすべてを国際シンジケートが買収して所有権を清国のものとするが、鉄道の運営は国際シンジケートによって行うこと。二つには、もしこれが不可能な場合には、南満州の錦州に発し北満州の愛琿にいたる満州縦貫鉄道（錦愛鉄道）を列国共同で建設し、これにより満州の中立化を実現することを提議した。

しかしこれは先に日清間条約によって禁止されていた企画である。満鉄の利益保護のために、これに併行して走る幹線や支線の建設禁止（満鉄併行線建設禁止）条約が日清間条約に付されていたからである。ノックスによる満鉄中立化提議は、みずからがその講和を仲介したポーツマス条約はもとより、これにもとづき日清間で公的に約された条約を否定するに等しい。清国がこの提議を大いに歓迎したことはいうまでもないが。

それにしてもノックス提議は、アメリカがヨーロッパの列強に勝るとも劣らない帝国主義国家に変じたことを証すものとなった。中村粲《あきら》は、日米戦争の直接的なきっかけとなったハル・ノートにも合法的な条約によって掌中にした遼東半島租借権ならびに満鉄利権を否認し、その廃棄を要求する項目が含まれており、日米戦争の原因がすでにノックス提議の時点で胚胎《はいたい》していたと指摘している。

中村粲が慨嘆するのは特に清国の条約違反であり、この点について氏は『大東亜戦争への道』（展転社、一九九〇年）において次のように記す。文中の「満洲善後条約」とは既述した「日清間満州に関する条約」のことである。

「今更嘆《たん》じても詮《せん》ないことだが、右の満洲善後条約だけでも清国側が誠実に遵守《じゅんしゅ》してゐたならば、その後の日本と中国は定めし静謐《せいひつ》なる関係を保ち得たであらうと思ふ。日露戦争での日本の勝利は、露国によつて占領閉鎖されてゐた満洲を、再び自由なる天地として回復した。ところが清国は、自らは回復できなかつた満洲が日本の力によつて再び自己の領有に復帰するや、今度は英米の力を藉《か》りて日本を満洲から排斥せんと試みたため、満洲は再び騒然たる抗争角逐《かくちく》の場と化したのである」

満州事変の発生もここに胚胎したのである。

第一次大戦への参戦

大正三(一九一四)年七月に第一次大戦が勃発した。全ヨーロッパ諸国を巻き込んだ史上最大の近代戦争であった。この戦争が終止符を打つのは大正七(一九一八)年一一月の休戦協定によってであり、そこにいたる四年四カ月にわたる長期戦であった。当然ながらイギリスは日英同盟にもとづき、戦禍がイギリスの租借する香港や威海衛に及ぶ場合にはこの地域への日本の軍事出動を期待する旨の表明があった。

これに応じて日本政府は、大正三(一九一四)年八月一六日、ドイツ艦隊に対して日本と中国の海域から即時撤退すべきこと、ならびに山東省膠州湾租借地の中国への還付を条件に日本に明け渡すこと、この二つを八月二三日までの一週間内に返答すべきことを最後通牒した。ドイツの無回答をもって日本は八月二三日に対独宣戦を布告。日本軍は宣戦布告と同時に青島を攻略、つづいて膠州湾、青島・済南間鉄道を占領し、さらにドイツ領南洋諸島を掌中にした。

第一次大戦は日本が列強として頭角を現す絶好の機会となった。井上馨は大正三（一九一四）年八月の提言において「今回欧州ノ大禍乱《からん》ハ、日本国運ノ発展ニ対スル大正新時代ノ天佑《てんゆう》ニシテ、日本国ハ直《ただち》ニ挙国一致ノ団結ヲ以テ、此ノ天佑ヲ享受《きょうじゅ》セザルベカラズ」と述べたほどであった。天佑とは天の助けの意である。加えて井上は同提言において、次のようにも語った。

「大正新政ノ発展ハ、此ノ世界的大禍乱ノ時局ニ決シ、欧米強国ト駢行《へんこう》提携シ、世界的問題ヨリ日本ヲ度外スルコト能《あた》ハザラシムルノ基礎ヲ確立シ、以テ近年動《やや》モスレバ日本ヲ孤立セシメントスル欧米ノ趨勢ヲ、根底ヨリ一掃セシメザルベカラズ」

「動モスレバ日本ヲ孤立セシメントスル欧米ノ趨勢」とは、アメリカの日本に対する既述した挑戦的姿勢を念頭においてのことであろう。この趨勢を「一掃」する「天佑」の機会として井上は第一次大戦を捉えたのである。

もっとも、日本は山東省や南太平洋への出動においてはきわめて迅速であったが、大戦の主要舞台であるヨーロッパでの参戦には抑制的であった。同盟下にあったイギリスはもとより、フランス、ロシアを含めて日本への派兵要請は再三再四に及んだものの、日本の軍隊の主要目的は日本の国防にあり、それ以外の目的のために国益を無視してはるかに隔つヨーロッパへの外征は趣旨に反するとして容易に参戦に踏み切ることはなかった。

イギリスの派兵要請はやむことなくつづき、九月には日本海軍の地中海派遣を要求してきた。日本が外征の余裕なしとしてこれを拒否、さらに一一月イギリス海軍との共同でドイツ・トルコ連合艦隊を抑え込むためにダーダネルス海峡への艦隊派遣の要請があった。ダーダネルス海峡とは、トルコ北西部のマルマラ海とエーゲ海を結び、ボスポラス海峡とともに黒海と地中海とをつなぐ、古来、戦略的要衝の水路である。

ドイツ軍の潜水艦による攻撃がこの頃から激しくなり、放置すればヨーロッパにおける艦船は壊滅せざるをえないとの危機感が湧き起こり、日本海軍がこれ以上出動を拒否して列強の反発を招くのは不本意であるとの判断に日本政府は帰着した。

山東省や南洋諸島の領有はもとより、戦後の世界秩序に発言権を留保しておくためにも、従来の消極的対応はこれを転換しなければならないとし、大正六（一九一七）年二月には「明石」を旗艦とする巡洋艦二隻、駆逐艦一六隻より成る艦隊の地中海派遣を決定した。日本軍は基地をマルタ島におき対独戦において不可欠の連合国軍輸送船団の保護の任に当たり、緊迫の地中海情勢を連合国軍に有利に展開させることに多大の寄与をなした。

対支二一カ条要求は愚策だったか

パリ講和会議が開かれ第一次大戦が最終的に終息したのは、大正八（一九一九）年一月であった。日本は英米仏伊と並んで世界の五大国の一つとして講和会議に出席した。参戦によって列強としての資格を各国から認められ、加えて日本は連合国に対する武器、弾薬の供給基地となって国際債務のすべてを返済し債務国から債権国へと転じた。経済的力量からいっても日本は五大国にふさわしい条件を整えるにいたった。

第一次大戦の戦闘の舞台はヨーロッパであり、そのためにアジアに進出していた欧米列強は軍事力をアジアからヨーロッパへと移転せざるをえなくなった。この「空白」を埋めたのが日本であり、機に乗じて一挙に大陸へと進出した。しかしこの大陸進出が、実は次の時代の日本の蹉跌《さてつ》の原因となったのは皮肉である。

日本政府が袁世凱《えんせいがい》政府に提出した対支二一カ条要求がこの時代の日本の大陸政策の始まりとなった。要求は五号、二一カ条であった。第一号が、山東省のドイツ権益の日本への移譲、第二号が、南満州および東部内蒙古における日本の優越的地位の確保、第三号が、漢冶萍公司利権の独占、第四号が、中国沿岸地域および島嶼《とうしょ》部の他国への割譲禁止、第五号が、中国を日本の影響下におくための諸措置の承認であった。なお第三号の漢冶萍公司とは、漢陽製鉄所、大冶鉄山、萍郷炭鉱の三つを統合して設立された公司であり、日露戦争時の日本の鉄鉱需要のほとんどを満たした巨大企業のことである。

問題は第五号にあった。第五号は七つの項目から成る。第一項は、中央政府に政治財政および軍事顧問として日本人を傭聘《ようへい》すること。第二項は、日本の病院、寺院、学校に土地所有権を認めること。第三項は、警察を日中合同とし、中国警察官庁に日本人を傭聘《ようへい》すること。第四項は、中国は日本から一定数量の兵器供給を仰ぎ、さらに中国内に日中合弁の兵器廠《しょう》を設立すること。第五項は、南満州での鉄道敷設権を日本に許与すること。第六項は、福建省における鉄道、鉱山、港湾設備に関し、外資を要する場合には日本と事前に協議すること。第七項は、中国での日本人の布教権を認めること、であった。

七項目から成るこの第五号について日本は、実は「希望事項」として秘密裏に交渉しようとした。第五号が中国の主権を著しく侵害すると列強に受け取られる項目を含んでいたがゆえの秘密交渉であった。確かにこの七つの項目を中国が受け入れれば、中国は日本の「保護国」になり、韓国併合と同類のものとなる可能性があった。

列強から承認された日本の大陸特殊権益とは、山東省のドイツ権益の継承ならびに南満州の租借権である。後者については第二号の第一項において「両締約国ハ、旅順、大連租借期限、並ビニ南満州、及ビ安奉両鉄道、各期限ヲ、何《いず》レモ更ニ九十九年ズツ延長スベキコトヲ約ス」とされ、大正一二（一九二三）年の期限切れを恐れていた日本に大いなる安堵感を与えた。これら主要な権益を得たのであれば、後は穏やかな交渉によって逐次これを求めていけばいい問題であった。

再び問題は第五号である。このような実質的に中国を保護国化するような重要な条文を、しかも希望事項などという奇妙にも腰の引けた表現で持ち出すというのはどうしたことか。第五号は先述したように秘密裏の交渉事項とされたものの、情報は漏洩《ろうえい》して中国ナショナリズムの激昂《げきこう》へとつながった。大正八（一九一九）年に起こった五・四運動と呼ばれる反日ナショナリズムがそれである。

しかし対支二一カ条要求については記しておくべき経緯がある。外務大臣加藤高明から大総統袁世凱に対して対支二一カ条が提出されたのは大正四（一九一五）年一月であった。今日では対支二一カ条は日本の横暴を絵に描いたものであるかのごとくに受け取られているが、実際には一月に提起され五月の妥結にいたるまでに記録に残されている公式の交渉だけでも二五回に及んだ。しかもこの交渉過程で悪名高い第五号は他日の交渉に譲るとして削除し、したがって対支二一カ条として締結されたものはこれを除いて一四カ条であり、二一カ条問題は本来は一四カ条問題と称されるべきものとなった。

この一四カ条を最後通牒をもって飲ませたことが、後日この条約の不当性を世に印象づける原因となった。毎日的な五・四運動以来の日本世論のすさまじいほどの強硬さを思えば、それを慰《い》撫《ぶ》するには他に代替案はなかったのかも知れない。大正八（一九一九）年のパリ講和会議を経て大正一一（一九二二）年の、後述するワシントン会議において日本は問題の対支二一カ条第五号の撤回を表明したのである。間もなく撤回するような要求をなぜ中国側に迫ったのか、振り返ればまことに残念である。

五・四運動と対中世論硬化

パリ講和会議には二八カ国が参加した。この会議に参席するに当たっての日本側の対応は、当然ながら山東省のドイツ権益ならびにドイツ領南洋諸島権益の継承であり、加えて人種平等の理念をパリ講和条約で採択すべきことの要求であった。人種平等理念の主張の背景には、アメリカの移民排斥によって与えられた日本人の屈辱感があったのはむろんのことである。

中国側の主張は日本とはまったく逆に、山東省のドイツ権益の中国還付ならびに対支二一カ条要求の撤回にあった。山東省のドイツ権益についてはベルサイユ条約第一五六条、第一五七条、第一五八条においてすでに条文化されていたために中国側の主張は却下され、また対支二一カ条要求も議題の対象外とされた。山東省権益の中国還付がなされず、これが日本に移譲されたことに中国側は大いなる不満を表明し、条約調印を拒否した。

山東省の中国還付がなされなかったのは、中国政府が日本政府と山東問題に関する交換公文により日本の要求に同意していたからである。また二一カ条問題は大正四（一九一五）年の日華条約によってすでに約定されており、改めてパリ講和会議で議論されるべき問題としては認められないという理由によった。

ドイツ領南洋諸島の日本への権益移譲についてはまったく議論はなく、マリアナ諸島、マーシャル群島、カロリン諸島のいずれもが日本の委任統治領とされた。日本の主張のうち通らなかったのが人種差別撤廃問題であった。アメリカ移民問題での鬱屈《うっくつ》を抱えてきた日本人の総意を背景に提出され、賛同する国も少なくなかったが、アメリカは全会一致を主張してこの案を葬り去った。白人国家が非白人国家を隷従させてきた帝国主義の時代にあって、初めて提起されたこのテーマは歴史的意味をもつはずのものであった。しかしこれは日本の直接的国益というより多分に理念的問題でもあったために、却下致し方なしとして日本も引き下がった。

五・四運動とは、大正八（一九一九）年五月四日の早朝に北京大学を初めとする一三の大学の学生約三〇〇〇人が天安門広場に集結し、パリ講和条約の署名拒否、国賊処罰、青島還付などをスローガンとして立ち上がり、その後上海などに飛び火して一大騒擾となった中国ナショナリズムの噴出であった。騒擾の原因となったのはパリ講和会議において中国側の主張が葬られたという事情にある。しかし五・四運動は毎日的傾向を強くもち、それゆえこの運動に対する日本人の反発にもきわめて強いものがあった。大正八（一九一九）年五月六日付の『大阪毎日新聞』は以下のような激語でその社説を書いた。

「冷静なれ支那人、誤れる憤慨の為に国乱を助け、日支両国を離間《りかん》し、支那の衰弱に乗じて其の管理の手を進めんとする、野心ある外人の煽動《せんどう》に駆《か》られ、贔屓《ひいき》の引き倒しを受くるの愚に陥るべからず。静かに考へ遠く慮《おもんぱか》り、国内の統一と治平とを回復し、大亜細亜主義により親日の方策を以て立国の精神とする以外、採《と》るべきの道なきを悟了《ごりよう》せざるべからず」

ワシントン体制と日本の孤立化

連合国軍は対独戦で勝利を収めたとはいえ、その経済的疲弊には著しいものがあった。対照的に第一次大戦への参戦、その後のパリ講和会議を経て日本の隆盛は列強の刮目《かつもく》するところとなった。もう一つ、欧米列強の中でこの戦争を通じて国力を顕示《けんじ》し世界の圧倒的な覇権国として登場してきたのがアメリカであった。アメリカが欧州戦線に送った兵力の規模は大きかった。他方、自国が戦場となることはなく、国土と設備の破壊はまぬかれた。逆に武器、弾薬、その他戦略物資の大量供給を担ったのがアメリカであり、これを通じてアメリカの生産力はいやがうえにも増大した。

しかし世界に覇《は》を唱えんとするアメリカは、第一次大戦とパリ講和条約において、みずからのフロンティアと見定める中国での利権が日本に手渡されるのを阻止することができなかった。パリ講和会議に代わる新しい国際的調整の場をつくり、ここでアメリカが日本の興隆を阻止せんと欲したのは当然であった。その場がパリ講和会議から二年を経て開かれたワシントン会議であり、これによって定まった列強間の利害調整の結実がワシントン体制である。

会議は大正一〇（一九二一）年一一月から翌年の二月までつづいた。主題は、海軍軍縮問題ならびにアジア太平洋問題であった。パリ講和会議において日本の主張を阻止できず、中国の主張が退けられてしまったことがアメリカの大いなる不満であった。この不満を解消するために日本の軍事力の削減を図り、日本の国際的活動の基盤となっている日英同盟を廃棄に追い込み、さらには日本の満蒙における特殊権益をなきものにしようという烈々たる意思をもってアメリカはワシントン会議を主導した。ワシントン会議においては三つの条約が成立した。一つは海軍軍縮、二つは四国条約、三つは九国条約であった。

まずは海軍軍縮条約であり、これにより日米建艦競争を停止し、同時に日本の建艦計画の阻止が目論まれた。大正一一（一九二二）年二月六日に「海軍軍備制限に関するワシントン条約」が成立。この条約の中心は第四条にあった。ここでは「各締約国ノ主力艦合計代換屯《トン》数ハ基準排水量ニ於テ」アメリカ、イギリス各五二万五〇〇〇トン、フランス四七万五〇〇〇トン、日本三一万五〇〇〇トン、イタリア一七万五〇〇〇トンを「超ユルコトヲ得ズ」とされた。

加えて第五条を「基準排水量三万五千屯ヲ超ユル主力艦ハ、何《いず》レノ締約国モ之《これ》ヲ取得シ、又ハ之ヲ建造シ、建造セシメ、若《も》シクハ其ノ法域内ニ於テ之ガ建造ヲ許スコトヲ得ズ」、第六条を「何レノ締約国ノ主力艦モ口径十六吋《インチ》ヲ超ユル砲ヲ装備スルコトヲ得ズ」とした。要するに大艦巨砲主義をもって外交に当たる道を閉ざさんとしたのであるが、もちろんアメリカの意図は太平洋における日本の海軍力増強の阻止にあった。

四国条約とは「太平洋方面に於ける島嶼たる属地及ビ島嶼たる領地に関する四国条約」であり、大正一〇（一九二一）年一二月一三日に調印された。ワシントン体制においてアメリカが最も重視していたものがこれであり、四国条約の実現により日英同盟を廃棄に持ち込もうというのがその意図であった。

明治三五（一九〇二）年一月に成立した第一次日英同盟は、すでに述べた通り、ロシアの南下政策によってイギリスが清国内に擁する権益、日本が清国と韓国においてもつ特殊権益を相互に守ることを約した条約であった。日露戦争においてイギリスは厳正中立を守り、かつフランスやドイツの介入を阻止し、さらには日本の艦船輸入や戦時公債の募債に大いなる貢献をなし、日本の勝利に寄与した。

実際、日英同盟なくして日露戦争における日本の勝利は危うかったといっていい。日英同盟は明治三八（一九〇五）年八月に改訂され、日本の韓国における優越的権利をイギリスが承認することを条件に、条約の適用範囲をインドにまで拡大し、ロシアによるインド侵略があった場合には日英共同してこれに対処するという一段と強固な同盟へと転じた。

明治四四（一九一一）年七月一三日に第三次の日英同盟が締結されることになった。しかし排日移民問題やノックス長官の満州鉄道中立化提議などにより日米関係が緊張の度を増しているこの時期での改訂にアメリカは猜疑心を抱き、これを阻止しようと画策した。ワシントン会議において海軍軍縮条約が成ったとはいえ、イギリスはアメリカと同等の海軍力をもち、日本はアメリカより少ないとはいえ、日英を合計すればアメリカをはるかに凌ぐのみならず、日英の実力は他の列強の海軍力の合計よりも勝っていたのであるから、アメリカが何としてでも日英同盟を廃棄しようとした理由も判然とする。

加えてアメリカには対支二一カ条要求などは、日英同盟を笠に着た日本の横暴であるかのごとく映じたのであろう。帝政ロシアが革命によって滅亡し、日英同盟の本来の標的であるロシアの南下政策の阻止は重要課題ではなくなったにもかかわらずなおこれが存在するのは、アメリカに対する敵意の証ではないかと感じていたのでもあろう。

実際、パリ講和条約に署名したウィルソン大統領に対するアメリカ国民の非難は強く、これがパリ講和条約のアメリカ上院での批准拒否の背後要因となった。第一次大戦での敗北によってドイツの脅威は消滅し、この戦争で勝利し国力と軍事力を蓄えたのが日本とアメリカの二国のみであってみれば、日本に対する敵愾心《てきがい》の高まりをアメリカが抑えることは難しかったのであろう。敵愾心をいやがうえにも高めたのが中国問題であった。

その意味で平間洋一の指摘、「大戦後のアメリカの対日外交政策は、国際世論の非難を日本に向け、日本を外交的に孤立させて日本に政策転換を促すことを狙い、伝統的な門戸開放政策を旗印に、戦時中に日本が確立した中国大陸の既成事実を覆《くつがえ》すことであった」（『日英同盟』）という指摘は実に簡にして要を得ている。

日英両国政府は、もちろんアメリカの日英同盟改訂反対の意思を十分に知っていたものの、日露戦争時、第一次大戦時にその有効性をいかんなく発揮したこの同盟を廃棄する意思はなかった。それゆえアメリカの日英同盟に対する誤解を解くために、日米間で戦争が勃発してもイギリスは日本を支援する義務はないことを条約に盛ろうと努めた。その意味で第三次日英同盟改訂の核心は第四条にあった。

第四条にいわく、「両締盟国ノ一方ガ第三国ト総括的仲裁《ちゆうさい》裁判条約ヲ締結シタル場合ニハ、本協約ハ該仲裁裁判条約ノ有効ニ存続スル限リ、右第三国ト交戦スルノ義務ヲ前記締盟国ニ負ハシムルコトナカルベシ」。ちょっとわかりづらいかも知れないが、「両締盟国ノ一方」つまりイギリスと「第三国」つまりアメリカとの仲裁裁判によりその判断が下されれば、イギリスはアメリカと交戦する義務を「前記締盟国」つまり日本に負うものではない、とこの条文はいっているのである。ちなみに仲裁裁判とは、紛争当事国の合意によって裁判所を構成し、国際法に則って拘束力をもつ判決を下して紛争の解決を図る制度のことである。

しかしアメリカはなお諦めることなくワシントン会議において日本の孤立化を求めて懸命に働きかけ、ついには日英米仏による四国条約を大正一〇（一九二一）年一二月一三日に日英に飲ませることに成功。四国条約の成立と同時に日英同盟は廃棄されてしまった。同条約第四条は「本条約ハ締約国ノ憲法上ノ手続ニ従ヒ、成ルベク速《すみや》カニ批准セラルベク、且ツ華盛頓《ワシントン》ニ於テ行ハルベキ批准書寄託《きたく》ノ時ヨリ実施セラルベシ。千九百十一年七月十三日倫敦《ロンドン》ニ於テ締結セラレタル大不列顛《グレイトブリテイン》国及ビ日本国間ノ協約ハ、之ト同時ニ終了スルモノトス」である。

ここについに日露戦争後の日本の安全を保障してきた最も大切な「資産」である日英同盟は終焉のやむなきにいたった。今後はアジア太平洋問題において紛争が発生した場合には、第一条にいうごとく「該締約国ハ共同会議ノ為、他ノ締約国ヲ招請《しようせい》シ、当該事件全部ヲ考量《こうりよう》調整ノ目的ヲ以テ其ノ議ニ付スベシ」となり、日英の同盟関係は解体された。日本は欧米列強の国際システムから排除され、独力でアジア太平洋問題に対処せざるをえなくなったのである。

第一次大戦を通じてアメリカから物心両面の大量の支援を受けて対独戦に勝利したイギリスは、アメリカの強硬な同盟破棄要求になすすべはなかった。脆《もろ》くも崩れ去る旧友邦のありさまを眺めて、日本はみずからの生存は結局のところみずからで守るより他なしとして、欧米列強から猜疑の眼を向けられながら、独力で軍事力を整備し、大陸の中心部に入り込み、その深い泥沼に足を捕られて自滅への道を突き進まざるをえなかった。また後にドイツ、イタリアが軍事力を増強して英米に対する攻勢に転じるや、これに加わらんとする気運を日本人に生んだのも、結局は日英同盟廃棄にその遠因があったと主張して過言ではない。

ワシントン会議の「三点セット」のうち残るのは「中国に関する九国条約」であり、これは会議の最終日、参加した九カ国のすべて、すなわちアメリカ、イギリス、日本、フランス、イタリア、オランダ、ポルトガル、ベルギー、中国によって大正一一（一九二二）年二月六日に調印された条約である。この条約は日本の大陸政策の根幹を揺るがし、その行動を強く制約するものとなった。その後に発生する日本の大陸での行動のすべて、満州事変にせよ、上海事変にせよ、支那事変にせよ、これらすべての事変で列強が日本を糾弾《きゅうだん》するための根拠となったものが九国条約であり、九国条約は日本の敗戦後の極東軍事裁判での日本非難の重要な論拠ともなった。

九国条約は全部で七条から構成される。第一条は四項目から成る。第一項は、中国の主権、独立、領土、行政を保全すること。第二項は、中国に安固《あんこ》なる政府を樹立せしめる機会を供与すること。第三項は、中国における商工業の機会均等を各国に保障すること。第四項は、各国が自国の利益のために中国の情勢を利用してはならないこと。

第二条は、締約国が第一条に違背《いはい》する条約、協定などを結ぶ場合には事前に各国で協議すること。第三条は、締約国は中国における門戸開放、機会均等を厳守すべきこと、そのために中国の特定地域において一般的優越権利を設定してはならないこと、さらに商工業において独占的または優先的権利を設定してはならないこと。
第四条は、締約国は相互協定により、中国の領土において勢力範囲を決めてはならないこと。
第五条は、締約国は中国における鉄道利権に関し差別的待遇措置を設定してはならないこと。第六条は、締約国は中国が参加しない戦争においては中国の中立国としての権利を尊重すること。第七条は、締約国は本条約の規定を適用すべき事態が生じた場合には隔意なく交渉すべきこと。以上である。

日本を脅かしたものは第三条であり、日本の中国における特殊権益の否定であった。アメリカの門戸開放・機会均等主義が初めて法的な根拠をもつにいたったのがこの九国条約第三条であり、日本の大陸における特殊的地位と既得権益のすべてを否認するに等しい条項であった。日本の中国における特殊的地位をアメリカが承認し、同時に日米両国が中国の領土保全、門戸解放、機会均等の原則を確認したものが、大正六（一九一七）年一一月の日本の特派大使石井菊次郎とアメリカの国務長官ランシングとの間で結ばれた石井・ランシング協定であった。しかしこれも九国条約の成立と同時に廃棄されてしまった。

日本は九国条約を支那事変時の昭和一三（一九三八）年一一月に否認放棄するにいたる。そこにいたる十数年にわたり日本の大陸政策を縛りつづけたものが九国条約であった。ワシントン体制こそ日本を孤立に追い込み、中国進出を加速せしめた国際的な要因であったといわねばならない。

パリ講和条約が締結され、ワシントン会議を経てしばらく列強の国際政治関係は穏やかに推移し、国際協調主義が主流となった。国内的にも大正期に入って藩閥政治が批判の対象となり、民意を反映した政党政治を求める護憲運動が活発化、大正デモクラシーの時代を迎えようとしていた。

シベリア出兵をあてこんだ米商人による買い占めに端を発した米騒動によって寺内正毅内閣が総辞職し、寺内の後を襲ったのが立憲政友会総裁の原敬であり、初の「平民宰相」が登場。陸軍大臣、海軍大臣、外務大臣以外のすべてを政友会党員が占める、日本で最初の本格的な政党内閣が誕生した。

当時駐米大使に任じられていた幣原喜重郎《しではらきじゅうろう》はワシントン会議における日本側全権委員として出席し、海軍軍縮条約、四国条約、九国条約の締結の現場に立ってこれを指揮した。ワシントン体制下で国際政治関係が穏やかに推移したと右に記したが、対照的に中国の国内情勢は混沌を深める一方であった。このことについては次章で述べる。幣原の国際協調主義は対支政策にまで及び、混沌の中国に対しても不干渉主義をもって臨んだが、その帰結はまことに不幸なものたらざるをえなかった。

世界は不条理に満ち満ちているものだといわねばならない。極東の小国日本の大国ロシアに対する勝利は各国の賛嘆を招いたが、この同じ事実がアジアにおける新しい覇権国家日本の出現であると認識され、この認識をもって日本を追い込む主勢力がポーツマスでの日露和議を仲介したアメリカであったのは皮肉であったかにみえる。

しかし第一次世界大戦でヨーロッパ諸国が極度の疲弊に落ち込む一方、大戦の戦場たるをまぬかれ、大戦による政治的経済的利益を享受して隆盛を誇ったのはアメリカと日本であり、この二国が中国、次いで太平洋において鋭く対峙するにいたったのは皮肉でもなければ不思議でもない。覇権国家とは他国による覇権掌握を嫌悪し、これに挑戦する存在であるというのが確かな歴史的経験則であり、この経験則を私どもは心して理解しておく必要がある。

国際権力政治とはそういうものだと構えるより他ないのである。そしてこの国際権力政治におけるアメリカの慧眼《けいがん》にはまことにみるべきものがあった。日本の覇権掌握を可能にしたものが日英同盟であり、これを破棄に追い込めば日本の力量は一挙に縮小すると睨《にら》んでのアメリカの外交行動は怜悧《れいり》そのものであった。ワシントン体制とは、外交戦におけるアメリカの勝利であり日本の敗北であった。まことに外交とは武器を用いないでする戦争以外の何ものでもない。日本外交が学ぶべき教訓は、ワシントン体制成立に賭したアメリカ外交の水際立った行動の中にあると見据えることであろう。

第9章

中国とはいかなる存在であったか——分裂と挑発

日本が大陸内での局地戦のことごとくに勝利を収めながら、これが全局での勝利につながることがなかったのは、中国の分裂的現実のゆえであった

田中義一

四分五裂

ワシントン会議が開かれた大正一〇（一九二一）年前後の中国は統一国家としては存在していなかった。ある種の無政府状態にあり、それゆえにこそ革命後のロシアは共産主義をここに侵入させ、このことがまた中国を御し難い存在へと変じさせていった。

孫文の辛亥《しんがい》革命が成ったのが明治四四（一九一一）年一一月、翌年の一月一日をもって中華民国が樹立された。統治能力を喪失した清国を救亡せんと孫文は明治三八（一九〇五）年八月に東京で自身を総理とする中国革命同盟会を結成、この同盟会が中心となって中国各地で武装蜂起を企てた。清朝も立憲君主制に転換して王朝の存続を企図し、統治能力の強化のために新軍を設置したものの、新軍の中にも革命思想が蔓延《まんえん》し、四川省の武昌で革命派が蜂起、「武昌起義」が成功をみた。

武昌起義は「滅満興漢」を奉じる全土の革命行動に火をつけ、清国からの独立を宣言する地域が相次ぎ、その数は一〇省に及んだ。特に南部において革命軍の力は強く、南部諸州の革命軍が結束して孫文を臨時大統領とする中華民国臨時政府が南京で設立された。求心力を失った清国政府は袁世凱に革命軍鎮圧を依頼、南北が鋭く対立する事態となった。しかし軍事力において優位、かつ野心逞しき袁世凱は孫文と融和して共和制に賛意を示し、清国に圧力をかけて清国最後の皇帝、宣統帝溥儀《ふぎ》を退位させ、みずから大総統として君臨した。明治四五（一九一二）年二月一二日をもって大清帝国は最終的にその幕を閉じた。

袁世凱は政府を南京から北京に移した。革命派は宋教仁《そうきょうじん》を擁して国民党の強化を図らんとしたが、袁世凱配下により宋教仁は暗殺され、袁世凱と国民党との分裂は決定的となった。しかし袁世凱は大正五（一九一六）年に死去。孫文は革命派を広東に糾合《きゅうごう》し、みずからを大元帥とする国民政府軍を広州で成立させた。

清国期の末期から中華民国期の中国を跋扈《ばっこ》したのは地方軍閥であり、これが中国を四分五裂とした主勢力であった。袁世凱自身が「北洋六鎮」を束《たば》ねた北洋軍閥の巨魁《きょかい》であった。袁世凱の死後、北洋軍閥は私兵を基盤とする多数の派閥へと分化し、私闘と内紛を繰り返し、統一中国は遥かなる夢であった。

安徽《あんき》派と呼ばれた段祺瑞《だんきずい》、直隷派と称された馮国璋《ひょうこくしょう》、呉佩孚《ごはいふ》、雲南派の唐継堯《とうけいぎょう》、広西派の李宗仁などがこの時代を騒がせた軍閥の代表であった。孫文に率いられた国民政府軍には彼らを打破する力はなかった。

政府の権力基盤と軍事力は脆弱であり、軍閥相互の内乱と政争の中国こそ、新たに成立したソヴィエト政権にとってみずからの共産主義を拡大させる格好の舞台となった。この時期、山東省のドイツ権益を日本が継承したことに端を発する反日愛国運動が激越に展開されていた。実質的にボルシェビキ政権の指導下に成立した世界革命組織、コミンテルンが照準を定めたのが台頭する軍閥と反日ナショナリズムの昂揚によって混沌をきわめる中国に他ならなかった。

コミンテルンが中国を指導する前段階として用いたのが、カラハン宣言であった。ソヴィエト政権の外務人民委員代理のカラハンは、ロシアがロマノフ王朝時代に清国と締結したあらゆる不平等条約を破棄し、租界もこれをすべて中国に還付することを約し（第一次カラハン宣言）、次いで中国との国交樹立の希望を明らかにした（第二次カラハン宣言）。第二次カラハン宣言を基礎に中ソ国交樹立が成ったのは大正一三（一九二四）年五月であった。

中華民国政府がカラハン宣言に歓喜し、この宣言が中国ナショナリズムの昂揚を促す要因ともなった。中国共産党が成立、上海で第一回の全国代表大会が開かれたのは、大正一〇（一九二一）年七月であった。この大会にはコミンテルン代表も参加した。孫文は共産主義を中国のナショナリズムを擁護するイデオロギーと捉え、容共的姿勢へと傾いた。ソヴィエト政権の攻勢は著しく、大正一〇（一九二一）年七月にモンゴル人民政府を成立させ、次いで満州の「赤化」に努めた。

シベリア出兵に意義はなかったか

大量の兵力と軍事費を投入し、「戦利品」を何一つ得ることもなく終わり、日本の近現代史において「悪名高き」シベリア出兵についてここで触れておく必要がある。

ソヴィエト政権（ボルシェビキ）は、貪欲な領土的野心をたぎらせ強引な外交政策と軍事戦略を繰り返してきたロマノフ王朝を倒して登場したのだから、一面ではこれによりロシアは邪悪なる存在から多少なりとも民主的で親和的な国家へ変貌するのではないかとの期待を列強にもたせたが、まったくの期待はずれであった。大正六（一九一七）年一一月にレーニンを最高指導者とするボルシェビキが共産主義を擁して「一〇月革命」を成功させ、翌年三月に同政権がドイツと単独講和を締結するや、日米英仏は革命政権への積極的な介入を始めた。

特に満州に接するシベリアの共産化を恐れたのが日本であった。寺内正毅内閣が革命の直後からボルシェビキへの干渉の意図を明らかにし、ロマノフ王朝の崩壊によって「力の空白」が発生したシベリアに兵を進めた理由は理解されねばならない。

出兵を促したのはイギリスであった。ウラジオストックに残されたドイツの厖大な軍需品を凍結して、軍需品のドイツへの移送を阻止するためには日本の兵力が不可欠だったからである。アメリカは当初、出兵を潔しとしなかった。しかし、ロシア帝国内に居住していた多くのチェコスロバキア人がロシア革命を機に独立を求めて糾合し、チェコ軍を編成、これがボルシェビキと衝突するにいたった。ウィルソン大統領はみずからの主義とする民族自決を具現するためにも、チェコ軍の孤立を見捨てておくわけにはいかなくなり、日米共同のシベリア出兵となった。

しかし出兵後間もなくして、アメリカは日本の出兵の意図がシベリア占領にあるとの判断に傾き、全体主義ボルシェビキに対抗する意思をも捨てて大正九（一九二〇）年一月に撤兵してしまった。七万三〇〇〇人の日本兵がシベリアで孤独な戦いをつづけて三五〇〇人を超える犠牲者を出し、さらには樺太の対岸に位置するニコライエフスクで多くの日本人居留民、陸軍守備隊、海軍通信隊が共産パルチザンによって殺害されるという事件にまで巻き込まれて、結局のところ大正一一（一九二二）年六月には派遣軍撤退の決定を余儀なくされた。悪名高き評価もむべなるかな、である。

しかし、ボルシェビズムの革命思想がシベリアを通じて満州に浸透し、さらにはボルシェビキの主導するコミンテルンの策謀により中国に共産主義が「扶植《ふしょく》」され、二〇世紀後半期の東西冷戦を通じて時代を脅迫しつづけたものが共産主義思想であったことを顧みれば、日本の愚策をいつのるより前に、アメリカはもとよりイギリス、フランスもまたなぜ日本と共同してあの「悪の思想」と対抗することができなかったのか、その事実の方がより深く論じられねばならないのではないか。

なおつづく四分五裂

孫文は国民党強化のためには軍閥に対抗するだけの実力をもった近代的な軍官が必要であると認識し、蔣介石をソヴィエトに派遣、軍官育成のノウハウを仕込ませて黄埔軍官学校を開設した。大正一三（一九二四）年六月に広東省広州郊外の黄埔長州島に設置されたこの学校は、全部で六回の学生募集により一万二〇〇〇人の将卒を育てた。学校総理孫文、校長蔣介石、政治部副主任周恩来という布陣であった。軍官学校はソヴィエトから資金援助を仰ぎ、武器の提供をも受けた。国民党の組織編成にもまたソヴィエトは強い影響力を行使した。北伐が開始されたのは大正一五

（一九二六）年であり、その指導者となった軍人のほとんどが軍官学校の出身者であった。

大正一三（一九二四）年には第一次国共合作が成立。孫文は国民党の組織強化のためにソヴィエトと提携し、中国共産党員の国民党加入を認めて、この合作が成った。しかし孫文は大正一四（一九二五）年三月一二日北京で死去。孫文の死去により国民党は求心力を失い、左右対立が激化、新たに登場した指導者が蔣介石であった。蔣介石は共産主義者の意図を見抜き、大正一五（一九二六）年三月には共産党員と国民党左派を粛清して国共合作を終焉させ、そのうえで同年七月に一〇万の兵を率いて北伐の途に着いた。直隷派呉佩孚を敗退させ、上海、蘇州を経て南京に入城、ここを制した。

広州で蔣介石に粛清された共産党と国民党左派は武漢で国共合作の国民政府を樹立。武漢と南京とが対立する構図となった。武漢での国共合作に多大の力を振るったのは、広東での国共合作にも関係したロシア人顧問ボロディンであった。

南京における蔣介石軍の外国人に対する暴行、略奪、殺戮が昭和二（一九二七）年三月二四日に起こった南京事件であり、この事件により二〇〇〇人の日本人居留民を含む南京在住外国人は多大の被害を被った。北京外交団は事件に強く抗議したものの、この時点、北京には中央権力が存在しておらず、奉天軍閥の張作霖の支配下に入っていた。南京と武漢との間で対立する国民党と国民党左派・共産党、これに張作霖などの諸軍閥が加わって中国は文字通りの四分五裂の状態にあった。

武漢政府の国民党は左派たりとはいえ、共産党の意図が三民主義とは相容《あいい》れない共産革命であることにようやくにして気づき、共産党を追放した。これにより南京と武漢の国民党は再度合体して南京国民政府が成立した。

しかし、直隷派呉佩孚の軍閥は二五万人の兵を擁し、河南省、湖北省、湖南省、四川省、貴州省を制し、また奉天軍を擁する張作霖は満州、河北省、山東省を制して兵力は五〇万を上回り、蒙古にまでその勢力は及んでいた。さらに共産党軍はいまだ成立して間もなく、蔣介石の北伐の過程で制圧されたものの各地で農民運動や労働運動に火を付けてまわり、共産主義の「扶植」に熱を入れていた。

南京事件に際し外務大臣幣原喜重郎は武力行使を忌避し、絶対不干渉の立場を貫いて、対支関係は好転するかにみえたが、その直後の昭和二（一九二七）年四月三日に漢口事件が発生し二二〇〇人の日本人居留民が中国人群衆によって脅かされた。これにも幣原は不干渉政策を貫いた。

しかし南京事件と漢口事件を契機に日本の対支世論が硬化し、国際協調と対支不介入政策を貫いた幣原は、漢口事件のすぐ後に総辞職した若槻礼次郎内閣ともども外務大臣辞任を余儀なくされた。若槻内閣に代わって政友会の田中義一内閣が四月二〇日に成立した。この田中内閣において山東出兵が行われ、日本軍の大陸進出が本格化した。

張作霖《ちょうさくりん》は清末以来、満州において力を蓄え中華民国成立後に官職と軍権を掌中にし、満州全域を支配下におく奉天派軍閥の総帥《そうすい》となり、北京の新しい支配者となった国民政府軍と対峙した。

蔣介石の北伐はついに張作霖との対決にいたったものの、張軍の力量は蔣介石の予想を上回った。蔣介石は敗退し、北伐は中止された。張作霖軍と蔣介石軍との戦闘が迫るや、山東省の日本人居留民の保護が不可避となり、旅順駐屯の歩兵三三旅団の四個大隊を艦船で青島に派遣した。第一次山東出兵である。しかし蔣介石の北伐中止によって危機はひとまず去り、日本軍も撤兵した。

「対支政策綱領」

第一次山東出兵を経て、日本政府は対支政策の基本がいずこにあるのかを明示し、国論の統一を図ることが必要であると考え、政府側として首相兼外務大臣田中義一、外務政務次官森恪《つとむ》、現地側からは駐支公使芳沢謙吉、奉天総領事吉田茂以下、漢口、上海などの総領事、関東軍幹部などの出席の下に前後五回にわたり対支政策について徹底的な議論を闘わせた。東方会議である。会議の最終日、昭和二（一九二七）年七月七日に田中義一によって取りまとめられたものが「対支政策綱領」であり、これが以降の日本の対支政策の基本方針とされた。

表明された政策は穏当なものであった。全体は八項目から成り、これを要約すれば、第一に、日本は中国における内乱、戦争には関与せず、各派閥の離合集散に干渉しないこと。第二に、中国における穏健分子の自覚にもとづく合理的な要望には日本も協力すべきこと。第三に、中国の統一は畢竟《ひっきょう》するところ中国に強力な中央政府が生まれなければ不可能であるが、これは容易ではないので日本は各地方の穏健なる勢力と適宜付き合い、全国統一の気運を漸次《ぜんじ》つくるべきこと。

第四は、中国内の各勢力に対して日本はまったく同様に平等の立場を取り、統一気運が生じた場合には日本はこれを支持すべきこと。第五に、しかし中国における日本の権益、在留邦人の生命財産が侵された場合には必要に応じ断固これに対処すべきこと。第六に、満蒙においては日本の重大な特殊権益が存在するため、ここを外国人安住の地とすることは日本の責任であり、同時に門戸開放、機会均等主義を遵守すべきこと。第七に、満州の政情安定のためには満州人自身の努力をまつべきこと。第八に、万一動乱により日本の特殊権益が脅かされた場合には機を逸《いっ》することなく適切に処理すること。以上の八項目であった。

済南事件

蔣介石は昭和三(一九二八)年四月に第二次北伐に打って出た。蔣介石軍の兵力、張作霖軍の兵力ともに一〇〇万を擁して両軍干戈《かんか》を交えたが、国民政府軍が奉天軍を打破、次いで満州を包囲、やむなく田中内閣は居留民保護のために第二次山東出兵を決定した。

国民政府軍が山東省の要衝済南を包囲、日本人居留民は確実に保護するので撤退すべしとの蔣介石の言質を得て日本軍は退去した。しかしその直後に国民政府軍による居留民への襲撃が始まり、取って返した日本軍との間で激しい銃撃戦が市街地で展開され、多数の日本人兵士と居留民が惨殺、凌辱、略奪の被害を受けた。対支膺懲《ようちょう》の声が日本の国内に満ち、もはやこれを制することは困難な情勢となった。済南事件は日中関係の転機であった。中村粲は『大東亜戦争への道』

において次のように記す。

「昭和十二年の所謂《いわゆる》〝南京大虐殺〟の実否が論議を呼んできたが、仮にそれが一部分事実であったとしても、それに先立つ南京事件や済南事件が全日本人の脳裏と胸奥に、深い怨恨《えんこん》と憤りの記憶を刻みつけてゐたことを忘れてはならない。もし南京事件、済南事件そして後述の通州事件がなかつたならば、所謂『南京虐殺』など発生する筈《はず》はなかつたに違ひなく、所謂〝南京虐殺〟を論ずる者は、それより十年も前に同じ南京や済南で発生したこの民族的痛恨事についても一言なかるべからず、と筆者は考へるのである」

東方会議の「対支政策綱領」の第七項目を改めて記すなら次の通りである。「若《も》シ夫《そ》レ東三省ノ政情安定ニ至テハ、東三省人自身ノ努力ニ待ツヲ以テ最善ノ方策ト思考ス。／三省有力者ニシテ満蒙ニ於ケル我特殊地位ヲ尊重シ、真面目ニ同地方ニ於ケル政情安定ノ方途ヲ講ズルニ於テハ、帝国政府ハ適宜《てきぎ》之ヲ支持スベシ」である。日本が奉天軍閥の指導者張作霖を支持した理由は、要するにこの東方会議第七項目の考え方にもとづく「分治主義」であった。

しかし張作霖はすでに北京に出陣し、国民政府軍の到来を兵を擁して待ち構えていた。田中義一は、ここで奉天軍閥と国民政府軍が衝突し、国民政府軍が勝利して山海関を越え、満州にまで進軍した場合、満州における日本の特殊権益が侵害されることを恐れ、張作霖に奉天への引き上げを勧告した。張作霖は勧告に耳を貸さなかったものの、国民政府軍が北京に進軍するや、その軍力に圧倒され形勢不利とみて特別列車で北京を経て奉天に向かった。

張作霖の乗る列車が京奉線と満鉄線の交差する鉄橋を渡っている最中に、関東軍高級参謀河本大作の指示により仕掛けられた爆弾が破裂し、張作霖は即死。万里の長城以北の統治を張作霖に、以南を蔣介石に任せて満州、北支の「分治的」安定を図り、もって日本の在満権益を確保しようという田中義一の構想はこの事件によって破綻した。

満州の支配権を新たに継承したのが張作霖の長子張学良《ちょうがくりょう》であった。父を爆殺された彼の怨恨は深く、日本の勧告を拒否して昭和三（一九二八）年一二月、国民党帰順の意を伝えるべく青天白日旗を掲げ（「満州易幟《えきし》」）、昭和五（一九三〇）年には長城以南の関内に進軍して河北、綏遠にも手を伸ばした。張学良は蔣介石に次ぐ政治的地位、陸海空軍副司令官となった。

「泥沼に足を捕られる」という表現を先の章で用いた。張作霖爆殺事件以降の日本の大陸政策は、そのことごとくが中国によって裏切られ破られた。東方会議で示されたような画然《かくぜん》たる方針の遂行はすべて中国によって阻止され、日本は懐の深い大陸の中心部で自滅の道をたどっていくのである。つづく満州事変がその一であり、上海事変がその二であり、支那事変がその三であった。

本書の読者であればこの辺りになると十分の知識をもっているはずであり、詳述は無用であろう。記憶を呼び戻すために、できるだけ簡単な整理にとどめたい。

満州事変へ

満州事変が起こったのは昭和六（一九三一）年九月一八日である。張学良の「満州易幟」以来、国民党の勢力は満州にまで及び、北伐の過程で次第に昂揚した排日ナショナリズムは満州に充満した。国民政府外交部長王正廷は「革命外交」を主張し、それまでの日本と清国との間で結ばれた一切の不平等条約の破棄を宣言。コミンテルンの援護を受けた中国共産党の満州への浸透も著しく、昭和三（一九二八）年七月にはモスクワでコミンテルン第六回大会が開かれて労農大衆の支持獲得の方針が決定、同年一一月には中国共産党満州委員会が発足、一大勢力が形成されつつあった。

労農大衆の支持を得んと共産党は排日を叫び、満州における反日運動は各地の日本人居留民を名状し難い不安と恐怖に陥れた。その典型が二度にわたる間島暴動であり、これにより日本領事館が襲撃を受け、発電所、交通機関などが破壊された。間島とは吉林省東部、図們江北岸に位置し、日本人とともに朝鮮族が多く定着していた地域であった。暴動は共産ゲリラの襲撃によって起こった。

北京の国民党にあっては革命外交、奉天にあっては張学良の強勢が加わって、反日ナショナリズムは火を点じれば一挙に燃え盛る災いとなりかねない状態となった。

このような情勢の中で起こったのが昭和六（一九三一）年九月一八日の柳条湖事件であり、これを発端として満州全域を巻き込む満州事変へと事態は拡大していった。柳条湖事件とは、奉天の北方に位置する柳条湖で関東軍が満鉄を爆破、これを張学良軍閥による暴行とし軍閥の本拠地たる北大営を攻撃、ここを占領した事件である。満州事変の全局において指導的地位にいたのが関東軍作戦主任参謀石原莞爾、同高級参謀板垣征四郎の二人であった。

柳条湖事件を契機に関東軍は満州の全域を占領、ここに満州国を建国しようという遠大な計画もまたこの二人によって練り上げられていた。柳条湖事件の発生は九月一八日であったが、その翌日までに営口、奉天、長春と南満州鉄道の沿線都市を制圧、二一日には吉林、二二日には敦化を占領して、満州の東部と南部は瞬時にして関東軍の手に落ちた。

この時点で東京の陸軍参謀本部は不拡大方針を表明し戦局はやや緩慢になったものの、結局は一一月一八日にチチハルに入城、昭和七（一九三二）年一月三日には錦州を占領、二月五日にはハルビンを落とし、柳条湖事件発生以来の四カ月で全満州を制圧するという迅速さであった。チチハル占領を陸軍中央部、次いで日本政府も承認せざるをえず、政府の不拡大方針は潰えた。ちなみに万里の長城の東端に位置する山海関の東がつまり関東であり、関東軍とはこの地に駐屯する日本軍のことである。

全満州を占領した関東軍は、昭和八（一九三三）年二月に長城の北方に接する熱河省に兵を進め、さらに長城を越えて関内（長城以南の河北省の一部）、北京、天津を眼前に控える地域を占領、ここを「北支分治政策」の対象とした。国民政府軍の満州侵入を防ぐための非武装地帯形成の企図であった。天津郊外の塘沽で結ばれた停戦条約により日本は非武装地帯化を国民政府に飲ませた。

国民政府軍が長城以南まで後退をつづけたのは、蔣介石の「安内攘外《じょうがい》」論による。内を安定させ後に外を攘（打ち払う）の意であり、内とはすなわち中国共産党であり、外とは日本軍のことであった。

塘沽停戦条約の締結をもって満州事変は終焉した。昭和一一（一九三六）年一月に日本政府は北支五省の自治化を「北支処理要綱」（第一次）として決定し、同年八月には閣議により北支五省を防共親日満地帯として設立しようとする同名の要綱（第二次）を決定したからであった。

満州国建国から国際連盟脱退へ

これより先、昭和七（一九三二）年三月一日、関東軍の工作により満州国が建設され、宣統帝溥儀《ふぎ》が執政に就任した。同年九月一五日には斉藤実内閣の下で日満議定書が調印、満州国成立が内外に宣せられた。日満議定書の前文はこうである。

「日本国ハ満洲国ガ其ノ住民ノ意思ニ基キテ自由ニ成立シ、独立ノ一国家ヲ成スニ至リタル事実ヲ確認シタルニ因《よ》リ、満洲国ハ中華民国ノ有スル国際約定ハ満洲国ニ適用シ得ベキ限リ、之ヲ尊重スベキコトヲ宣言セルニ因リ、日本国政府、及ビ満洲国政府ハ日満両国間ノ善隣《ぜんりん》ノ関係ヲ永遠ニ強固ニシ、互ニ其ノ領土権ヲ尊重シ、東洋ノ平和ヲ確保セン」

満州国建国が日本を国際的に孤立させることを恐れ、建国に賛意を示さなかった首相犬養毅《つよし》は昭和七（一九三二）年五月一五日に首相官邸を襲った軍人により射殺された。五・一五事件である。

柳条湖事件の発生直後に中国は国際連盟に関東軍の横暴を提訴。満州国成立後に国際連盟はリットン調査団を満州に派遣した。この派遣を提案したのは、実は日本であった。リットン調査団報告書のポイントとなる一部を引用すればこうである。

「各方面より得たる証拠に依《よ》りて、本委員会は『満州国』の創設に寄与したる要素は多々あるも、相俟《あいま》って最も有効にして然《しか》も吾人の見る所を以てせば、其れなきに於ては新国家は形成せられざりしなるべしと思考せらるる二つの要素あり。其れは日本軍隊の存在と日本の文武官憲の活動なりと確信するものなり。／右の理由に依り、現在の政権は純粋且つ自発的なる独立運動に依りて出現したるものと思考することを得ず」

満州国建国の正当性が否定され、日本の満州国からの撤退が勧告された。日本は昭和八（一九三三）年二月二〇日の閣議で、撤退勧告案が国際連盟で可決された場合には連盟を脱退することを決定。果たせるかな二四日の連盟臨時総会で撤退勧告案が四二対一という圧倒的な支持をもって可決され、松岡洋右《ようすけ》代表は憤然《ふんぜん》席を蹴って退場。日本は国際連盟から脱退した。

日本政府により昭和八（一九三三）年三月二七日に出された国際連盟脱退通告文には、中国の現状に対する正鵠《せいこう》を射《い》た日本特有の考え方が表明されており、これが中国の真実を衝《つ》いた一文であったことをここで記しておきたい。

「支那ガ完全ナル統一国家ニアラズシテ、其ノ国内事情、及ビ国際関係ハ複雑難渋《なんじゅう》ヲ極《きわ》メ、変則、例外ノ特異性ニ富メルコト、従テ一般国際関係ノ規準タル国際法ノ諸原則、及ビ慣例ハ、支那ニ付テハ之ガ適用ニ関シ著シキ変更ヲ加ヘラレ、其ノ結果、現ニ特殊且ツ異常ナル国際慣行成立シ居レルコトヲ考慮ニ入ルルノ、絶対ニ必要ナル旨、力説強調シ来タレリ」

中国が国際法の精神に則って交渉をすべき統一国家の実態をもっていなかったことはすでに指摘したごとく紛れもない事実であった。

満州事変は関東軍によって引き起こされ、これを日本政府が事後的に承認するという形で展開、要するに軍部の独走の結果であったとする見方がいまなお有力である。確かに事実は軍部の独走であった。しかし軍部の独走がなければ満州事変に類する事変は起こらず、満州国建国もなかったかといえば、ことはそれほど簡単ではない。当時の日本が国際的におかれていた状況を考えれば、つまりは国運を賭して戦った日露戦争の勝利により確保され、ポーツマス条約での和議により条約の形で承認された日本の満州における正当にして特殊な地位と権益のことを顧みれば、事態の進展には一つの必然性があったことも付け加えておかなければならない。しかし、このことをここで述べ出したら際限がなくなる。

パル判決書に記載される次の一文（東京裁判研究会編『共同研究 パル判決書』上巻、講談社学術文庫、一九八四年）が存在しており、この文章に付け加えるべきものを私は何ももたない。深く静かにこれを味読するのみである。

「日本が往時の侵略によってこれら（中国、満州における日本のすべての権益――著者注）を獲得したものと仮定しても、この事実によって現在の国際制度上の日本の法的立場はいささかも影響を蒙《こうむ》らないのである。本裁判の訴追国である西方の列強が、中国をふくむ東半球において主張する権益は、かような侵略的手段によって獲得されたものであり、かれらがパリ条約の署名時において、東半球におけるおのおのの権益に関して、留保条件を付したさいには、これらの列強は、かような権益にたいしても自衛および自己保全の権利が及ぶものと考えていたことは確実である。

これに関して、すくなくとも英国は日本との同盟条約においてこの『特殊地位』を認めたことを付言しておきたい。もしも満州における権益の性格についての日本の主張が正しいものならば——すなわちその主張する特殊地位もしくは特殊権益が、日本の自存のために必要なものならば——この一九二二年のワシントン条約は日本から、かような権益を奪うことはできないことに注意すべきである。

自存はたんに国家の権利であるだけでなく、同時にその最高の義務であり、他のあらゆる義務はこの自存の権利および義務に隷属するのである。国際関係においては、すべての国家はこの権利を支配的条件とみなし、その他のあらゆる権利義務は、この条件のもとに存すると見ている。この権利の発動は、それ以外の原則に従って行動すべき義務を停止する。自存の観念は、場合によっては、重大な加害に対応するための自己保全までをもふくむことがありうる」

通州事件

満州国の建国が日本にとって他に選択肢のない選択の一つであったにしても、これを契機に日本が大陸の中心部でさらに深い泥沼にはまっていったことは紛れもない事実であり、これが日本の運命を決する分岐点となったことは明白である。満州国の建国が宣せられた昭和七（一九三二）年三月の少し前、同年の一月二八日に第一次上海事変が勃発した。満州国建国に対する列強の眼を他に転じるための高級参謀板垣征四郎による謀略だという説がある。日蓮宗の僧侶らが上海租界で暴漢に襲われたことをきっかけに、反日ナショナリズムに包囲されて強度の不安と恐怖におののいていた約三万人の日本人居留民の声を受け、日本の海軍特別陸戦隊が国民政府第一九路軍を襲撃した。

この戦闘で日本軍は苦戦を余儀なくされ、内地からの派遣を要請された陸軍が出兵し、五月五日にようやく停戦に持ち込んだ。共同租界に各国の外交機関が存在し、多数の居留民が居住する上海でのこの日本の行動は、中国人のナショナリズムを煽《あお》るとともに、列強にも日本に対する強い猜疑の念を植え付けてしまった。

日本は昭和九（一九三四）年一二月の閣議でワシントン条約単独廃棄を決定、建艦競争を再開、「武蔵」の建設が同年に決まった。ロンドン軍縮条約に調印した浜口雄幸《おさち》内閣は、日本に不利なこの条約に調印したことを政友会から統帥権干犯《とうすいけんかんぱん》問題として提起され、軍部の独自性が正当化される契機となった。昭和一一（一九三六）年一月に日本はロンドン軍縮会議からの離脱を通告した。ロンドン軍縮条約とはワシントン体制下の軍縮条約によって定められた主力艦船の制限に加え、補助艦の制限を目的として昭和五（一九三〇）年四月に調印された条約であった。

昭和一一（一九三六）年には二・二六事件が起こり、首謀者一五人の青年将校ならびに彼等の精神的バックボーンとなった北一輝、西田税《みつぐ》が死刑に処せられたものの、これにより皇道派の排除、統制派の結束力が強化され、軍国国家への道が開かれていった。

日中全面戦争のきっかけとなったのが、昭和一二（一九三七）年七月七日の夜、北京郊外、永定河に架かる盧溝橋のたもとで起こった盧溝橋事件である。対ソ戦を想定して軍事訓練をしていた天津駐留の日本軍一個中隊が国民政府軍から実弾射撃を受けて始まった一事件であった。事件の翌日、報告を受けた陸軍中央と外務省は戦線不拡大の方針を決定した。

陸軍大臣杉山元《はじめ》は三個師団の派兵を要請したものの、外務大臣広田弘毅《こうき》は全面戦争への危険を察知しこれに応じなかった。現地では中国軍が日本軍に遺憾の意を表した。以降、日中両軍の過度の接近を避けるべく、事件の起こった地域には兵を駐屯させない旨を示した現地停戦協定が成立、事態は収まったかに思われた。

しかし現地停戦協定は成立の直後に破られ、天津駐屯の一班が中国兵から襲撃を受けて数人が殺害された。さらに北京広安門を通過する天津駐屯大隊が中国軍によって射撃を受け、ここで日本軍は不拡大方針を放擲《ほうてき》せざるをえなくなった。日本軍は七月二八日午前八時をもって総攻撃を開始。北京、天津地域から中国軍を追放するための軍事行動に出た。中国軍は敗走し、北京、天津地域は平定された。

通州事件が起こったのはその翌日、昭和一二（一九三七）年七月二九日であった。中村粲『大東亜戦争への道』によれば親日派の殷汝耕が国民政府から離脱して創設した政権に通州の冀東《きとう》防共自治政府があり、この政府は高い戦闘能力を有していた。しかし共産党の権勢の浸透により、次第に自治政府軍の隊員は人民戦線運動の影響を受けるようになり、ついに自治政府は親日政府から国民政府軍へ寝返り、その結果として起こった悲劇的事件が通州事件であった。

通州の日本守備隊が南苑攻撃に出陣し、通州が手薄となったところに自治政府軍が一挙に襲撃を開始、殷汝耕を拉致したうえで日本兵と居留民に襲いかかり、略奪、暴行、凌辱、殺戮など残虐の限りを尽くして、二百数十人の日本人を犠牲にした惨たる事件であった。

南京事件

盧溝橋事件以降、日本政府は中国での軍事行動を北支事変と称し、次いで支那事変と呼ぶようになった。日中戦争の舞台の変化に応じての名称変更であった。案に相違せず第二次上海事変が昭和一二（一九三七）年八月一三日に起こり、戦線は北支から中支に及び、日中両軍が激しい戦闘を繰り広げた。日本政府は八月一五日に「中華民国政府断乎膺懲《ようちょう》」の声明を発し、日中両国は全面戦争へと転じた。

第二次上海事変は国民政府軍の先制攻撃から始まった。日本陸軍の到着以前に上海の日本海軍特別陸戦隊の殲滅《せんめつ》をめざしての先制攻撃であった。しかし国民政府軍の兵力はいまだ不十分であり、航空作戦を敢行した日本軍に対して勝ち目はなかった。日本軍は航空母艦「加賀」「龍驤」

「鳳翔」を擁し、航空部隊が爆撃を敢行した。爆撃は上海はもとより杭州、南昌、南京、蘇州、浦口、徐州に及び、日本軍は戦局を拡大しながら、中国軍を敗走させた。第二次上海事変の山場は大場鎮攻撃であったが、国民政府軍の強い抵抗を排してここをも落とした。

上海の次が国民政府の首都南京の攻略であった。日本軍は敗走する国民政府軍を追いつめ、国民政府軍は南京城に逃げ込み、ここに立て籠もった。中支那方面司令官松井石根《いわね》の指揮下、一二月一〇日正午までを期限とする南京城開城降伏のビラを航空機から撒くも国民政府軍の降伏は成らず、日本軍は一二月一一日午後に城門に到着。この時点で南京防衛司令官の唐生智は多数の将卒を引き連れて南京城外へ脱出していた。

日本軍は歩兵一連隊を中心とする部隊を入城させたものの、城内各所に残っていた敗残兵、便《べん》衣《い》隊の激しい抵抗と反撃に遭遇《そうぐう》し、その掃討《そうとう》作戦でいわゆる「南京虐殺」が発生した。松井司令官を先頭に一七日に入城式が挙行された。

南京虐殺は現在の中国において――日本においてさえ――日本軍の残虐性を示す代名詞のごとくに語られており、特にその虐殺数が問題とされているものの、その数を確定することは現在にいたっては困難である。

しかし日清戦争、日露戦争、上海事変のすべての戦局において日本軍が引き起こしたことのない凄惨な中国兵殺戮が南京城だけで例外的に起こったとは考えにくい。現に南京城入城を前にした一二月五日、蘇州に到着後、病床に伏していた司令官松井は、一般市民はもとより敵軍といえども抗戦の意思を失った者には「寛容慈悲」の態度で臨むよう軍紀維持を作戦指令の一つとして出していた。

軍紀が乱れていたのは国民政府軍の方であった。南京入城に先立つ一一月一九日の国民政府の国防最高会議の決定により首都を南京から重慶に移すことになり、政府の運営に必要な文書などは重慶にすでに移送されていた。蔣介石自身が一二月一一日には南京を退出して漢口におり、軍政部長、参謀総長も漢口へと向かい、南京守護を命じられていたのは前述した唐生智であったが、彼もまた日本軍と戦うことなく、将卒ともども南京城を脱出していた。

指揮官を失い無政府状態に陥った敗残兵が自暴自棄の行動を取り、これに応じた日本兵が彼らを殺害したという説明にも合理性があろう。国民政府軍の残虐性はすでに済南事件、何よりも通州事件によって証明されていた。済南事件、通州事件といえば日本軍にもその記憶は生々しいものであったに違いない。加えて国民政府、共産党、奉天政府などによる反日的とも侮日的とも形容される無数の挑発的行動に耐えてきた日本軍兵士の鬱屈が、南京城の掃討作戦の過程で放たれた可能性もないとはいえない。

先述したごとく日本政府は昭和一二（一九三七）年八月一五日に中華民国政府断乎膺懲の声明を発表し、上海事変と併行して北支那方面軍がハルビン省、綏遠《すいえん》省、河北省、山西省、山東省の北支五省を攻略、徐州、広東市、さらには武昌、漢口、漢陽の諸都市から成る武漢三鎮を昭和一三（一九三八）年の一〇月までに占領した。武漢三鎮の占領直後、同年一一月三日、首相近衛文麿は東亜新秩序建設の声明を出した。声明の冒頭はこうである。

「今ヤ、陛下ノ御稜威《みいつ》ニ依《よ》リ、帝国陸海軍ハ、克《よ》ク広東、武漢三鎮ヲ攻略シテ、支那ノ要域ヲ戡《かん》定《てい》シタリ。国民政府ハ既ニ地方ノ一政権ニ過ギズ。然レドモ、同政府ニシテ抗日容共政策ヲ固執《こしゅう》スル限リ、コレガ潰滅ヲ見タルマデハ、帝国ハ断ジテ矛《ほこ》ヲ収ムルコトナシ。帝国ノ冀求《ききゅう》スル所ハ、東亜永遠ノ安定ヲ確保スベキ新秩序ノ建設ニ在リ。今次征戦究極ノ目的亦《また》此ニ存ス」

声明に先立つ同年四月一日に国家総動員法が公布された。

国民政府軍は日本との戦いのほとんどの局面で敗北をつづけていたが、それでも日本軍は次第に苦戦を強いられるようになっていった。特に昭和一一（一九三六）年一二月に西安事件が起こり、翌年九月二三日に第二次国共合作が成立して以来、国民政府軍は共産党軍の参加を得て戦力を強化し、共産党の鼓吹《こすい》する反日・侮日運動の高まりに応じて日中戦争の舞台は広域化し、戦闘も激化していった。

暴支膺懲

第一次国共合作が潰えた後、蔣介石の基本戦略は既述したごとく、内を固めて後に外に当たる「安内攘外」であり、内の敵である共産党に対して数次の掃討作戦を展開した。昭和六（一九三一）年七月から二カ月にわたってつづけられた共産党の革命根拠地瑞金《ずいきん》に対する攻撃は苛烈をきわめた。しかし戦いの途中で満州事変が勃発して掃討作戦は一時中止となり、毛沢東は瑞金に中華ソヴィエト共和国臨時政府を樹立した。

しかし蔣介石の安内攘外の意思はなお固く、昭和八（一九三三）年一月の国民政府軍の革命根拠地の包囲作戦により翌昭和九（一九三四）年一〇月に共産党の主力は瑞金を放棄して、陝西省の延安までの敗走を余儀なくされた。後に「長征」と称されたものがこの敗走である。長征の過程で共産党は兵の大半を失った。窮地を救ったのが昭和一〇（一九三五）年七月に開かれたコミンテルンによる人民戦線戦術の採用勧告であった。

勧告にしたがって共産党は同年八月一日に「抗日救国のために全同胞に告ぐる書」を出し、これが後に「八・一宣言」として知られるものとなった。共産党は直ちに国民政府打倒のスローガンを下ろし、一致抗日を国民に呼びかけた。

コミンテルンの戦略は日本軍と国民政府軍を戦わせ、両者の疲弊をまって共産党に権力を集中させるという方式である。中国共産党はこのコミンテルン方式に忠実にしたがった。

国民政府は最後の掃討作戦のために西安に司令部をおき、張学良を副司令官に任じた。北支に侵入して北支分治政策を進める日本に対して、統一人民戦線思想が強い訴求力《そきゅう》をもって張学良軍の兵士の中にも根を張りつつあった。満州事変以来、原郷の満州を追われて関内で転戦する張学良軍の戦意は希薄化していた。ここで発生したのが昭和一一（一九三六）年一二月の西安事件であり、この事件をもって張学良は一世一代の大立ち回りを演じたのである。

延安で周恩来と密議し、内戦停止、一致抗日のために麾下《きか》の将校に蔣介石を逮捕、監禁させ、要求を飲ませたらしい。蔣介石の逮捕、監禁に対しては中国内で張学良非難が湧き起こり、彼は苦境に陥った。しかし周恩来、葉剣英などが西安に赴き、蔣介石と合議し、蔣介石の解放に張学良も肯《がえ》んじざるをえず、蔣介石は一二月二五日に西安を発って南京に帰還した。蔣介石と共産党との合議内容はいまなおつまびらかではないが、内戦停止、一致抗日が合議の基本であったことは十分に想像される。それがゆえにこそ直後に第二次国共合作が成立し、一〇年間にわたった国共内戦が終焉し、日本軍への抵抗が以降、一段と激しさを増していったのである。

日本は北支五省を占領し、徐州、広東市、武漢三鎮をも占領して東亜新秩序建設声明を発したものの、第二次国共合作も成っていよいよ戦意昂揚しつつあった国民政府軍と対峙しながら、これほどまでに広大な中国大陸を占領しつづけ、さらに戦線を拡大するというのにはどう考えても無理があった。

日本政府の中からも和平交渉がしばしば提起されたものの、暴支膺懲《ようちょう》を煽《あお》り立てるマスコミと、これに応じて昂揚する世論、さらに世論に乗じた軍部の抵抗でいずれも奏功しなかった。駐支ドイツ公使トラウトマンが、国民政府は容共・抗日満政策を放棄し日満両国に協調することを条件に和平を結ぶという日本側の提案をもって交渉に臨もうとしたが、蔣介石の拒否にあって挫折。国民政府の親日派汪兆銘《おうちょうめい》が和平工作に乗り出したものの、これも蔣介石の承認を得ることがついにはできず水泡に帰した。

中国各地をいかに占領し、いかに支配運営するかに関する方針は次第に不鮮明となり、中国に駐留する日本軍も優位性をもってただ占領地を広げていくのみとなった。日本の二〇数倍の国土をもち、「支那四億」の民が住まう巨大国の中で局部での「孤独な勝利」を点々とつづけるというのが日本軍の実態であった。何度もいうように、日本は中国大陸の中心部の泥沼に足を捕られて、みずから向かうべき方途をこの頃には見失いつつあった。

昭和一三（一九三八）年一一月三日の東亜新秩序建設に関する近衛声明に対して蔣介石が「中国を併呑し東亜に覇《は》を唱えるもの」と非難したのは予想通りであった。しかしこの声明はアメリカにも大きな衝撃を与えた。アメリカは支那事変をワシントン体制に対する日本の公然たる挑戦だと捉えたのである。

明治時代を通じての悲願であった関税自主権を掌中にして明治四四（一九一一）年に結ばれた日米新通商条約が昭和一四（一九三九）年七月二六日にアメリカによって一方的に破棄され、翌昭和一五（一九四〇）年に失効した。日本の輸入総額に占めるアメリカの比率は当時四〇％を超えていたのだから、これがいかに大きな痛手であったかは想像できよう。

日英間にも緊張が走った。むしろイギリスの対日経済制裁はアメリカより早く昭和一四（一九三九）年一月に開始され、モラル・エンバーゴーと称される軍需品の禁輸、つづいて二月には貿易信用状の発行が停止された。他方、国民政府が首都を南京から重慶に移した頃から、英米はもとより、これに仏ソ蘭を加えた五カ国が積極的な対中軍事援助を開始した。日本軍が天津、上海などの沿海部を封鎖していたために、五カ国の軍事援助は仏領インドシナやビルマなどから重慶へとつながるいわゆる「援蔣《えんしょう》ルート」を通じてなされた。

日本を追い込む最大の手段として対日石油輸出禁止がついに用いられた。石油輸入のためにインドネシアを領有するオランダとの交渉に出たものの、これも拒否され、日本は石油を初めとする資源の輸入先を求めて東南アジアへの進出を余儀なくされた。しかし東南アジア進出は、ここに植民地を領有する列強との対決を避けられないものとした。昭和一六（一九四一）年七月の南部仏印進駐がアメリカを鋭く刺激し、在米日本資産が凍結。資産凍結にはイギリス、オランダも追随した。八月に入るとアメリカは石油の全面禁輸措置を日本に通告した。

前年の昭和一五（一九四〇）年九月二七日に、日本は日独伊三国同盟に調印してアジアにおける苦境からの脱出を図ろうとしたが、これが英米と日本との対決を決定的なものとした。

ハル・ノートを突き付けられ、日本は真珠湾攻撃に打って出た。緒戦の戦果は著しかったが、やがて連合国軍の圧倒的な軍事力により日本軍は次第に追いつめられ敗走をつづけた。無条件降伏はもう時間の問題であった。


日本が中国関与を本格化したのは、第一次大戦への参戦により列強の資格を認められ、英米仏伊と肩を並べる存在としてパリ講和会議に出席し、山東省におけるドイツ権益を継承して以来のことであった。

しかし日本にとっての不幸は、日本が関与を深めた中国が、諸軍閥、国民政府、共産主義勢力の権力確執に彩られた、およそ統一国家としての実態をもたない分裂国家であったことにある。ワシントン体制下で成立した「中国に関する九国条約」は、日本の大陸における特殊権益を制約しようとする列強の意思を反映したものであった。九国の国際協調によってその主権、独立、領土保全、門戸開放、商工業上の機会均等などを保障すれば、中国はほどなく近代的な統一国家として登場するであろうという楽観的な期待感がその背後にあったのであろう。パリ講和会議につづいて成立したワシントン体制とは、そういう幻想的な国際協調主義の時代の産物であり、軍縮の時代でもあった。日本の大正デモクラシーが花開いた時期とも重なり、それまでの荒々しい国際権力確執の時代に比べて奇妙なほどに平和的な雰囲気が汪溢していた時代であった。

しかし中国への楽観的期待は完全に裏切られ、国民政府が北方に権勢を張った諸軍閥ならびに共産主義勢力と鋭く対峙して、どこに政治権力の中枢があるのか不分明なままでに亀裂を深めていったのが現実の中国であった。そういう国を相手にすることほど厄介なことはなかったにちがいない。日本が大陸内での局地戦のことごとくに勝利を収めながら、これが全局での勝利には決してつながることはなかったのは、中国の分裂的現実のゆえであった。

現在の日本の対中外交が強力な共産党政府を相手にしている以上、かつての轍《てつ》は踏まないでいられるかにみえるが、果たしてそうか。現在の中国において中央権力の翳《かげ》りは明らかであり、地方権力の力量は日増しである。地方では農民反乱が恒常化しており、都市下層住民の中にはひどい鬱屈《うっくつ》が堆積している。中国という存在はつねに分裂の可能性を秘めているという前提に立つ、しなやかな外交が必要だと私が考えるのは、やはり歴史の教訓ゆえである。

第10章 海洋国家同盟か大陸国家提携か——日本の選択

東アジア共同体に日本が加わって「大陸勢力」中国と連携し、日米の距離を遠くすることは、日本の近現代史の失敗を繰り返すことにならないか

山本権兵衛

中国茫々

石川泰志という軍事史学を専攻する一研究者から最近贈呈された同氏編著の『戦略論体系9――佐藤鐵太郎』（芙蓉書房出版、二〇〇六年）を読んで深く感銘するところがあった。

佐藤鉄太郎は日清戦争従軍の後、戦史研究の重要性にめざめ、イギリス、アメリカへの留学を経て海軍大学校教官となり、明治三五（一九〇二）年に『帝国国防論』を完成。日露戦争に出陣した後、海軍大学校で「海防史論」を講じ、明治四三（一九一〇）年に『帝国国防史論』を刊行、海軍大学校校長をも歴任した戦略家である。石川泰志編著はこれら佐藤鉄太郎の著作を収録し、編者の解題を付して成った名著である。海防の重要性を説く一方、陸軍中心の大陸政策に否定的な見解を率直に吐露した『帝国国防論』は時の海軍大臣山本権兵衛により天皇に奏呈されたという。

『帝国国防論』において佐藤鉄太郎は次のようにいう。

「我が帝国の確持《かくじ》すべき方針は、一に唯《ただ》征服を大陸に試むるの壮図《そうと》を避け、天与の好地勢を利用し海上の勢力を皇張《こうちょう》し、且つ之を永遠に維持し得べき所以《ゆえん》の道を図り、以て自強の策を講じ、而して国利の増進を海上権力の暢達《ちょうたつ》に求めて百世渝《かわ》らざるにあり。……吾人は現今の形勢を按《あん》じ絶東の平和を維持せんが為めには、断然我が海軍を拡張せざるべからずを知り、直ちに之を実行するに決せり。惟《おも》ふに後来《こうらい》東洋の平和を攪擾《かくじょう》するの恐れあるは日本国の侵略的政略ならん。然れども此の島帝国が大陸に侵入せんとするには、必ず先づ海路により軍隊を輸送せざるべからず。故に若《も》し果して克《よ》く海上の交通を拘束《こうそく》することを得ば、其の野心を抑制すること頗《すこぶ》る容易なり。吾人が我が海軍の拡張に賛同する所以のものは、実に日本国が従来懐抱《かいほう》し来れる野心を未萌《みほう》に防がんと欲すればなり」

この一文の中に、日本は有力な海軍を擁した海洋国家たるべしとする佐藤鉄太郎の戦略思想が凜《りん》として表出されている。

あの広大な国土に「支那四億」の民を擁し、地方ごとに言語、文化、風俗、習慣をそれぞれ異にする、日本人には想像もつかないような茫々《ぼうぼう》中国を陸軍中心の兵力で長期占領支配することが容易であろうはずはない。

モンゴル帝国のような史上に例をみない凶暴な領土拡張衝動を満身に秘めた民族であればいざ知らず、日本のように元来が極東の片隅にこぢんまりと住まっていた「箱いり」（梅棹忠夫）民族の遺伝子の中にはそのような世界制覇への衝動は組み込まれてはいない。

岡田英弘『中国文明の歴史』（講談社現代新書、二〇〇四年）によれば、そもそも中国において国境をもつ領土国家としての概念が芽生えたのは、一六八九年に清の康熙《こうき》帝がロシアのピョートル大帝と結んだネルチンスク条約以降のことであり、「それまで中国人には、『王化』、すなわち皇帝の権威のおよぶ範囲が中国だという観念はあっても、中国が四方を国境線に囲まれる一定のひろがりをもつ地域だという観念はなかったのである」

『風土』（岩波文庫、一九七九年）の中で和辻哲郎は次のように記す。

「揚子江とその平野との姿が我々に与える直接の印象は、実は大陸の名にふさわしい偉大さではなくして、ただ単調と空漠とである。茫々《ぼうぼう》たる泥海は我々に『海』特有のあの生き生きとした生命感を与えない。また我々の海よりも広い泥水《でいすい》の大河は、大河に特有な『漫々として流れる』というあの流れの感じを与えない。同様に平べったい大陸は我々の感情にとって偉大な形象ではない。我々の思惟《しい》にとってこそ、揚子江から黄河にわたる平野はわが国の関東平野の数百倍にのぼる大平野であるが、その中に立つ者の視野に入るのはその平野のほんの一部分に過ぎず、その中をいかに遠く歩いて行ってもただ同じような小さい部分の繰り返しがあるだけである。従ってシナ大陸の大いさは、直接にはただ変化の乏しい、空漠たる、単調な気分としてのみ我々に現われる」

中国茫々である。

満州事変を経て満州国を建設し、北京を占領し、上海事変、支那事変へと中国の懐深い全域にただ吸い込まれるように進軍していった日本軍は、局所的な戦争のほとんどに勝利したものの、中国を支配下におき、これを経営することにはついぞ成功をみなかった。大陸に深入りすることの危険性を日本は支那事変を通じてとことん知らしめられたはずである。

満州国中尉として敗戦を迎え、後にあの苛烈な朝鮮戦争を第一線で指揮し、休戦会談で韓国代表となり、後に韓国初の陸軍大将に就任した白善燁《ペクソンヨプ》はその著『朝鮮半島対話の限界』（草思社、二〇〇三年）において、みずからの経験から得た慧眼《けいがん》の海洋国家、大陸国家論を吐露している。

　白善燁の主張を要約すればこうである。日本が四方を海に囲まれた海洋国家であることは疑いない。その日本が日露戦争から第二次大戦までの間に大陸志向となってしまったところに日本の大いなる悲劇の原因があった。日本国内に過剰人口と食糧問題があって、それがゆえに満州は日本人が手にすることのできる無限の資源が眠っているようにみえたのであろうが、無論そこには先住の人間が住まっており、しかも隣には戦いになれば残虐の限りを尽くす世界最大の大陸国家ロシアが国境を接している。大陸国家であれば一旦緩急あっても、何らかの対処の方法をいろいろ見出すものだが、海洋国家の民たる日本人には大陸での困難に処する資質がない。

　どこの軍隊でも多かれ少なかれ同じだが、特に日本軍の場合、一定の目標線を確保するとその防御を完全なものにするために、さらに前方の地域、つまり「前地」を確保せざるをえなくなり、前地を限りなく求めて大陸の中心部に進軍していってしまうというのである。

　前地を求めることは「作戦・戦術の領域では当然のことだが、国家戦略やグランド・ストラテジーのレベルでは、致命的な問題をはらむ。目先のことがらばかりに心を奪われ、国力に見合った線を見失いがちとなるのである。木を見て森を見ない、そして森の奥深くにさまよい込んでしまう、日本の失敗はそういうことだったのであろう。／大陸勢力がなかなか海洋に乗り出せないのと同じく、海洋勢力も大陸の奥深くに入り込めない。それを日本民族は大きな犠牲を払って学んだことであろう」

石川泰志も「軍紀厳正で精強な日本軍なら混迷を極める中国に平和と安定を実現できると考えること自体、現地の実情を知らない日本人の誤解である。安易な陸軍力の海外派遣には地獄の落とし穴がある」と述べる。

佐藤鉄太郎の海洋国家思想

さて佐藤鉄太郎は明治二五（一八九二）年の処女作『国防私説』で「海陸両軍の帝国国防に対する要点」を上梓した。明治二五年といえばまだ日清戦争の開戦以前である。そこで佐藤は以下の一四項目を列記している。

一　陸軍のみを以て海国を守るものは、戦の勝敗に関せず、沿海の民産《みんさん》を劫掠《ごうりやく》せられ、良民を惨害《さんがい》せられ、鉄道、電信及び製造場等を破壊せられ、海島を占領せらるゝの不幸を免《まぬか》れず

二　陸軍のみを以て海国を守るものは、其の船舶及び積載《せきさい》の物件を挙《あげ》て、敵手に委《まか》せざるを得ず

三　海軍なき海国を攻むるときは、其の上陸容易なるのみならず、随意《ずいい》に援兵《えんぺい》を加え、軍須《ぐんしゅ》を供給するの利あり。故に海軍なき海国は、国防の実を挙ぐること極めて難し

四　海軍なく数多の島嶋《しまじま》よりなれる海国、外国の攻撃を受くる時は、海上の通路全く閉塞《へいそく》し、

彼是声援の望み全く絶《たえ》るを以て、各自孤独の勢いをなし、敵をして随意に其の全力を挙げて、我が分力《ぶんりょく》に当らしむるの害あり

五　海軍を以て海国を守るときは、其の兵員、陸軍よりも多きを要せず。従て生産の事業を妨ぐること靡《な》し

六　海軍強大なる海国は、敵兵をして一歩も国内に侵入せしめざるを得。故に交戦の際と雖《いえども》、全国の人民その堵《ど》に安《やすん》じ、国産の繁殖に従事することを得

七　海軍強盛《きょうせい》なるときは、仮令《たとえ》敵兵上陸するも、其の後援軍須の供給を絶《たた》ん為、随意に其の護送艦隊及び運送船を奪い、且つ戦利品として其の物件を奪うことを得べし

八　陸軍は、平時にあって適切の用をなさず

九　海軍は、平時四方に航海して国威を示し、我が信用を高め、商業の発達を促進し、我が漁業を保護し、我が商船、在外商民を保護するの任務を有す

十　海軍を拡張し、若《も》しくはこれを完成するには、必ず造船及び機械の業を奨励せざるべからず。而して此の奨励は大いに全国工業を振作《しんさく》するの力を有す

十一　陸軍を以て海国を守るものは、守戦の際多数の輸卒《ゆそつ》を要す。故に仮令敵の劫掠を受けざるも、民力及び国富を害すること多し。而して海軍は此の害なし

十二　海軍の戦は激烈なりと雖、国内に戦うことなきを以て、民産を損すること寡《すくな》し。故に国乱に際し、海軍を以て戦うものは民力の疲憊《ひはい》を戦後に遺《のこ》すこと尠《すくな》し

十三　現今海国を攻撃するの法、先ず其の海軍を掃蕩《そうとう》し尽すにあり、故に少数の軍艦を備えるものは其の結果海軍なきに同じ

十四　海軍は海国国防の主力たるは論を待たずと雖、大陸諸邦を併合し、我が版図《はんと》を内地に広むるの力なし。故に大陸侵略主義の兵備《へいび》に於ては之を主とすること能《あた》わず

もはや解説を要すまでもない明晰《めいせき》な主張である。海軍ではなく陸軍によって国防を図らんとすれば敵国からの侵略を受けやすく、国民の生命財産の破壊など甚大な被害を被る一方、海軍を主力とすれば、敵国の侵入を自在に海上で防御することができる。それゆえ海洋国家日本にとってはシーパワーの拡充が絶対的な必要条件であることを説き、最後に、しかし海軍には敵国を併合したり版図を拡大する力はないから、海洋国家は侵略主義を採用すべきではないと釘を刺す。

確かに佐藤鉄太郎の説は、海洋国家の有利性を説いて余すところがない。対照的に大陸国家は多くの国々と国境を接し、国防のための軍事力を国境線の長さに比例して増加させなければならず、多数の兵員を要するために徴兵制度が不可避であり、それゆえ国家の性格もしばしば専制主義的、軍国主義的たらざるをえない。国家の専制主義的、軍国主義的性格は周辺国の不信感を恒常化させ、時に周辺国をみずからに隷従させせようという欲望を誘《いざな》う。そういう欲望は自国が周辺国より優越せる存在であることを誇示せんとする自己中心的傾向をも促す。ワルシャワ体制はロシアの、チベット、南沙諸島、台湾、尖閣諸島は中国の、そのような暴力的な自己中心性を示す

一例なのであろう。

平間洋一は既述の『日英同盟』の中で次のように指摘する。

「大陸国家にとって国土の広さや資源の有無などは、国土防衛上のみならず国家の生存発展のためにも不可欠であった。第二次大戦前のナチス・ドイツは『国家は生きた組織体であり、必要なエネルギーを与え続けなければ死滅する。国家が生存発展に必要な資源を支配下に入れるのは、成長する国家の正当な権利である』という、ハウスフォハーの『生存圏（レーベンスラウム―Lebensraum）』思想によりポーランドなどを占領し、ソ連に侵入した」

日英同盟廃棄の慚愧《ざんき》

日本は海洋国家である。されば理の当然として、協調し同盟する相手国も海洋国家でなければならない。日露戦争を眼前に控えた明治三五（一九〇二）年一月に締結され、大正一〇（一九二一）年一二月にワシントン会議での四国条約をもって廃棄されるまでの二〇年にわたり日本の安全保障を確固たるものたらしめたものが、日英同盟であった。

第二次大戦での敗北によって日本は新たに日米同盟を結ぶことによって穏やかな「戦後六〇年」を打ち過ごすことができた。アメリカとは大西洋と太平洋に挟まれた巨大な「島」である。日米同盟という、日英同盟に代わる「海洋国家同盟」の形成である。

第二次大戦後、日本ほどの完璧な平和を「冷戦」という大戦争の中で経験した国は他には存在すまい。日本は冷戦下における日米同盟の完全な受益者であった。近現代史において中国、ロシアはほとんど恒常的に日本の対抗勢力でありつづけた。日本がこの勢力に抗するには日英同盟や日米同盟といった海洋覇権勢力と連携するより他に安全保障の道はなかったのである。

日本の不幸は日英同盟廃棄から日米同盟成立にいたる三〇年であった。この間、日英同盟が廃棄されて間もない大正一二（一九二三）年には日本の不吉な将来の予兆ででもあるかのように関東大震災が発生、大正一三（一九二四）年にはアメリカで排日移民法成立、昭和二（一九二七）年には南京事件、山東出兵、昭和三（一九二八）年には張作霖爆殺事件、昭和五（一九三〇）年にはロンドン軍縮会議、浜口雄幸首相狙撃事件、昭和六（一九三一）年には柳条湖事件を経て満州事変勃発、昭和七（一九三二）年には上海事変、満州国建国、五・一五事件、昭和八（一九三三）年には国際連盟脱退、昭和一一（一九三六）年には二・二六事件、昭和一二（一九三七）年には盧溝橋事件から支那事変へ突入、昭和一四（一九三九）年には第二次大戦勃発、昭和一五（一九四〇）年には日独伊三国軍事同盟成立、昭和一六（一九四一）年には真珠湾攻撃により大東亜戦争開戦、昭和二〇（一九四五）年には広島、長崎に原子力爆弾投下、ソ連による対日宣戦布告、連合国軍に対する日本の無条件降伏、第二次大戦終焉、とつづいた。

ワシントン体制の成立によって日英同盟が廃棄され、同体制の下で中国に関する九国条約が調印された頃から、日本は国際的孤立を深め、列強に根深い不信と猜疑心を抱かれ、協調すべき友邦をもつことなく、ひとり中国大陸に踏み込んで衝き動かされるようにして全土の支配占領に走った。支那事変は苦心惨憺たる戦いであり、ついには英米の強力な介入によって勝算定かならずも大東亜戦争への突入を余儀なくされた。

今後の日本が、かつての日英同盟と同じく、海洋の強大な覇権国家アメリカと同盟して生きていくのか、大陸国家との連携を深めつつ生きていくのか、近現代史は日本が採用すべき方途を示している。日本は予見しうる将来まで日米同盟の下で生きていくより他に道はない。本書の読者であれば、このほとんど自明の主張をここでさらに敷衍するのは無礼であろう。

ただ日本が海洋国家として生きるべきか、大陸への関与の中に生きる道を見出すのかについての、ある文明論的考察に依拠しながら、もう少しこの点についての考えを深めてみたいのである。ある文明論的考察といったが、ここでの教材は梅棹忠夫の「文明の生態史観」である。

「文明の生態史観」とアジア地政学

「文明の生態史観」は昭和三二（一九五七）年の『中央公論』二月号に掲載された比較的小さな論文である。東洋と西洋、あるいはアジアとヨーロッパという思考に慣れ親しんできた日本の知識人に驚きをもって迎えられた論文である。

「文明の生態史観」は、今西錦司を師として京都大学に雲のごとく集まった俊秀たちの思考様式に発するものであるが、東洋対西洋という、長きにわたって日本人の頭の中に刷り込まれてきたイメージを一新する十分な力をもちえなかった。しかし強い影響力を与えるのは今後ではないかという予感が私にはある。梅棹の主張の骨格をまとめれば以下のごとくである(『文明の生態史観ほか』中公クラシックス、中央公論新社、二〇〇二年)。

梅棹は東洋と西洋という分類はただ「類別をあたえただけで、種別をはかる目もりが用意されていない。日本が東洋一般でない以上は、日本と日本以外の東洋とがどのようなことになるかが、かたられなければならない。よくしらべてみたら、案外ひどくちがうかもしれない」という。「案外ひどくちがうかもしれない」というが、少し後で要約するように、東洋は到底一括《ひとくく》りにはできない、むしろ決定的に異質な種別の集合体だと主張しているのである。

梅棹の思考対象は旧世界である。旧世界において高度の文明国となることに成功したのは日本、その反対側に位置する西ヨーロッパの数カ国のみであり、これと中国、東南アジア、インド、ロシア、イスラーム諸国との間には顕著な発展格差がある。

梅棹は旧世界の二つの地域のうち前者を「第一地域」、後者を「第二地域」と名付ける。梅棹の指摘によれば「旧世界を横長の長円にたとえると、第一地域は、その、東の端と西の端に、ちょっぴりくっついている。とくに、東の部分はちいさいようだ。第二地域は、長円の、あとのすべての部分をしめる。第一地域の特徴は、その生活様式が高度の近代文明であることであり、第二地域の特徴は、そうでないことである」。そして梅棹は次のように自問する。

「第一地域では、動乱をへて封建制が成立するが、第二地域では、そういうように、きちんとした社会体制の展開はなかった。第二地域のあちこちでは、いくつもの巨大な帝国が、できてはこわれ、こわれてはまたできた。／東と西にとおくはなれたふたつの第一地域が、もうしあわせたように、きちんと段階をふんで発展してきたのは、なぜだろうか。それをとうまえに、逆に、大陸の主体をしめる第二地域では、なぜ第一地域のような、順序よく段階をふんだ展開がなかったのか」

文明論的な観点からみて旧世界の最も重要な特徴は、ユーラシア大陸を東北から西南に斜めに横断する巨大な乾燥地帯の存在だという。

「乾燥地帯は悪魔の巣だ。乾燥地帯のまんなかからあらわれてくる人間の集団は、どうしてあれほどはげしい破壊力をしめすことができるのだろうか。わたしは、わたしの研究者としての経歴を、遊牧民の生態というテーマではじめたのだけれど、いまだにその原因について的確なことをいうことはできない。とにかく、むかしから、なんべんでも、ものすごくむちゃくちゃな連中が、この乾燥した地帯のなかからでてきて、文明の世界を嵐のようにふきぬけていった。そのあと、文明はしばしばいやすことのむつかしい打撃をうける」

梅棹はこれを「中央アジア的暴力」と呼んだ。「第二地域の歴史は、だいたいにおいて、破壊と征服の歴史である。王朝は、暴力を有効に排除しえたときだけ、うまくさかえる。その場合も、いつおそいかかってくるかもしれないあたらしい暴力に対して、いつも身がまえていなければならない。それは、おびただしい生産力の浪費ではなかったか。／たいへん単純化してしまったようだが、第二地域の特殊性は、けっきょくこれだとおもう。建設と破壊のたえざるくりかえし。

そこでは、一時はりっぱな社会をつくることができても、その内部矛盾がたまってあたらしい革命的展開にいたるまで成熟することができない。もともと、そういう条件の土地なのだった」

「乾燥地帯のまんなかからあらわれてくる人間の集団」とは、モンゴル高原で活動した遊牧騎馬民族の匈奴《きようど》のことであり、後のモンゴル帝国のことを指すのであろう。

これとは対照的に、ユーラシア大陸の東端と西端に位置する第一地域は実に恵まれた地域であった。中央アジア的暴力はそこまでは容易に届くことはなかったからである。

「つまり、第一地域というところは、まんまと第二地域からの攻撃と破壊をまぬかれた温室みたいなところだ。その社会は、そのなかの箱いりだ。条件のよいところで、ぬくぬくとそだって、何回かの脱皮をして、今日にいたった、というのがわたしのかんがえである」

この見方を「文明の生態史観」というのは、生態学の用語法で文明史を観察し記述したということである。「遷移《せんい》」と訳されるサクセッションは、ある特定の場所に生まれた植物群落が長期間をかけて、その場所の気候条件などに適応しつつ、次第に別の群落に変化していくことを指し、新しい群落としてこれが定着した状態が「極相《きよくそう》」（クライマックス）である。

「第一地域というのは、ちゃんとサクセッションが順序よく進行した地域である。そういうところでは、歴史は、主として、共同体の内部からの力による展開として理解することができる。いわゆるオートジェニック（自成的）なサクセッションである。それに対して、第二地域では、歴史はむしろ共同体の外部からの力によってうごかされることがおおい。サクセッションといえば、それはアロジェニック（他成的）なサクセッションである」

文明の生態史観と現代

問題は現代である。中国の発展にみられるように、現代は第二地域の勃興期である。経済発展の速度は第一地域より第二地域の方が速い。しかし、梅棹はここで次のように喝破《かつぱ》する。「生活水準はあがっても、国はなくならない。それぞれの共同体は、共同体として発展してゆくのであって、共同体を解消するわけではない。第二地域は、もともと、巨大な帝国とその衛星国という構成をもった地域である。帝国はつぶれたけれど、その帝国をささえていた共同体は、全部健在である。内部が充実してきた場合、それらの共同体がそれぞれ自己拡張運動をおこさないとは、だれがいえるだろうか」

どうやら現代そのものを考える視点がここで与えられたように思う。少なくとも日本の近代を顧みれば、巨大なユーラシア大陸の中国、ロシアから朝鮮半島を経て吹いてくる強い気圧の等圧線からいかにして身を守るか、これが最大のテーマでありつづけた。古代における白村江の戦いも元寇も、秀吉の朝鮮出兵もそのことを証す歴史的素材であるかも知れない。それらはいずれも対馬海峡の荒い海流に遮られて「箱いり」のような条件の中で育ってきた日本に生じた、ある種の偶発的な出来事であったように思われる。中央アジア的暴力が日本の中心部を脅かして、日本の変化を誘ったという証拠はない。

日本が恒常的な中央アジア的暴力に対峙させせられるようになったのは、一九世紀の末葉以降である。ここで改めていう中央アジア的暴力とは遊牧騎馬民族のことではない。中心勢力は大清帝国やロシア帝国という日本を脅かした強大な勢力を指す。中央アジア的暴力は必ず朝鮮半島を通じて日本に及ぶというのが、極東アジアの地政学的な構図である。

近代日本を悩ませつづけたものが朝鮮半島であったのは地政学的な真実である。維新後の幼弱な日本にとっての最大の焦点が朝鮮半島であった。大陸勢力と海洋勢力がせめぎ合う朝鮮半島の地政学上の位置は日本にとって宿命的なものであった。

もう一度、復習しておこう。清国の属領であった李氏朝鮮において農民暴動「東学党の乱」が起こるや、李朝は直ちに清国に援軍を要請、これを機に日本が出兵、日本が提出した日清共同による李朝内政改革提案を清国が拒否して日清戦争が勃発した。「定遠」「鎮遠」を擁する清国北洋艦隊に挑んで辛《から》くも日本はこの戦争に勝利した。日本が手にしたものが遼東半島、台湾、澎湖諸島であった。清国の敗北は列強による中国大陸の蚕食《さんしょく》を誘った。南下政策の手を緩めないロシアにとって極東アジアの戦略的要衝遼東半島の確保は至上の戦略であり、独仏を加えた強圧的な三国干渉によって日本は遼東半島の返還を余儀なくされた。

山東省で蜂起した漢人の排外主義武力集団が北京に迫り、清国に進出していた列強八カ国の連合軍がこれに対抗した義和団事変を奇貨《きか》として、ロシアは満州に大量兵力を投入しここを占領し居座ってしまった。満州がロシアの手に落ちたという事実はすなわち朝鮮半島において日露が直接対峙《たいじ》することと同義であった。

ロシアの満州での権益拡大に強い嫌悪感を抱いたのがイギリスであり、ここに日英同盟が成立する。世界最大の海軍大国イギリスと同盟関係を結ぶことによって、日本は非白人国で唯一の帝国主義勢力として発展した。日英同盟によってフランス、ドイツなどをイギリスが牽制、日本は国力のすべてを当時世界最強の陸軍大国であったロシアとの戦争に投入し、これに勝利した。日清、日露の両戦役は朝鮮半島の地政学が日本にとって宿命的なものであることを心底知らしめた歴史的戦争であった。

中国、ロシアというユーラシア大陸から迫《せ》り出す高気圧に対抗して日清、日露の両戦役を戦った日本は、その後、第一次大戦の勃発によってヨーロッパ勢力が後退した中国をみずからの勢力圏に組み込むことを企図した。

しかし、この事実が同じく中国への勢力拡大を急ぐアメリカと日本との関係を悪化させ、ワシントン会議において日英同盟の廃棄を余儀なくされた。日本はアングロサクソン勢力の支持を失って、中国というユーラシア大陸の懐の深い中心部で泥沼に足を捕られ、悲劇的な自滅への道を突き進んでいった。しかし第二次大戦での敗北によってユーラシア大陸との断絶を強要された日本は、新たに日米同盟を結ぶことによって西側社会の一員として迎えられ、穏やかな「戦後六〇年」を打ち過ごすことができた。

宮沢喜一内閣の時期のことである。アジア太平洋問題に関する首相の私的懇談会が設置され、私も委員の一人に指名された。第一回の懇談会のゲストスピーカーとして梅棹忠夫が出席した。「日本が大陸アジアと付き合ってろくなことはない、というのが私の今日の話の結論です」と話を切り出して、委員全員が呆気に取られるというシチュエーションを私は鮮烈に記憶している。

私どもは子供の頃から、真ん中にユーラシア大陸、左にヨーロッパとアフリカ、太平洋の向こうに南北アメリカ大陸が位置する四角の平面地図の図柄を頭の中に刷り込まれてきた。平面図ではなく、地球儀を北極の方から眺めると、一段と巨大な中国、ロシアというユーラシア大陸の中心部を、北米、日本、台湾、東南アジア、西ヨーロッパなどの周辺部が取り囲む、そういう図柄がみえてくる。

日本の近代はまさにこの図柄の中に凝集《ぎょうしゅう》されているといえよう。日清、日露の両戦役は旧世界の中心部からの高気圧線に抗する戦いであり、この戦いに勝利して後に中心部中国に攻め入り、協調と同盟の関係を築くべき「海洋勢力」イギリスとの関係を放擲《ほうてき》させられ、もう一つの巨大な海の「島」アメリカと対決して自滅した。

東アジア共同体に日本が加わって「大陸勢力」中国と連携し、日米の距離を遠くすることは、日本の近代史の失敗を繰り返すことにならないか。私が危惧しているのはこのことである。日米同盟を基軸とし、台湾、東南アジア、インド、さらにこれにオーストラリア、ニュージーランドを加え、これらがユーラシア大陸を牽制しながらみずからの生存と繁栄を図るという生き方が賢明な選択であることを、日本の近代史の成功と失敗は教えていると私は思うのである。

第11章 「東アジア共同体」という錯誤——中国の地域覇権主義を見据えよ

さしたる戦略もなく、言葉は麗しいが、内実の不鮮明な「東アジア共同体」という「鵺《ぬえ》」のような怪物に日本が飲み込まれることは避けねばなるまい

東アジア経済統合の時代

東アジア共同体論は日本にとっての新しい試金石であろう。日本の政界、財界、ジャーナリズム、学界に漂っているのは、東アジアにもＥＵ（欧州連合）のような共同体が生まれたらどんなにいいことか、といったリアリズムを欠く「空気」である。東アジア共同体はＡＳＥＡＮプラス３（日中韓）を舞台にした中国の地域覇権主義だと私はみる。

東アジアの内部で自生的に形成された域内統合の一層の深化と拡大を求めて、関税や非関税障壁を自由化・撤廃し、サービス貿易を活性化させ、労働や資本の移動制限をできるだけ排除すべくＦＴＡ（自由貿易協定）やＥＰＡ（経済連携協定）の締結がこの地域で相次いでいる。

グローバリゼーションを支える制度的枠組みが、かつてはＧＡＴＴ（貿易と関税に関する一般協定）であり、現在ではＷＴＯ（世界貿易機関）である。ＷＴＯ加盟国の数は百数十に及んでおり、錯綜する各国の利害を多角的な交渉を通じて調整しながら、貿易と投資の自由化を促進することは困難となった。ＧＡＴＴウルグアイラウンド、ＷＴＯのシアトル会議やカンクン会議、ドーハラウンドの難渋が、多角的交渉の容易ならざることを証している。

ＦＴＡやＥＰＡがこの数年のうちに一挙に増加したのは、ＧＡＴＴ・ＷＴＯ体制の行き詰まりが歴然としてきたからである。統合利益を比較的容易に手にできる、近隣の国々との連携に活路を求めようという現在の新たな潮流がＦＴＡやＥＰＡの群生である。

ASEAN（東南アジア諸国連合）諸国はもとより、NIES（新興工業経済群）、中国を含めて、域内の二国間、多数国間のFTA・EPA交渉はいよいよ活発化の段階に入っており、さらに東アジア地域とのFTA・EPA交渉開始を求める域外国の数も増加している。高成長国家群東アジアは域内、域外とのFTA・EPAの、多様にして重層的なネットワークの中心的存在となっていくにちがいない。

GATT・WTO体制下の自由化機能が停滞する中にあって、東アジアが貿易・投資の自由化を実現し、域内統合度を上昇させる方途としてFTA・EPAを多様な形で深化、拡大させていくことを私は大いに支持する。東アジアは日本、NIES、ASEAN諸国、中国と発展段階の位相を異にしており、各国の潜在的補完関係は強い。そのために垂直的、次いで水平的な域内分業の懐がFTA・EPAネットワークを通じて一層深まっていくと予想されるからである。

共同体とは何か

展開さるべきはFTAやEPAなどの「機能的」な制度的枠組みであって、東アジア「共同体」ともなればわれわれはこれに慎重に対処せざるをえない。共同体とはFTAやEPAといった機能的制度を超える存在である。ここのところを曖昧にしたままで共同体論という甘美な響きに酔っていてはならない。

ベラ・バラッサの地域統合の発展段階説のひそみにならえば、自由貿易協定とは参加国相互間の域内関税を撤廃した統合体であり、これに域外共通関税の設定を付加した統合体が関税同盟である。加えて労働力や資本など生産要素の域内自由移動を保障した統合体が共同市場であり、これに通貨統一などが図られてより強固な統合体へと深化していく。

共同体とは、少なくとも共同市場の形成を前提にした議論だとその概念を定めねばなるまい。関税同盟は域内関税の撤廃に加えて、域外共通関税を設定するという意味で一段と強固な統合体であるが、せめてここまでは「機能的」な制度枠だと考えてもいい。とはいえ、東アジアで関税同盟を期待することは、予見しうる将来においては不可能であろう。グローバリゼーションのこの時代において、東アジアが域外諸国に対して閉じた地域であっていいはずがないからである。実際、東アジアの国々がそれを求めているとは思われない。関税同盟の実現が不可能であるにもかかわらず、これを飛び越えて共同市場を推奨するというわけにはいかないのである。

共同市場とは、域内の生産要素の自由移動を保障し、さらにマクロ経済政策を調整し、最終的には通貨統一をも視野に入れた構想である。共同市場は、国家主権の重要な一部である関税自主権、マクロ経済政策、通貨自主権の、少なくともその一部を超国家的機関に委譲することによって初めて成立する、そういう制度である。共同市場がそのようなものであるならば、これを裏付ける概念がすなわち「共同体」だと考えねばならない。

共同体とは共同社会（ゲマインシャフト）であり、利益社会（ゲゼルシャフト）と対照される。帰属すべき特有の価値理念が想定され、成員にはこの価値理念の共有が求められる。同一の共同体の中に住まうという「共生感」をもたないままに、共同市場が仮に成立したとすれば、共同市場内部では「万人による万人の闘争」が避けられず、強国が弱小国を支配する非対称的な国際関係に帰着する危険性が高い。

現代は、ヒト、モノ、カネ、技術、情報などが国境なきがごとく世界を行き交うボーダレスの時代だといわれ、グローバリゼーションの時代だとも称される。その分、国民国家の障壁が薄くなり、世界経済や地域経済がますます強く統合されつつある。国民国家が世界や地域の中に「融合」し、国家が超国家的統合体の中に「溶解」していくこの事実を、あたかも「進歩」の象徴であるかのようにイメージする知識人が日本には少なくない。第1章で述べたポストモダニズムの思想である。東アジア共同体といえば、怜悧な分析を施すまでもなく直感的に「善きもの」として捉えられてしまうのである。国家の統合体への溶解が「反国家」的気分の強い日本の知識人の心情に訴える何ものかをもっているのかも知れない。

率直にいってこのイメージは錯誤である。グローバリゼーションとは、先進国企業の生産力が国内市場では収まり切れないほどに膨張し、この膨張した生産力に見合うようみずからのもてる経営資源を世界の適地に配分し、そうして多国籍企業へと転じたことの帰結に他ならない。情報通信技術や金融技術の急速な発達がこの生産体系を支持した。さらに多国籍企業の進出を通じて「先発的」な開発途上国の成長加速が可能になったという事実が、グローバリゼーションと統合を進歩の象徴とみなす気分を生んだのでもあろう。

しかしグローバリゼーションが進めば進むほど国民国家は強固でなければならないというのが真実である。東アジアはまだ国民経済の形成過程にある。みずからの発展に必要なものを秩序正しく導入し、不必要なものは極力排除するための国家権力が不可欠である。選択さるべきは生産要素ばかりではない。価値理念や政治体制、安全保障の枠組みなどすべてにおいて、国民国家の選択――叶うことであれば国民の自由意思による――が認められねばならない。

事実、東アジアは国民国家による多様な選択をつづけてきたのであり、それがゆえに東アジアは「多様性」をもってその特徴とする。特記すべきはこの多様性の下で、地域統合の制度的な枠をもつことなくしてデ・ファクトの（事実上の）域内統合を実現したことである。東アジア共同体という叶わぬ夢を追い求め、この地域に時に収拾不能となりかねない混沌をあえて持ち込むのは愚かな選択である。

東アジア共同体は可能か

東アジア共同体は成立するか。改めて私見を問われれば、次の五つの理由により実現不可能であり、かつ実現すべきものとも考えない。

第一は、東アジアにおける経済発展段階の相違に由来する。少なくとも共同体であるからには域内は多分に同質的な市場でなければならない。賃金水準において圧倒的な格差をもつ東アジアにおいて労働移動の自由が保障された場合に起こる激しい政治的軋轢《あつれき》は、想像に余りある。発展段階において多分に同質的な国家の集合体であるEUと東アジアの決定的な違いがここにある。

第二に、もう少し遠目にみても、政治体制の相違が共同体形成の阻害要因にならないはずはない。一方には、政治的意思決定を大衆の広範な政治参加によって実現する民主主義国家があり、他方には、党指導部の意思決定が政府や国民のそれに優先する一党独裁国家が存在する。反日暴動をめぐる日中間の摩擦は、要するに異なる政治体制間の軋轢をその根因とするものであった。加えて東アジアにはソフトな、またはハードな権威主義国家が存在する。民主主義国家の集合体であるEUと東アジアはこの点で大きく異なる。

第三に、安全保障の枠組みにおいても東アジアは区々である。日米、米韓、米台、米比のようなアメリカを中心とする「ハブ・スポーク」の安全保障体系の中に組み込まれている国がある一方、中朝（中朝友好協力相互援助条約）、露朝（露朝友好善隣協力条約）のような関係も厳として存在する。グローバリゼーションの現在においても、国家間の紛争処理の最後の手段が戦争であることはなお否定できない。東アジアにおいて国境紛争問題を抱えていない国がいくつあるだろうか。一旦緩急あらば、この分断的な安全保障の枠組みが悲劇的な結末を東アジアにもたらさないとはいえない。「悪の帝国」旧ソ連にNATO（北大西洋条約機構）をもって対峙したという「共生感」がEU統合を強固たらしめた背後要因であろうが、東アジアはそうした共生感をまったく共有していない。

第四に、ASEANプラス3において最大の経済規模をもつ日中韓三国の政治関係が緊張を孕んでおり、これが容易に解消できないと予想されることである。

韓国の反日感情は相変わらず強い。しかも近年の日韓関係は、日本・朝鮮半島関係として論じられねばならず、それがゆえに対応は一段と難しい。目立った傾向は韓国の「北朝鮮化」である。冷戦時代において封殺されてきた朝鮮半島の「血族的ナショナリズム」が、冷戦終焉に伴う南北代理対立の構図消滅と同時に高まりをみせた。核実験を敢行し、核兵器搭載可能なミサイルをすでに保有する北朝鮮と韓国が「一体化」することは、日本にとっての悪夢である。朝鮮半島における敵対勢力の阻止は近代日本の「国是」であり、日清、日露の両戦役はその国是に忠実なる戦いであった。

日中の政治外交関係は、昭和四七（一九七二）年の日中共同声明以来、最悪である。国内権力基盤強化を求めて展開された江沢民政権の「反日愛国主義路線」は草の根にまで及んだ。市場経済における敗者の群れ、膨大な数の失業者や社会的不満層が反日愛国主義路線に呼応した。新たに登場した胡錦濤政権は「対日新思考」をもって対日政策の路線変更を試みたものの、民衆レベルに根付いてしまった強い反日的センチメントに呪縛されて、身動きが取れない。国内の深化、拡大する社会的不満の捌《は》け口として、反日愛国主義路線は中国の党・政府にとって不可避のものでありつづけよう。

中国の地域覇権主義をどうみるか

第五は、東アジア共同体の陰の隠然たる主役が中国であることに関連する。東アジア共同体を動かす最大の背景要因が中国の地域覇権主義であり、その向こうには台湾統一が見据えられている。国力の拡充を背景に軍事増強を図り、台湾を統一して外洋進出に成功することは中国積年の夢である。シーレーンを安定的に確保し、石油エネルギー輸入を万全なものとしなければ中国の発展は保障されない。中国という資源不足の超大国の発展それ自体が覇権的行動を余儀なくさせてもいる。国内石油は枯渇する一方で、輸入は急増をつづけ、すでに石油輸入依存度は四〇%を超え、二〇一〇年には六〇%台に達しよう。

カザフスタンなどの中央アジア、ベネズエラなどの中南米、さらにはイラン、スーダン、ミャンマーなどアメリカが制裁対象国とする国々をも含めて中国は世界中に石油利権を張りめぐらせようとしている。しかし、予見しうる将来まで中国にとっての最大の輸入相手先は中東地域である。中東に発しインド洋、南シナ海を経て中国沿海部の消費地にいたる長大なシーレーンを守るには外洋における覇権を確保するよりない。実に台湾はこのシーレーンの真上に位置する。

「反覇権」が中国の常套句であるが、ありえない話である。経済規模が拡大して国力が拡充し、それに応じて対外的交渉力が強化されれば、その国が国際社会の中で覇権を求めることは歴史的経験則である。大英帝国時代のパクス・ブリタニカ、戦間期から第二次世界大戦後のパクス・アメリカーナ、冷戦期のパクス・ルッソ・アメリカーナといわれる時代は、いずれも大国がみずからの国際的影響力の拡大に応じて自国中心の世界秩序を創出しようとして成った安全保障体系であった。意識的にであれ無意識的にであれ、また好むと好まざるとにかかわらず、国家の発展が国際的覇権に結びつかなかったという歴史的先例を見出すことは不可能である。中国がパクス・シニカの時代を築くにはなお相当の時間を要するであろうが、少なくとも東アジアにおける覇権を求めて大いなる力をこの地域に注ぎつづけるとみてまちがいあるまい。

覇権は他国の覇権を認めず、前者が後者を全力で阻止するという行動をもってその特徴とする。中国の東アジアにおける覇権掌握のためには、もう一つの大国日本の覇権を封じ込めねばならない。中国が東アジア共同体の熱心な唱道者であるのは、その地域覇権主義に由来する。実際、中国は二〇〇二年にプノンペンで開催されたASEAN首脳会議において、ASEANとの包括的経済協力枠組協定を結び、二〇一〇年から二〇一五年までの間にFTAを結ぶという合意を取りつけた。周辺諸国とのFTAやEPAの締結に中国は今後とも熱意をもって対応していくであろう。東アジア諸国とのFTAやEPAの締結に逡巡して足の遅い日本との対照は鮮やかなほどである。中国はASEANプラス3の向こうに東アジア共同体を構想している。

大国化する中国に対抗して日本が、東アジアにおいて行動の自由を確保し、みずからの存在を確実に証す決定的に重要な二国間関係が日米同盟である。中国が東アジア共同体を主唱するのも、日本を東アジア共同体に招き入れることによって日米の離間が可能であると踏んでいるからである。日米が離間し、中国が東アジア共同体の主役となるならば、中国の覇権確保は一段と確実なものとなろう。台湾の帰趨もこれによって決定される。

日本が東アジア共同体にいかなる態度をもって臨むべきか、答えは自明であろう。さしたる戦略もなく、言葉は麗しいが、内実の不鮮明な、その分明確な戦略をもつ大国の行動の自由の幅の大きい東アジア共同体という「鵺《ぬえ》」のような怪物に日本が飲み込まれることだけは避けねばならない。

東アジア共同体にアメリカが嫌悪感を抱くのは当然であろう。元米国務副長官アーミテージは次のようにいう。アーミテージといえば、大西洋の安全保障が米英同盟によって守られているのと同様、太平洋の安全保障は日米同盟によって守られねばならず、それゆえ日米同盟の再構築が必要であることを強調したいわゆる「アーミテージ報告」をまとめたキーパーソンである。

「今や目覚ましい経済成長を遂げ、通商・投資分野での存在感を高めた中国は、多国間の枠組みでも積極的な役割を果たそうと考えるようになった。／だが、中国がいかなる役割を果たそうとしているのか、それは明確でない。六カ国協議のように、複数の国の利害を調整し、組織立てるといった前向きの役割を中国は果たせる。半面、中国が日米同盟を弱体化させ、ときに日米の間に楔《くさび》を打ち込むというようなマイナス方向の動きに出る可能性もある。中国は、協力的な態度で地域に貢献しようとするのか、あるいは反抗的な姿勢で地域の分断を試みるのか。そこは不透明である。だからこそ、日米は同盟関係を弱体化させる事態は避けねばならない」(*Wedge*, Vol. 17 No. 5)。

事態を冷悧に見据えた論理の表明である。

議論がやや錯綜してしまったかも知れない。ポイントを要約して本章を終えることにしよう。

東アジアはその統合度を一段と高めるために、二国間、多国間でFTA・EPAを積極的に展開し、この地域を舞台に自由化のための機能的制度のネットワークを重層的に張りつめるべきであろう。しかし東アジアの統合体はFTA・EPAという機能的制度構築を最終的目標とすべきであって、それを超えてはならない。共同体という「共通の家」の中に住まう諸条件をこの地域は大きく欠いており、また共同体形成の背後に中国の地域覇権主義が存在するとみなければならない以上、東アジア共同体は日本にとってはもとより、東アジア全体にとってまことに危険な道である。

第12章

日米海洋国家同盟を守る――自衛権とは何か

中国や韓国の友人たちにも一言したい。中韓からの「冷遇」と「侮辱」に日本人がいつまでも甘んじつづけているという前提は危ういのではないか

集団的自衛権——保有するが行使できない？

日米同盟が日英同盟に代わる現在の海洋国家同盟であることはすでに論じたが、NATO（北大西洋条約機構）条約などに比べれば相互防衛条約としての性格はまだ弱い。相互に不信と猜疑が生まれれば毀損《きそん》されかねない脆弱性が日米同盟には伏在するといわねばならない。

日米が相互に守るのは日本の施政下にある地域に限定され、何より自衛権に関する日本の解釈が日米同盟を損ねる危険な可能性を秘めている。米ソ冷戦時代にあっては日本に存在する米軍基地の戦略的重要性は決定的であり、片務的な条約であってもその存在理由は十分にあった。しかし冷戦終焉とともに日米が共同して防衛すべき対象が不鮮明となり、日米条約の在り方について過去のものをそのまま踏襲《とうしゅう》していては危うい。目下の焦点は集団的自衛権である。

集団的自衛権についての日本政府の解釈は内閣法制局によってなされ、それは一貫して「我が国は主権国家として集団的自衛権を保有するが、それを行使することは自衛の限度を超え、したがって憲法上許されない」というものである。

〝保有するが行使できない〟などというのは誰がどう考えたって奇妙な論理である。集団的自衛権は国連憲章第五一条で国家に固有の権利として認められており、日米安全保障条約の前文でも日米双方が集団的自衛権を保有する旨が明記されている。何より日本国憲法第九条はもとより、国内法のどこをどう探してみても集団的自衛権を禁止する文言などない。

集団的自衛権に関する法的制約はまったくないにもかかわらず、〝行使できない〟ということはありえないのだから、これは法理的解釈というより政策的解釈だということになる。そうであれば政策的解釈を変えようと総理大臣が一言表明すれば、行使可能ということになるはずである。そうはいっても、こういう解釈を長年にわたってつづけてきたのだから、ここで急遽政策転換するということになれば、与野党間はもとより与党内部にさえ亀裂が走ろう。実際、与党の一翼を担う公明党は集団的自衛権の発動には反対である。

本来であれば、憲法を改正しそこに集団的自衛権行使について書き込むことが正道ではあろうけれども、憲法改正のためには、衆参両院の各議員の三分の二以上の賛成を要し、加えて国民投票もしくは国会の定める選挙の際に行われる投票においてその過半数の賛成を必要とするというのだから、ハードルは著しく高い。そのうえ、国民投票法が成立したのは平成一九（二〇〇七）年五月であり、これにより憲法改正は早くとも二〇一一年後半以降とならざるをえない。

やはり安倍晋三首相（当時）が想定したように内閣法制局による憲法解釈に固執することなく、さりとて集団的自衛権を全面的に承認するというのでもなく、現行憲法での解釈によってどこまで集団的自衛権に近づきうるかを個別の事例に即して考える、というのが現実的な対処なのであろう。苦肉の策ではあるが、与党が憲法改正に本気になれず、参議院において与野党が逆転しているという「ねじれ現象」をも考慮すれば、それしか道は残されていないのかも知れない。

安倍政権下のことである。平成一九（二〇〇七）年四月一七日に「安全保障の法的基盤の再構築に関する懇談会」（座長・柳井俊二国際海洋法裁判所判事）を設置することが、内閣総理大臣決裁として発表された。主旨は次のように記された。

「我が国を巡る安全保障環境が大きく変化する中、時代状況に適合した実効性のある安全保障の法的基盤を再構築する必要があるとの問題意識の下、個別具体的な類型に即し、集団的自衛権の問題を含めた、憲法との関係の整理につき研究を行うため、内閣総理大臣の下に『安全保障の法的基盤の再構築に関する懇談会』を開催する」

安倍首相（当時）はこの懇談会において次の四つの事例を問題提起し、これに回答を求めた。一つは、日本の上空を飛んでいくアメリカを標的にした弾道ミサイルを日本の防衛ミサイルが迎撃できるか。二つは、公海上を併走している日米艦船の一方の米艦船が第三国により攻撃された場合、日本の海上自衛隊が反撃することが可能か。三つは、国連平和維持軍（ＰＫＯ）で友軍として活動する外国の軍隊が攻撃を受けた場合、これに武器をもって日本の自衛隊が反撃できるか。四つは、石油の補給や輸送などの後方支援活動を「他国による武力行使と一体化した行動」とみなし、活動を「非戦闘地域内」のみに限定するという方式が正しいか、である。

懇談会ではこれらについて五回の議論がなされた。新聞報道によれば、第一については、アメリカに向かう弾道ミサイルを日本が迎撃しないとすれば日米同盟の根幹を揺るがす。しかしこれは集団的自衛権と認めて対応すべき問題であること。第二については、これも国際法的には集団的自衛権でなければ正当化できない。しかもこの場合には集団的自衛権を求める場合の「歯止め」を明確にしておかなくてはならない。第三については、国際的には当然の任務とみなされており、ここでの武器使用は憲法第九条が禁じている武力行使とは区別さるべきものである。第四については、現行の憲法解釈は日本のＰＫＯ活動を阻害しており、武器、弾薬の提供をも全面的に認めるべきである、といった解釈が示されたという（主として『読売新聞』二〇〇七年八月三一日付、朝刊）。

まだ最終報告が提出されていないので詳細は不分明だが、個別的自衛権をいくら拡大してみても、できることはやはり限定的だということである。最終報告は当初の予定では平成一九（二〇〇七）年一一月頃に提出されるものとされていたが、安倍内閣が福田内閣に代わったことが主因となって未提出の状態のままに打ち過ぎている。

首相官邸のホームページによれば、平成一九（二〇〇七）年五月一八日に第一回の会議が開催され、第五回の会議が八月三〇日に終わっており、それ以降は会議は開かれていない。懇談会のメンバーである友人の言によれば、最悪の場合、最終報告書の提出は見送られることも想定されるという。

個別的自衛権――これこそが問題である

個別的自衛権の方はどうか。例えば、北朝鮮による日本への核攻撃があった場合、大都市圏であれば数十万人の即死者、数百万人の重軽傷者、残存する放射能灰によりその後もつづく被害は目を覆うばかりのものとなろう。そういう万が一の場合でも、少なくとも日本の現在の法制度の下では個別的自衛権の発動による敵基地攻撃は不可能である。何よりもその法制度に見合わせて、兵器それ自体が他国を攻撃できないよう随分と抑制的な体系をもたされていることに改めて気づかされる。

他国に届く地上配備型の対地長距離ミサイル、巡航ミサイルを発射する潜水艦などを日本は保有していない。敵基地に達する距離をもつ戦闘爆撃機、敵基地をたたく精密誘導弾を搭載した海自艦船も配備されていない。高度な情報収集能力を擁するイージス艦も防御的な艦船である。

話が逆になってしまったが、ここで確認のために日本の安全保障についての憲法と自衛隊についての政府見解を『防衛白書』(平成一八年版)から改めて読み取っておくことにしよう。戦争放棄、戦力不保持、交戦権の否認をうたう憲法第九条の下にあっては次の五点が守られなければならないとされる。

(一)「保持し得る自衛力」は「自衛のための必要最小限度のもの」でなければならず、「攻撃的兵器を保有することは、直ちに自衛のための必要最小限度の範囲を超えることとなるため、いかなる場合にも許されない。たとえば、大陸間弾道ミサイル(ICBM)、長距離戦略爆撃機、攻撃型空母の保有は許されない」

(二)「自衛権発動の要件」は、①わが国に対する急迫不正の侵害があること、②侵害を排除するための他の適当な手段がないこと、③必要最小限の実力行使にとどめるべきこと、である。

（三）「自衛権を行使できる地理的範囲」については、「武力行使の目的をもって武装した部隊を他国の領土、領海、領空に派遣するいわゆる海外派兵は、一般に自衛のための必要最小限を超えるものであり、憲法上許されない」

（四）「集団的自衛権」については、「これを行使して、わが国が直接攻撃されていないにもかかわらず他国に加えられた武力攻撃を実力で阻止することは、憲法第九条の下で許容される実力の行使の範囲を超えるものであり、許されない」

（五）「交戦権」については、「自衛権の行使にあたっては、わが国を防衛するための必要最小限度の実力を行使することは当然のこととして認められており、たとえば、わが国が自衛権の行使として相手国兵力の殺傷と破壊を行う場合、外見上は同じ殺傷と破壊であっても、それは交戦権の行使とは別の観念のものである」という。

この（五）などは憲法の条文に合わせるための苦肉の表現であろう。

このような集団的自衛権に関する政府見解の下で、北朝鮮の核に対応できるか。ミサイルに搭載可能な核弾頭が北朝鮮ですでに完成し、あるいは近い将来完成するとして、その照準《しょうじゅん》が日本であることはまちがいない。いかな北朝鮮といえども、核超大国のアメリカやロシア、中国に向けて核弾頭を発射すれば直ちに反撃を受けて自滅することぐらいは知っていよう。核を韓国に向けて発射すれば韓国民を決定的に「反北」的にし、何よりみずから統一すべき国に核の惨禍を及ぼしてしまうほど北朝鮮も愚かではあるまい。照準は「平和国家」日本であり、核恫喝《どうかつ》により得るべきものはすべて日本から手にしようというのが本意であろう。

朝鮮半島有事は中東地域や台湾海峡の軍事的緊張に必ずや連動する。米軍はそれらすべての地域に軍事的対応を余儀なくされる蓋然性が高い。そういう事態において米軍が北朝鮮に対して日本の希望通りに反撃を加えてくれる可能性には、率直にいって疑問が残る。ましてや集団的安全保障に対して現在のごとき対応を日本がつづけていれば、その疑念はさらに大きなものとなる。実際、アメリカは北朝鮮との対話によって、金融制裁を解くという、日本の意図とはまるで異なる挙に出た。テロ国家指定の解除さえないとはいえない。

このように考えをめぐらせてくれれば、自衛権とは何よりもまず個別的自衛権であることが理解されよう。集団的自衛権はこれを補完すべきものである。後者がすべてであるかのような太平楽《たいへいらく》が許された時代環境はもはや過去のものであることを北朝鮮の核実験は教えてくれた。

触らぬ神に祟りなし——非核三原則

日本の国是のごときものとなってしまった「非核三原則」についても触れておきたい。北朝鮮が核実験実施を表明した際のことである。自民党の中川昭一政調会長（当時）が北朝鮮の核保有宣言に関連して、〝日本も核兵器保有について議論してもいいのではないか〟と発言したところ、野党はもとより自民党内部からも〝議論すること自体が外国に誤ったメッセージを送ることになる〟とか、〝要職にある者がこの種の発言をする場合にはもっと慎重でなければならない〟といった批判を呼び起こした。

麻生太郎外相（当時）も〝隣国が核兵器をもつにいたった今日、我が国も核保有を検討するというのは一つの考え方であり、いろんな議論をしておくことが必要だ〟と述べたのだが、この発言が火に油を注ぎ、ついに安倍首相（当時）自身が「外相も非核三原則については政府の立場で発言している。閣内不統一はないし、この話は終わった議論だ」と述べて議論は収まってしまった。その後、永田町でも霞が関でも議論はまるで盛り上がっていない。

まっとうな政治家であれば与野党のいずれにかかわらず、このあたりで非核三原則の再検討はやむなしという考えが胸中を騒がせたにちがいない。しかしこれを公的な発言として世に問うというほどの勇気がなかったのであろう。多くの政治家にとって非核三原則は「触らぬ神に祟《たた》りなし」の類なのであろう。非核三原則見直しといえば「静かにせよ」というしかないのである。

相手は拉致に始まり麻薬密輸、ドル札偽造などの国家犯罪を平然と行う「ならず者」である。今後は核恫喝外交をもって日本を脅かすであろう。これにどう対応するのか。仮にアメリカが北朝鮮との戦闘を開始しても日本は現在の憲法解釈の範囲内でしか協力できない。手ひどいダメージを米軍が受けてなお日本が不十分な協力しかできないという事態が発生すれば、アメリカの世論が「日本放棄」へと転じる危険性がある。

国民の方がはるかに醒《さ》めている。非核三原則を、多くの国民は言葉通りには受け取ってはいない。毎日新聞記者（当時）であった古森義久が昭和五六（一九八一）年に元駐日大使ライシャワーから米軍による日本への核持ち込みに関して日米間には口頭了解がある、という発言を引き出す一大スクープを手にしたことがある。日本政府が直ちにこれを否定したことはむろんのことであるが。

平成一一（一九九九）年にアメリカ国立公文書館で公開が解禁された資料から、核兵器を搭載した米艦船の日本への寄港と通過を大平正芳外相（当時）がアメリカ側に認めていたという事実が明らかにされた。

沖縄返還に際して佐藤栄作首相（当時）により表明された非核三原則は、以来、日本の国是のごときものとなってしまった。しかし世界で最も優れた寄港地をもつ日本に核を搭載した米艦船が寄港せずして、米軍による広大なアジア太平洋戦略の展開が可能なはずはない。実際、日本は世界で最も優れた造船技術や修復技術をもち、「思いやり予算」を支出し、政治的にきわめて安定しており、加えて太平洋と大陸の双方に睨《にら》みをきかす戦略的位置にある。逆にいえばこういう好条件に恵まれていたがゆえにこそ、集団的自衛権を発動しない日本が片務的な日米同盟の下で安穏《あんのん》を貪《むさぼ》ることができたのである。しかし、緊迫の度を加えつつある極東アジア地政学の中にあって、平仄《ひょうそく》の合わない話をいつまでもそのままにしておいていいはずがない。

日本はあらゆる可能性を検討し、国難に遭遇すれば核オプションもあり得るというメッセージを怜悧《れいり》に発信することが、全体主義国家による核恫喝を押さえ込む有力な政治的「武器」たりうる。北朝鮮の核実験を契機になされるべき議論が正当になされるべきである。そうでなければ民主主義国家の看板が泣こうというものである。

みずからの手をみずから縛りつけて、周辺諸国からの挑発的行動になすすべがない、いささか惨《みじ》めな日本の安全保障の在り方に対しての私の憤懣《ふんまん》を少々ストレートに描出したのがこの最終章である。私が日本人である以上、まずもって論ずべきは日本という国家のありようについてである。しかし中国や韓国の友人たちにも一言なかるべからずとの感も深い。

中国人と韓国人は日本人の「反中」や「嫌韓」に無関心に過ぎはしまいかと私は惧《おそ》れている。日本は厳たる民主主義国家である。民主主義とは大衆の情念をその情念のままに映し出す鏡のような政治体制である。中国や韓国からの「冷遇」と「侮辱」にいつまでも日本人が甘んじつづけるであろうという前提は危うい。中国人や韓国人の反日は日本人の反中、嫌韓の情念をまぎれもなく掻《か》き立てている。この情念が投票行動によって「政治化」された場合、日中、日韓関係は修復不能な事態に立ちいたらないとはいえない。中国や韓国の粗暴なナショナリズムが、日本人の中に六〇年以上も静かに眠りつづけてきたナショナリズムに火を付ける危険な可能性に気づかなければならない。

年率一〇％を超える軍事費増加を長期にわたって持続する中国、「自主国防」のスローガンの下で米韓関係を脆弱化させて独自の安全保障体系形成への傾きをみせる韓国の動向は、日本人の心を次第に深く傷つけつつあるかにみえる。

軍事安全保障の話は別にしても、靖国問題のような日本人の死生観、死せる者の鎮魂にかかわるテーマに的を絞って日本と日本人を糾弾するようなことをやめなければ、日中、日韓関係は厄介な泥沼に足を捕られて身動きできなくなってしまうかも知れない。靖国問題は鋭い矢となって将来の中国と韓国を悩ませることを私は危惧する。日中、日韓外交を言葉の本当の意味での「外交」として相互に再認識し合うことがまずは先決だと私は思う。

おわりに

近代日本の先人たちは極東アジアの国際環境をいかに観察し行動して、日本の独立自尊を守ったのか。このことを日本の若者にどうしても伝えておきたい

非専門家も「歴史」を紡ぎ上げる知的作業を

私は昭和一四（一九三九）年に生まれ、かすかではあれ戦中期日本の記憶をもつ。私の世代もしくは私より幾分か以前に生まれた人間であれば、日本が朝鮮半島を統治し、支那事変以降に中国を侵略したという事実に負い目にも似た感情を内在させ、中国や韓国、北朝鮮によって与えられる冷遇や屈辱にもこれを致し方なしと受け取るある種の諦観がある。本書で論じたように日本の朝鮮統治も中国侵略も日本の自衛の道であり、それなくしては列強確執の帝国主義の時代にあっては日本の自立を守護できないとの判断に立った、しかも列強によって認められた合法的な行動であった。別に負い目を感じる必要はないのだが、かといってあの時代を経て現在に生きる人間にとってはそれほどまでに「すれっからし」にはなれないのである。

しかし、日本を担う次代の日本人が果たして中国や朝鮮半島による冷遇や屈辱にどこまで耐えられるだろうかという恐れは強い。想像したくはないが、北朝鮮の日本に対する核攻撃といった急迫の事態に直面した場合、次代の日本人が一挙に排外主義へと転じ、国際社会の反対を押し切って軍事大国へと歩を進め、核保有国たるを選択する可能性はありうる。

国際政治の不条理で複雑きわまりない情勢を怜悧《れいり》に分析したうえでの軍事大国化であり、核保有であれば、これは一つの採用してしかるべき戦略であろうが、周辺諸国の挑発に乗って深い思慮を重ねることもなくなされる情念の「政治化」は危うい。現在の日本の外交は友好と善隣を目的として相手国との間に波風を立てたくはないというただの安直に過ぎない。公正と正義に違背する安易なアジア外交をつづける以上、一旦緩急あらば荒々しい選択が国民によってなされないと誰が保障できようか。私は若い学生と毎日のように接している。この頃、優れた学生の多くがそうした鬱屈《うつくつ》を強い口吻《こうふん》をもって私に語りかけてくることがしばしばある。

日清・日露の両戦役の開戦前夜において極東の小国日本、しかも開国維新を経て間もない幼弱な日本の政治家やオピニオンリーダーたちが極東アジアの国際環境をいかに観察しいかに行動して日本の独立自尊を守ったのか。このことを日本の若者にどうしても伝えておきたい、その思いに駆られて私は本書を執筆した。

私は歴史学を専門とする者ではないが、歴史とりわけ現在に直接的なつながりをもつ近現代史については、少なくとも知識人といわれる者であればみずからに固有の歴史観をもつべきだと考える。個々の歴史事象についての深い分析は専門家に任せよう。しかし個々の事象を因果の系列と見立てこれを「歴史」物語へと紡ぎ上げる知的作業は非専門家であってもやっておかねばならない教養の範囲に属すると私は思う。個々の歴史事象を証す資料は各種の歴史資料集やインターネットを通じてかつてに比べれば格段に入手が容易になっている。歴史の分野においていまなお根強い影響力をもつ東京裁判史観や左翼史観からわれわれを解放するには、そういう個々人の知的営為が不可欠なのである。

輝かしき日本を凋落させたものは何か

明治前期における日本の活路は一言でいって福澤諭吉の「脱亜論」に記されたような方向で展開された。朝鮮を愛し、その開国と近代化を求めてやまなかった福澤は、政争と内乱を繰り返して独立の気概なき朝鮮、朝鮮を臣下として服属させ朝鮮の政争や内乱の度に大軍を派遣してその近代化を阻止する清国を眺めて、朝鮮と清国はもはや見限り、みずから一人で欧米の近代化に倣《なら》って富国強兵に乗り出すべしとする激しい論陣を張った。福澤の脱亜論は日清・日露戦役開戦の一〇年も前のことであったことを顧みれば、まことに慧眼《けいがん》なるオピニオンリーダーであったといわねばならない。

清韓宗属関係と称される清国と朝鮮との君臣関係を絶ち切らねば朝鮮の独立はありえず、朝鮮はいずれ清国、次いでロシアの支配の手に落ちる。そうなれば日本は深刻な危殆《きたい》に瀕《ひん》すると自覚して日清戦争に挑み、その戦争の全局を指導したのが陸奥宗光であった。朝鮮が日本の支配下におかれてもなお、これに隣接する満州への貪欲な支配欲の衝動を抑え切れないロシアが登場するや、日本は国運を賭して日露戦争に打って出た。その政治指導者が小村寿太郎であった。

私は今回、改めて福澤、陸奥、小村の書き物を読んで深い感銘を抑えられなかったのだが、これは現在の極東アジア地政学の危機的状況を考えながらこれらを読み進んだがゆえであったにちがいない。

しかし福澤、陸奥、小村の名前をもって語られる近現代史のこのあたりが日本の「坂の上の雲」であった。第一次大戦に参戦し、山東省のドイツ権益を継承し、対支二一ヵ条要求を提起して大陸支配への野望を露わにした日本は、満州事変、満州国建国を経てあの広大な中国の全域に戦局を拡大した。幻想的な国際協調の雰囲気を強く漂わせたワシントン体制下の列強から猜疑心と嫌悪感を向けられ、日英同盟の廃棄までをも余儀なくされ、中枢権力を欠いて四分五裂の中国の奥深くに侵入してそこで日本軍は自滅してしまったのである。

人生に青春時代があるように国家にも青春時代がある。日露戦争勝利から明治末年を経て大正デモクラシーにいたる時期が日本の青春時代であった。それから昭和の時代に入りついに第二次大戦において亡国の危機におとしめられたことは否定さるべくもない事実である。日本に亡国の危機をもたらしたものを、日本と戦った相手の謀略に求めても所詮は「引かれ者の小唄」である。

一体、何が明治のあの輝かしき日本をこうまで手ひどくも凋落させてしまったのか。司馬遼太郎が描きたかったのは、畢竟《ひっきょう》するところこの問いに対する答えだったのであろう。司馬は明治の興隆の原因を、明治になお残る武士の魂、軍事力に対する絶大な信頼、実力者による人材登用の柔軟性、総じて明治期日本の合理的精神の中に求め、それと対極のものへと変じていった日本の退嬰《たいえい》と堕落が昭和の日本を亡国にいたらしめたとみたのではないか。

敗戦直後に小学校に入学した私は、およそ近現代史というものを系統的に教えられることはなかった。負の価値にたっぷり色づけされた左翼史観を断片的に注入されたのみであった。そういう私でも近現代史の中に何かしらのストーリー性を感得しているのは『坂の上の雲』を初めとする司馬の作品を何度も読んできたからなのであろう。司馬の語ったことが血肉化され、それらが自然に口からついて出てきているのにちがいない。多少なりとも本格的に資料を渉猟して本書を書いたのだが、その過程で私は司馬文学の血肉化を改めて思い知らされ、かかる傑出した国民作家に恵まれたことの幸せに思いを馳せた。

不条理に満ち満ちた国際権力世界を生き延びていくために

本書でもう一つ描きたかったのは、過去と現代、そしておそらくは将来もそうであろう、不条理に満ち満ちた国際権力世界を生き延びていくためには、利害を共有する国を友邦として同盟関係を構築し、集団的自衛の構えをもたなければ容易にその生存をまっとうできないということであった。叶うことであれば同盟の相手は強力な軍事力と国際信義を重んじる海洋覇権国家であって欲しい。

日英同盟は日露戦争を勝利に導き、その後二〇年にわたる日本の安寧に貢献した海洋国家同盟であった。この同盟がワシントン体制下で廃棄されて日本は孤立化し、独力で中国大陸の懐深く侵入し、惨たる帰結を余儀なくされた。この経験は同時に大陸関与の危険性を日本人に徹底的に知らしめたはずである。第二次大戦後は、かつての敵国にして大戦後の圧倒的な覇権国家アメリカと同盟し、核大国米ソの狭間にあって不思議なほどまでに申し分のない安全を日本は保障されたのである。

海洋国家日本の選択は「海防」であろう。海防が日本の安全保障の要であり、かつ同盟の相手とすべきが海洋覇権国家であることはすでに明治の戦略家佐藤鉄太郎によって理論化されていた。これを原典として思考を深めていけば、一つの壮大な体系的戦略が編み出され、大陸関与の危機を回避できたのではなかったかと夢想させてくれるほどである。

人類学者梅棹忠夫が西洋と東洋、ヨーロッパとアジアという従来の対比的分類に代えて、ユーラシア大陸中心部と大陸周辺部国家群との対比が意味ある思索の軸であり、前者に発する中央アジア的暴力から後者がいかにして身を守るかについての私の考えに貴重な示唆を与えてくれた。一括して総称されるアジアは元来、意味のない概念なのである。

大陸中心部と周辺国家群という文明史的対比の中に、日本が取捨すべき選択の内実が豊富に蔵されているのであり、東アジア共同体を屈託なく志向する日本の知識人や政治家、財界人は、佐藤や梅棹が抱えもつ歴史感覚を浅はかにも欠如させているといわねばならない。

私は本書を平成一九（二〇〇七）年の夏休みの三〇日と冬休みの一〇日の計四〇日ほどで集中的に書き上げた。この機会を逸すると、身体的にも職責上からも多少なりとも長い文章を書くことは難しくなると判断したからである。

私をして本書を書かしめたもう一つの要素に、奉職する拓殖大学に漂う特有な知的雰囲気がある。拓殖大学は明治三三（一九〇〇）年に設立された台湾協会学校をその淵源とする。日清戦争の勝利によって日本が清国から割譲を受けた台湾は日本初の海外領土であった。この地を開発、経営する若い人材養成のために設立された教育機関が台湾協会学校であった。開学の祖は第二代台湾総督を務めた桂太郎であり、第三代の学長が後藤新平であった。

後藤は第四代台湾総督児玉源太郎を補佐する民政長官として児玉に同行した。後藤については本文でも記したが、明治三九（一九〇六）年に台湾を去るまでの八年にわたる氏の台湾開発の実績には目を見張らせるものがある。台湾協会学校は大正八（一九一九）年に創立二〇周年を迎え、これを機に後藤が学長に就任。後藤の尽力により台湾協会学校は大正一一（一九二二）年に大学令により拓殖大学へと昇格した。後藤は昭和四（一九二九）年四月一三日の死去にいたるまでの一〇年間、拓殖大学の発展に寄与した。また後藤の推挙により総督府の糖務局長に就任した新渡戸稲造は、帰国後に拓殖大学の学監を務めた。

拓殖大学の歴史は日本の近現代史とともにあったのである。これら大学草創期の指導者の精神をいかに現在の拓殖大学に生かすか、私に与えられているこの課題に応えようという意欲が本書執筆の動機にもなった。

資料の収集に尽力して下さった拓殖大学教学秘書室の石崎理恵さんに深く感謝する。文春新書編集局長細井秀雄氏の懇切なコメント、校閲部の徹底的に厳密な校閲を経て本書は生まれた。各位のご尽力に改めて深く御礼を申し上げる。

平成二〇年　卯月曇　　渡辺利夫

渡辺利夫（わたなべ　としお）

拓殖大学学長。1939年山梨県甲府市生まれ。慶應義塾大学経済学部卒。同大学院博士課程修了。経済学博士。筑波大学教授、東京工業大学教授を経て現職。おもな著書に『成長のアジア　停滞のアジア』（吉野作造賞）『西太平洋の時代』（アジア・太平洋賞大賞）『開発経済学の時代』（大平正芳記念賞）『神経症の時代』（開高健賞・正賞）『種田山頭火の死生』『私のなかのアジア』などがある。

文春新書

634

新《しん》　脱亜論《だつあろん》

2008年（平成20年）5月20日　第1刷発行

著　者　　渡　辺　利　夫
発行者　　細　井　秀　雄
発行所　株式会社　文　藝　春　秋

〒102-8008　東京都千代田区紀尾井町3-23
電話（03）3265-1211（代表）

印刷所　　理　想　社
付物印刷　大日本印刷
製本所　　大　口　製　本

定価はカバーに表示してあります。
万一、落丁・乱丁の場合は小社製作部宛お送り下さい。
送料小社負担でお取替え致します。

ISBN978-4-16-660634-4

◆日本の歴史

日本神話の英雄たち　林　道義
日本神話の女神たち　林　道義
ユングでわかる日本神話　林　道義
古墳とヤマト政権　白石太一郎
一万年の天皇　上田　篤
謎の大王　継体天皇　水谷千秋
謎の豪族　蘇我氏　水谷千秋
女帝と譲位の古代史　水谷千秋
孝明天皇と「一会桑」　家近良樹
四代の天皇と女性たち　小田部雄次
対論　昭和天皇　原　武史・保阪正康
平成の天皇と皇室　高橋　紘
皇位継承　高橋　紘・所　功
美智子皇后と雅子妃　福田和也
ミッチー・ブーム　石田あゆう

＊

旧石器遺跡捏造　河合信和
消された政治家　菅原道真　平田耿二
天下人の自由時間　荒井　魏
江戸の都市計画　童門冬二
江戸のお白州　山本博文
徳川将軍家の結婚　山本博文
江戸城・大奥の秘密　安藤優一郎
旗本夫人が見た江戸のたそがれ　深沢秋男
物語　大江戸牢屋敷　中嶋繁雄
伊勢詣と江戸の旅　金森敦子
甦る海上の道・日本と琉球　谷川健一
合戦の日本地図　武光　誠・合戦研究会
大名の日本地図　中嶋繁雄
名城の日本地図　西ヶ谷恭弘・日竎貞夫
県民性の日本地図　武光　誠
宗教の日本地図　武光　誠
吉良上野介を弁護する　岳　真也
黄門さまと犬公方　山室恭子

倭　館　田代和生
高杉晋作　一坂太郎
白虎隊　中村彰彦
新選組紀行　中村彰彦・神長文夫

＊

岩倉使節団という冒険　泉　三郎
福沢諭吉の真実　平山　洋
元老　西園寺公望　伊藤之雄
渋沢家三代　佐野眞一
日露戦争　勝利のあとの誤算　黒岩比佐子
鎮魂　吉田満とその時代　粕谷一希
大正デモグラフィ　速水　融・小嶋美代子
旧制高校物語　秦　郁彦
日本を滅ぼした国防方針　黒野　耐
ハル・ノートを書いた男　須藤眞志
日本のいちばん長い夏　半藤一利編
昭和陸海軍の失敗　半藤一利・秦郁彦・平間洋一・保阪正康・黒野耐・戸高一成・戸部良一・福田和也
昭和史の論点　坂本多加雄・秦郁彦・半藤一利・保阪正康

昭和史の怪物たち　畠山 武
昭和の名将と愚将　半藤一利・保阪正康
昭和史入門　保阪正康
昭和十二年の「週刊文春」　菊池信平編
「昭和80年」戦後の読み方　中曾根康弘・西部 邁・松井孝典・松本健一
二十世紀 日本の戦争　阿川弘之・猪瀬直樹・中西輝政・秦 郁彦・福田和也
十七歳の硫黄島　秋草鶴次
特攻とは何か　森 史朗
日本兵捕虜は何をしゃべったか　山本武利
幻の終戦工作　竹内修司
誰も「戦後」を覚えていない　鴨下信一
誰も「戦後」を覚えていない［昭和20年代後半篇］　鴨下信一
あの戦争になぜ負けたのか　半藤一利・保阪正康・中西輝政・戸髙一成・福田和也・加藤陽子
戦後10年 東京の下町　京須偕充
米軍再編と在日米軍　森本 敏
同時代も歴史である 一九七九年問題　坪内祐三
プレイバック1980年代　村田晃嗣

＊

歴史人口学で見た日本　速水 融
コメを選んだ日本の歴史　原田信男
閨閥の日本史　中嶋繁雄
名前の日本史　紀田順一郎
骨肉 父と息子の日本史　森下賢一
名歌で読む日本の歴史　松崎哲久
名字と日本人　武光 誠
日本の童貞　渋谷知美
日本の偽書　藤原 明
明治・大正・昭和 30の「真実」　三代史研究会
明治・大正・昭和史 話のたね100　三代史研究会
真説の日本史 365日事典　楠木誠一郎
日本文明77の鍵　梅棹忠夫編著
「悪所」の民俗誌　沖浦和光
旅芸人のいた風景　沖浦和光
史実を歩く　吉村 昭
手紙のなかの日本人　半藤一利
平成人（フラット・アダルト）　酒井 信

(2008. 3) A

文春新書好評既刊

渡辺利夫
種田山頭火の死生
ほろほろほろびゆく

なぜ彼の句が現代人の心を揺さぶるのか。何が彼をして泥酔と流転に追いたてたのか。漂泊の俳人の生涯と苦悩を描く異色の山頭火像

008

古田博司
東アジア「反日」トライアングル

中華思想復活の中国、小中華の韓国、カルト国家・北朝鮮。反日の根源をたどり、各国の言い掛かりを論破。共生共存の可能性をさぐる

467

黒岩比佐子
日露戦争　勝利のあとの誤算

ポーツマス講和に反対し、日露戦争続行を叫んだ新聞はなぜ、転向したか？　権力とメディアの抗争から読み解く、この国百年の過ち

473

半藤一利＋保阪正康
昭和の名将と愚将

責任感、リーダーシップ、戦略の有無、知性、人望……昭和の代表的軍人22人を俎上に載せて、敗軍の将たちの人物に評価を下す

618

福田和也
大丈夫な日本

米中の二大国に翻弄され、人口減少にも悩むこの国に未来はあるか。日本という国家が再建し、発展していくためのグランドデザイン

500

文藝春秋刊